政治哲学的考察

政治哲学的考察

リベラルとソーシャルの間

宇野重規

岩波書店

序　政治哲学的考察とは何か

本書は著者が二〇〇〇年代に入ってから書いた論文のうち、政治哲学的な性格の強いものを集めた論集である。このような論文はいかなる文脈において執筆されたのか、自らの研究歴を振り返りながら述べてみたい。合わせて、その場合の「政治哲学」の意味についても説明しておきたい。

冷戦終焉とトクヴィル再評価

著者が研究者としてのキャリアを開始したのは、一九九〇年代に入ってのことである。一九世紀フランスの思想家アレクシ・ド・トクヴィルについての博士論文を執筆し、それを元に一九九八年に『デモクラシーを生きる――トクヴィルにおける政治の再発見』(創文社)を刊行した。当時はほとんど意識していなかったが、いま思えば、そこには時代の刻印のようなものが感じられる。

一九八九年、ベルリンの壁が崩壊し、冷戦が終焉する。このことは、知の世界にも影響を与えざるをえなかった。トクヴィルは、ある意味で、この時期の変容を象徴する人物であった。彼の『アメリカのデモクラシー』は、旧社会主義諸国でよく読まれたという(フランス政府が各国に送ったという話もある)。デモクラシーとは何か、単に政治制度としてだけでなく、社会における平等化の進展とともに分析したトクヴィルは、体制転換はしたものの、その後の見通しの立たない国々において独特な示唆を与える思想家であった。さらに彼のアソシエーション論や社会的紐帯論は、一九九〇年代に入って世界的に広く論じられた「新しい市民社会」論や信頼論とも連動して、頻繁に参照されることになる(第Ⅲ部第三章、第四章を参照)。

トクヴィル的な視座とは、伝統的な社会の枠組みが崩壊するなか、個人化が進む社会の可能性と不安定性をともに検討するものである。トクヴィルは一九世紀において、「個人主義」という言葉を最初に使った思想家の一人である。彼は行き過ぎた自己利益の追求としてのエゴイズムと区別して、むしろ他者と切り離された個人が、自己とその周辺の狭い世界に閉じ込められてしまう現象を指してこの言葉を使った。このような意味での個人化が進み、流動化の進む社会において、社会秩序と合意形成はいかにして可能か。トクヴィルの問題関心は、冷戦が終わり、グローバル化が進みつつあった世界において、再び独特な現代性を獲得したのである。日本もまたその例外ではない。

この時期、「マルクスからトクヴィルへ」という言葉がしばしば語られた。ドイツの革命家とフランスの旧貴族、およそ交わることのないように思われる二人であるが、間違いなく同じ時代を生きた人間であった。とくに一八四八年のフランス二月革命について、二人はともに重要な証言を残している(第Ⅰ部第五章を参照)。とはいえ、二人の思索はときに交わり、ときに激しく分岐した。とくにプロレタリアートの困窮化と階級闘争を強調したマルクスに対し、人類の不可逆な平等化を予言したトクヴィルの違いは大きかった。結果として、マルクス主義の影響力が大きかった時代に、トクヴィルは人々の間の不平等を直視しないブルジョワ思想家と見なされることになる。逆に社会主義体制の崩壊後には、自由民主主義社会の両義性を探ったトクヴィルの再評価が進んだ。

しかしながら、マルクス的視座とトクヴィル的視座は本当に相容れないものなのか。トクヴィルのいう個人化と、マルクスのいう社会的・経済的不平等の拡大がともに進むことはありえないのか。冷戦の終焉は、教条的なマルクス主義の呪縛を超え、自由にマルクスとトクヴィルを読む時代の始まりを告げていたのかもしれない（このような解釈の一例として、著者は二〇〇七年に『トクヴィル　平等と不平等の理論家』（講談社選書メチエ）を発表している）。その意味で、「マルクスからトクヴィルへ」という言葉は、マルクス主義の無効化とトクヴィルの復活を意味するのではなく、より正確には、「マルクスもトクヴィルも」を指すものと理解すべきであろう。

左右対立の融解と「政治哲学」

このような時代の変化がもたらしたのが、現代フランスにおける「政治哲学」の活性化である。かつてマルクス主義の影響が強く、左右のイデオロギー対立が激しかった時代には、異なる政治的立場にある知識人が一つの知的土俵の上で、自由やデモクラシー、平等や市民権を論じることはけっして容易でなかった。政治制度や政治的イデオロギーについて、これを単に「上部構造」として退けるのではなく、むしろ社会状態や歴史の展開と関連させつつ論じる機運がようやく高まったのである。

著者は、フランスにおける政治哲学の現代的展開について、二〇〇四年に『政治哲学へ――現代フランスとの対話』（東京大学出版会）を執筆し、その概要を示している。結果として、二〇〇〇年代の著者の研究は、それまでのトクヴィル研究を、現代フランスにおける「政治哲学の再生」と結びつけて考察することに向けられた。本書の第Ⅰ部に収録されている諸論文は、そのような意図の下に執筆されたものである。

トクヴィルはその祖国フランスにおいて、必ずしもつねに論じられてきた思想家ではない。『アメリカのデモクラシー』の影響により、アメリカで広く読まれ続けたのと比べ、フランスにおけるトクヴィルは、むしろ長らく「忘れられた思想家」であった。政治的にも知的にも左右のイデオロギー的対立が続いたフランスにおいて、トクヴィルの位置づけは、いかにも難しかったのである。フランス・リベラリズムについても同様であり、フランス革命の評価ひとつをとってみても、さらなる革命の展開を求める左派（社会主義、共和主義）と、革命を批判して伝統を主張する右派（保守主義、反動勢力）の間にあって、革命を評価しつつ、それ以上の継続は否定するリベラリズムの立場は、きわめて微妙であった。

にもかかわらず、一九八〇年代になると、フランスにおいてもトクヴィル、およびフランス・リベラリズムに対する関心が急速に甦ってくる。背景に、すでに指摘した知的機運の高まりがあったことはいうまでもない。ある意味で、この時期の左右対立の変質を象徴する人物がトクヴィルとリベラリズムであった。

このことは同時に、それまで英米とフランスとで別々に展開してきた政治哲学の間における対話の始まりを告げるものであった。トクヴィルにせよ、リベラリズムにせよ、英米圏ではなじみのテーマである。このテーマがあらためてフランスの知的文脈において取り上げられたとき、英米圏とフランスの間を隔ててきた知的な壁が崩れたのである。結果として、英米の政治哲学で活発に論じられている「リベラリズムと共和主義」といった問題枠組みが、フランスの政治思想を論じる際にも導入されるようになった(第I部第一章〜第三章を参照)。

もちろん、英米のリベラリズムとフランスのリベラリズムとは同じでない。まして共和主義という言葉は、英米とフランスでまったく異なる使われ方をしてきた。このような文脈の違いを無視して議論を進めることは、少なくとも短期的には、誤解と混乱をもたらすものであったといえるだろう。

にもかかわらず、英米圏とフランスの政治哲学の接近は、けっして否定的に捉えられるべきではない。むしろ両者の接点ともなるトクヴィルとリベラリズムの研究を通じて、新たな知的展開を生み出すことが可能ではないか。このような問題意識が、第I部のみならず、本書の全体を貫くライトモチーフになっている。

「政治哲学」とは何か

したがって、「政治哲学」という言葉を使うにあたっても、英米圏で一般的に採用される知的枠組みと、本書において念頭に置かれているものとの間には、微妙なずれがあることを指摘しておかなければならない。

現代英米圏において政治哲学という場合、まず想起されるのは功利主義をめぐる論争であろう。現代アメリカにおいて政治哲学を再生させたとされるジョン・ロールズの『正義論』において、その主たる関心は功利主義に対する異議申し立てにあった。そのロールズを批判したマイケル・サンデルのコミュニタリアニズム(または共和主義)にしても、功利主義とロールズ的な正義論の対比が議論の大前提になっている。その意味で、功利主義とそれへの批判抜きに政治哲学を論じることが不可能な英米圏と比べ、功利主義が必ずしも議論の軸とならないフランスの政治哲学は明らかに異質であった。また、このこととも関連して、英米圏の政治哲学が経済学と密接な関係をもち、さらには分析哲学とも親和性が高いのと比べ、フランスの政治哲学はむしろ社会学や歴史哲学との関わりが深かった。

結果として、英米圏の知的枠組みを前提とするならば、規範研究としての政治哲学(political philosophy)は、経験科学としての政治科学(political science)とも、歴史学としての政治史(political history)とも明確に区別されるのに対し、フランスの政治哲学は必ずしもそのような枠組みには収まらない射程を有している。フランスの政治哲学は逆に、多様な社会分析や歴史についての哲学的考察から大きな知的エネルギーを獲得してきたといえるだろう。

このことをもって、フランスの政治哲学のメリットと受けとるか、それとも専門分化の不十分さと捉えるかは議論が分かれるかもしれない。とはいえ、少なくとも本書で「政治哲学」という場合、英米圏の政治哲学を念頭に置きつつも、それとは異なるフランスの政治哲学を積極的に評価していることは、ここで指摘しておきたい。

現代フランスを代表する政治哲学者の一人であり、本書においてもしばしば言及されるマルセル・ゴーシェが、自らの政治哲学を論じるにあたり、「政治的なもの(le politique)」、「法＝権利(le droit)」と並び、「社会‐歴史的なもの(le social-historique)」という概念を用いているのが、象徴的である(第Ⅲ部第四章を参照)。

ある意味で、現代フランスの政治哲学は、政治学、哲学、法学、社会学、歴史学を架橋し、越境する学知の試みなのである。本書の第Ⅱ部に収録された諸論文は、このような現代フランスの政治哲学の視座によって、(政治的)身体論、平等と自由、保守主義、欧州統合、市民権といった諸問題を分析するものである。

リベラルとソーシャルの間

最後に、本書の副題でもある「リベラルとソーシャルの間」について触れておきたい。

すでに述べたように、現代社会を考える上で、トクヴィルがいう意味での個人化と、社会的・経済的不平等化が同時に進んでいることを同時に射程に入れる必要がある。人々の孤立や社会的排除が進む一方、富の集中と格差の拡大が叫ばれる今日、政治的自由やデモクラシーを論じることと、労働や貧困といった社会問題を考えることとが、相互に切り離されているのは不毛である。市民間の対話や熟議の活性化、あるいは権力分立や人権のさらなる発展を考えることは、人々の生活や暮らし、さらには人と人との間の「つながり」を考えることと、結びつけられて論じられる必要がある。「マルクスもトクヴィルも」という課題は、その意味でも、ますます重要になっている。

著者自身の研究としても、トクヴィルをもっぱら「政治的なもの」や市民社会論との関わりにおいて考えていた初期に比べ、むしろ平等論に重きを置くように変わってきたように思われる。『デモクラシーを生きる』と『トクヴィル　平等と不平等の理論家』の違いも、一部はそのような変化に即している。このことは、政治改革や公共性に関心が集まった一九九〇年代と、むしろ貧困や格差といった新たな社会問題が活発に論じられた二〇〇〇年代以降という、日本社会における問題意識の変化ともどこかで通底しているはずである。

本書の第Ⅲ部に収録されている諸論文はいずれも、このような関心と密接に結びついている。はたして政治哲学的な問題意識は、格差や労働、「社会的なもの」や人々の紐帯について、これまで十分に対応してきたのだろうか。もし、政治哲学的な視座からこれらの問題に取り組むとすれば、どのような議論が可能であるのか。いずれの論考も問題提起的なものであり、課題に十分に応えているとはいいがたいが、少なくとも、著者の問題意識をよく映し出していることは間違いない。

政治的にいっても、個人の自由や権力批判に関心をもつリベラル派と、社会問題の解決を重視するソーシャル派とが連携することの意義は大きい。自分たちが生活の上で直面する諸問題を、単に個人の問題としてではなく、社会の問題として、「私たちの」問題として捉え直していくこと。これこそが、二一世紀のデモクラシー論のもっとも重要な課題であることを、あらためて強調しておきたい。

＊

そのときどきの関心で執筆してきた論考を一冊の本にまとめるというのは、大変ではあったが、自分にとっても意味のある作業であった。各論文について、表記や註の付け方をなるべく統一し、著しい重複を取り除くよう努めたが、それでも不統一な部分や繰り返しが残っている。読者の寛恕を乞う次第である。いずれの論文についても、現在の立場から加筆・修正したいと思う一方、最終的には、それぞれの時期の問題意識を大事にすべきであると判断するに至った。したがって、論文の内容については、初出からとくに大きな変更はない。第Ⅱ部第四章の欧州統合論など、ＥＵの危機が語られる今日にあっては違和感を否定できないが、著者の基本的なヨーロッパ秩序像を示すものとして残すことにした。

本書を刊行するにあたっては、岩波書店編集部の小田野耕明さんにたいへんお世話になった。このような論文集を編むということ自体、小田野さんからのお誘いがなければ、到底実現しなかったはずである。『〈私〉時代のデモクラシー』(岩波新書)以来の共同作業も、たのしい思い出となった。末筆ながら、御礼申し上げたい。

二〇一六年　桜が満開の季節に

宇野重規

目次

第II部 フランス政治哲学の可能性

第I部　トクヴィルと現代政治哲学

第一章　リベラリズムと共和主義の再統合——トクヴィルの遺産

一　はじめに

本章は、一九世紀フランスの政治思想家アレクシ・ド・トクヴィルの思想の分析を通じて、現代リベラリズムの理論的地平の一側面を浮かび上がらせることを課題としている。しかし、いったいなぜ、現代リベラリズムを論じるために、わざわざ一九世紀フランスの思想家を検討しなければならないのだろうか。

この問いにとりあえずの答えを与えることは、それほど難しくない。というのも、現代リベラリズムの諸論争において、トクヴィルの名前があげられることはけっして珍しくないからである。あるいはむしろ、過去の思想家のなかでもっとも頻繁に言及される思想家の一人であるといってもいい。とくにリベラリズムと共和主義[1]の関係が論じられる際には、トクヴィルへの参照は不可欠でさえある。

現代リベラリズムのみならず、現代政治哲学の活性化の立役者であるジョン・ロールズは、『政治的リベラリズム』においてトクヴィルに言及している。民主的社会における市民が、自らの諸権利と諸自由を守ろうとするならば、「政治的な徳(civic virtue)」をもち、公的な生活に自発的に参加しなければならないとする考えを、ロールズは「古典的な共和主義(classic republicanism)」と呼ぶ。その際に彼の念頭にあるのはマキァヴェリであるが、それ以上に適切な例としてあげているのが、トクヴィルの『アメリカにおけるデモクラシー』である(Rawls 1993: 205f)。

そのロールズの『正義論』を正面から批判し、いわゆる「リベラル‐コミュニタリアン論争」の口火を切ったマイケル・サンデルもまた、彼の『デモクラシーの不満』においてトクヴィルに触れている。サンデルによれば、アメリカ合衆国における政治的伝統とはリベラリズムと共和主義の対抗関係として理解されるものであり、リベラリズムの共和主義に対する勝利こそが、共同体の衰退をはじめとする「デモクラシーの不満」を生み出している。このような趨勢に対抗すべくサンデルが主張するのが、自由を選択の自由としてではなく、自治として理解する共和主義的なコミュニタリアニズムの復権である。その際に彼の念頭にあるのがトクヴィルであり、中央集権的で一元的なルソー的共和主義と、国家と個人の間の中間団体を重視する多元的なトクヴィル的共和主義とを区別した上で、サンデルは、いま重要なのはトクヴィル的な共和主義であるとする(Sandel 1996: 347–349)。

トクヴィルへの熱い視線は、アメリカ合衆国だけの話ではない。彼の祖国フランスにおいても、トクヴィルは今日再び注目を浴びる思想家となっている。そのうち、ここではとくに、現代フランスにおいて英米圏の政治哲学との対話にもっとも積極的であり、同時にリベラリズムと共和主義の再統合を自らの理論的課題ともしているアラン・ルノーについて触れておきたい(2)(3)。

ルノーはその論文「共和主義と近代」において、リベラリズムの土台を構成する諸原理間の相克に注目し(4)、とくにリベラルな個人主義がそれに必要な矯正を受けることがない場合、自己解体する危険に触れている。このように考えるルノーにとって，トクヴィルによる自発的結社を通じての参加の強調は，まさしくリベラリズムの自己修正として評価されるべきものである。このような修正を受けたリベラリズムを，彼は共和主義的リベラリズムと呼ぶ。ルノーによれば，トクヴィルはリベラリズムの共和主義的な修正の「近代的理念型」にほかならない(Renaut 2000 : 172)。

このように，現代リベラリズムをめぐる諸論争においてトクヴィルに割り振られた役回りは，自発的結社や中間団体を通じて政治参加の意義を強調することで，個人の私的な利益のみを強調するようなタイプのリベラリズムを批判すると同時に，かといってリベラリズムを否定するわけではない思想家，むしろリベラリズムのさらなる発展に寄与しうる思想家ということになるであろう。

もちろん，リベラリズムと共和主義の間には，少なからぬ緊張関係がある。サンデルのように両者を競い合う相容れない二つの伝統として理解するのはいささか極端であるにせよ，両者の違いを無視するわけにはいかない。とはいえ，大きくいえば，リベラリズムと共和主義とは再統合の過程にあり，少なくとも絶対的な矛盾関係にはないという理解が，今日一般的になりつつあるように思われる。リベラリズムの代表的思想家の一人であると同時に，マキァヴェリらとともに共和主義の系譜上[5]に位置づけることが可能なトクヴィルは，まさに二つの潮流の和解と再統合のシンボルとなりうる思想家である。その意味で，現代リベラリズムをめぐる諸論争におけるトクヴィルの人気の理由を探し出すことは，けっして難しくない。

本章は必ずしも，このようなトクヴィル理解に敵対するものではない。しかしながら，このような理解がいささか平板なものであり，はたしてトクヴィルのテキストがこのような図式に完全におさまるか

について は、疑問が残ることも事実である。たしかにトクヴィルは、自由を自らの最大の価値とした思想家であった。またジャクソニアン・デモクラシー期のアメリカ観察を通じて、一般市民の日常的な政治参加の意義に注目した思想家でもある。しかしながら、トクヴィルにとって自由とはいったい何を意味したのかは、けっして自明ではない。また彼が、いかなる意味で政治参加の意味を強調したのかについても、解釈の余地がある。はたしてテキスト内在的なトクヴィル解釈を通じて、先に触れたようなリベラリズムと共和主義の再統合というような結論が導き出せるのか。現代リベラリズムの諸論争に本当にトクヴィルが寄与しうるとすれば、それはいかなる点においてなのか。これらの点を以下、本章で探っていきたい。

二　リベラリズムと共和主義

トクヴィルのテキスト解釈に入る前に、リベラリズムと共和主義との関係について、もう少し問題状況を整理しておく必要があるだろう。リベラリズムと共和主義の対抗関係(あるいはその和解)の背景には、実はもう一つの対抗関係(あるいはその和解)が潜んでおり、この二つの対抗関係のいずれにおいても、トクヴィルが重要な位置を占めているからである。

共和主義という言葉は現在においてこそ、しばしば耳にするものとなっているが、それはけっして古い話ではない。少なくとも英米圏において、現在使われているような意味で共和主義が語られるのが一般的になったのは、ごく最近のことである。

この概念は最初、政治思想史研究において注目され、後に現代における政治的文脈においても拡張されて用いられるようになった。その源流は、「政治的人文主義(civic humanism)」概念を提起した、ハンス・バロンの古典的研究『初期イタリア・ルネサンスの危機』に遡る。一四世紀イタリアのフィレンツェにおける軍事的危機に際して、元来、言語や文献学的研究に従事してきた人文主義者たちは、古代ギリシアの都市国家や共和政ローマへの注目を通じて、人々が自由に政治に参加する仕組みや共和政への関心を復活させた。このような意味で共和主義的な人文主義の伝統こそが、バロンの着目した政治的人文主義であった(Baron 1966)。

さらに、このバロンの問題提起を受けて、古代ギリシアおよびローマからルネサンス期イタリアへ、そして初期近代のイングランドへとつながる思想的継承関係を探ったのが、J・G・A・ポーコックの大著『マキァヴェリアン・モーメント』(Pocock 1975)である。また同じ時期に、同じくバロンの影響下にクエンティン・スキナーは、『近代政治思想の基礎』(Skinner 1978)において、イタリア・ルネサンス期の政治思想についての考察を行っている。

これらの著作は厳密な政治思想史的研究であり、直接的に現代的諸問題への回答を試みたものではない。にもかかわらず、フィリップ・ペティットの『共和主義』(Pettit 1997)をはじめ、ポーコックやスキナーによって切り開かれた視座は、それが理論的に拡張・発展されることによって、現代的意味をもたされるようになっていく。すなわち、政治的人文主義の概念から共和主義的な「徳(virtue)」の理念を抽出し、この徳の理念によってリベラリズム的な個人主義を相対化しようとする試みが展開されることになったのである。

この徳の理念は、古典的にはモンテスキューが『法の精神』において定式化したものであるが、個人の利益を公共のために犠牲にすることとして理解されるようになる(6)。その後、リベラリズムの個人主義がこのような徳の理念を批判し、むしろ個人の利益を強調していったとすれば、今日の共和主義の意図するものは、強調されすぎた個人主義的なバイアスを徳の理念によって再び修正することにあると考えられる。

このような共和主義の議論が、政治思想史研究から生み出されたということは偶然ではない。というのも、これらの研究のもつ意味は、歴史の見方それ自体の修正にあるからである。すなわち、問題は、近代というものを理解するにあたって、個人主義的なリベラリズムをその中核に見出すか、それともそれとは異質な伝統を重視するか、という点に関わってくる。近代のなかにある、個人主義的なリベラリズムとは異なる古代以来の要素を確認することで、リベラリズムの近代理解と異なるもう一つの近代理解がありうることを示すことが、つねに争点として潜在しているのである。この点について、例えばサンデルは、アメリカの政治的伝統におけるリベラリズムと共和主義の対抗関係を強調し、同じくコミュニタリアンの理論的指導者と目されるチャールズ・テイラーは、より一般的に近代理解の問い直しをせまっている(7)。

ポーコックの『マキァヴェリアン・モーメント』と、スキナーの『近代政治思想の基礎』がそれぞれ、一九七五年と一九七八年に出版されたように、この時期、明らかに政治思想を語るヴォキャブラリーの地盤に、大きな変動が起こっていた。それはこの時期における政治や経済における変化と無縁ではない。一九七〇年代とは、先進産業諸国における経済的危機の時代であった。この危機を通じて、第二次世界大戦後の西側諸国において中核的な役割を果たしてきた福祉国家のしくみが揺らぎはじめ、それとともに国家の統治能力自体への疑問の声もあがるようになる。このような時代状況を背景に、国家の積極的役割よりも個人の自己責任を強調するネオ・リベラルのイデオロギーが台頭していった。

それと同時に、従来のイデオロギー枠組みもその説得力を失い始める。とくに社会主義が、もはや既存の社会モデルに対する有力なオルタナティブとしては受け止められなくなったことが重要である。というのも、共和主義への関心の高まりは、社会主義に代わる、リベラリズムへのオルタナティブとしての役割を期待されてのものと考えられるからである。このような社会的背景とともに、政治思想史研究における成果があいまって、政治思想のヴォキャブラリーがこの時期大きく変化することになったのである。

このように、二〇世紀末になって、リベラリズムと共和主義の対抗関係がにわかに注目されるに至ったわけだが、フランスを見ると、これとかなり異なった光景が見受けられる。というのも、フランスにおいて、共和主義(républicanisme)とは近年になって台頭したものではなく、むしろフランス革命以後、王政ではなくあくまで共和政こそを支持する政治的立場として、つねに政治的舞台の中心に位置し続けてきたからである。

ちなみに英米圏の政治思想史研究で語られる共和主義において、しばしば古典古代の参照と徳の強調がその顕著な特徴として指摘されるが、このような諸特徴は、フランスの共和主義においては、少なくともその第一義的なものではない。フランスの共和主義といえば、しばしばロベスピエールやサン＝ジュストらジャコバン派がイメージされるが、クロード・ニコレが指摘するように(Nicolet 1982)、フランス共和主義の伝統の形成にあたっては、むしろコンドルセや彼の影響下にあったイデオローグ（観念学派）と呼ばれる一群の知識人政治家たちの果たした役割が決定的に重要であった。

フランス啓蒙の後継者であるイデオローグらは、新しい公教育の充実を通じて共和国の基礎を固めることを目指した。その際に彼らが依拠したのが、あらゆる宗教や形而上学的独断を排した感覚論的哲学であり、その結果、デカルトやヴォルテールらが、必ずしも政治的には共和政支持者でなかったにもかかわらず、フランス共和政の精神的父祖として位置づけられることになる。また、フランス共和主義に、「科学」や、「科学」による「進歩」という理念が持ち込まれることにもなった。一九世紀以後のフランス共和主義を特徴づけているのは、古典古代よりも「進歩」、「徳の共和国」よりは「世俗的な知の共和国」であった。

これに対しフランス・リベラリズムは、革命以後のフランス政治に顕著な左右の対立図式の中に埋没し、独自の位置を確保することに失敗した。というのも、革命を支持する点において、フランス革命の正統な継承者は共和主義や社会主義であり、リベラル勢力はそれらと比べるとはるかに曖昧な立場に終始したからである。たしかに革命の成果を基本的に承認する点において共和主義や社会主義と同じ側に立ったものの、革命の行き過ぎを批判し、さらなる革命の進展に対して懐疑的である点において、フランス・リベラリズムはむしろ保守主義と近かったからである。この微妙な立場ゆえにフランスの政治的伝統において、リベラリズムはつねにイデオロギー的な脆弱性を抱えざるをえなかった。

もちろん、だからといって、フランスにおいてリベラリズムが存在しなかったわけでもないし、その諸原理が否定されたわけでもない。しかしながら、リベラリズムの諸原理は、必ずしもリベラリズムという枠組みにおいて強調されることはなかった。さらにその後のヘーゲルやマルクスの影響によって、フランス思想における強固な反リベラリズムとでも呼ぶべき知的伝統さえ形成された(Lilla 1994：10)。このような傾向に変化が見られたのは、ようやく一九八〇年代になってからのことである。

このように、フランス革命以後のフランスにおいて、つねに優勢な位置にあったのは共和主義であり、リベラリズムはこれに対し劣勢を強いられてきた。今日のフランスにおいては、様々なかたちでリベラリズムの復権とでも呼ぶべき動きが見られるが、そこには、これまで優勢であった共和主義を批判、あるいは相対化する視点が託されている。とくにルソーとトクヴィルとを比較し、中央集権的で一元的なルソー的デモクラシー・モデルではなく、分権的・多元的なトクヴィル的デモクラシー・モデルが対比されるようになったのが、その顕著な一例としてあげられる。

このような変化は、英米圏とはっきりしたコントラストを描いている。というのも、すでに指摘したように、英米圏において近年においてこそ共和主義が強調されるようになったものの、これは比較的最近の趨勢であり、それ以前においてはリベラリズムの圧倒的な優越が見られたからである。あえて図式的にいえば、フランスにおいて、これまで優越的であった共和主義の伝統を相対化するために近年になってリベラリズムが再評価されるようになったとすれば、英米圏においてはその逆で、圧倒的に優勢であったリベラリズムへの対抗的役割を期待されて、共和主義への注目が広がっているのである。したがって、リベラリズムと共和主義の対抗関係の背後には、英米圏とフランスというもう一つの対抗関係が隠されていることになる。(8)

このような英米圏とフランスにおけるリベラリズムと共和主義の対抗関係は、リベラリズムが先か、共和主義が先かという前後関係という点においてのみ重要なわけではない。それだけであれば、各国における歴史的諸事情にすぎない。それ以上に重要なのは、このような、いわば歴史的偶然の結果示された理論的な位相である。

今日、英米圏ではこれまでつねに優越的であったリベラリズムを相対化しようとする動きが生まれているのに対し、フランスでは共和主義に対して長らく不振だったリベラリズムの復権の兆しが見られることは、リベラリズムと共和主義、英米圏とフランスの間における、厳しい対立をはらみつつも、より直接的な対話の可能性が生まれてきたことを意味する。このことは当面の間は、両者の間における言葉の定義をめぐる混乱や誤解を生み出すものの、長期的にはより充実した理論的議論の可能性を開くものとして評価できる。

既に触れたアラン・ルノーは、フランスの伝統的な共和主義者と、今日の英米圏における現代共和主義者とを区別するため、前者の"républicain"に対し、新たに後者を"républicaniste"と呼んでいる。そしてルノーが、このような新たな理論的対話の象徴として注目しているのが、トクヴィルなのである。彼はまさにリベラリズムと共和主義、英米圏とフランスとの間にあって、非常に微妙な位置を占めている理論家である。したがって、以下ではより具体的に彼のテキストを再検討していきたい。

三　トクヴィルにおける自由

リベラリストとしてのトクヴィル

まず最初に検討すべきは、トクヴィルにとって自由とはいったい何を意味したのかということである。彼が自由を何よりも重視すべき価値として考えていたことは間違いない。彼の『アメリカにおけるデモクラシー』においても、『旧体制と革命』においても、自由という言葉があふれている。「デモクラシー」や「諸条件の平等」が、彼にとって様々な社会を比較するにあたっての分析概念であったとすれば、自由は歴史を越えた至上価値であった。トクヴィルは私信においても「私にとって大義があるとすれば、自由と人間の尊厳だけです」(Tocqueville 1977: 233)[9]、「個人と同様、ある人間社会が何程のものかであるとすれば、それは自由の使用によってのみです」(Tocqueville 1959: 280)[10]とたえず強調している。

しかし、トクヴィルにとって自由が何を意味したのかは、けっして自明ではない。彼をリベラリストと呼ぶときにも同じ問題がある。たしかに、アイザイア・バーリンが『自由論』で指摘するように、トクヴィルはイギリスのロックやミル、フランスのコンスタンらと並ぶリベラリストであり(Berlin 1969: 124, 邦訳三〇七頁)、「ヨーロッパにおける個人の自由の最もよく知られたチャンピオン」(Berlin 1969: 173, 邦訳三九四頁)の一人とされる[11]。しかしながら、彼をいかなる意味においてリベラリストと評価するかは、実はかなり微妙な問題である。同時代のフランスの文脈でいえば、彼はジャコバン派でもなければ反動勢力とも一線を画したという意味においては、明らかにリベラル派であった。とはいえ、そのような党派的説明を離れて、より理論的な意味において彼をリベラリストと性格づけられるとすれば、それは彼のいかなる特徴によってであろうか。

まず注目すべきは、トクヴィルによる個人の権利の擁護である。彼にとって、徳を別とすれば、権利という観念ほど美しいものはないとされる。権利の尊重なくして、偉大な人民は存在せず、あるいはそもそも社会は成り立たない。力によってのみ支えられる集団を社会とは呼べないとトクヴィルは強調する(Tocqueville 1951: 248)。

さらに、この場合の権利とは、あくまで平等な諸個人の権利であることに注目すべきである。たしかに、トクヴィルといえば、アリストクラシーとの親近性がしばしば強調される。彼自身、自らの属した貴族階級や、デモクラシー以前の社会への好意的感情を隠さない。とはいえ、それは無批判にではなかったし、なによりも、デモクラシーの発展を「摂理」と考えるトクヴィルにとって、時計の針を戻すとは考えられなかった。彼がアメリカで見つけたのは、イギリスの「貴族的自由」ではなく、「ブルジョワ的・民主的自由」であった(Tocqueville 1951: 29)。

トクヴィルはさらに次のように述べる。「自由についての近代的、民主的、そしてあえていえば正しい概念によれば、各人は自らを導くために必要な知性を自然から受け取っており、自分のみに関わる事柄については、同胞市民から独立して生きることができ、自分が思うように自分の運命を律することができる、平等で永続的な権利を生れながらにもっている」(Tocqueville 1952: 62)。貴族の特権的な自由ではなく、平等な諸個人間の自由こそを、トクヴィルは擁護したのである。その意味で、彼をリベラリストと呼ぶことができよう[12]。

同様に、トクヴィルをエリート主義的であるとする見方もあるが、彼の著書を細かく読んでいけば、むしろ彼がいかにそれから遠いかがわかる[13]。一例をあげれば、たしかに彼は法律家をデモクラシー社会のアリストクラシーと呼んでいる。しかしながら、その意味は、法律家が、デモクラシー社会において欠けがちな資質、すなわち秩序や形式への好みをもっており、それがデモクラシー社会において一定の補完的機能を果たしうるというにとどまる。

　トクヴィルがむしろ期待するのは、日常的な公務の実践や細かい訴訟を通じての普通の市民による権力のチェックである。彼はある社会において、望ましい決定を特権的集団に委ねようとはしない。むしろ個別的に見れば視点も限定され、特殊な利益に固執する傾向も見られるような、多数の判断主体に担わせようとする。それらの判断の一個一個は必ずしも適切ではないとしても、そのような主体が社会の中に多数存在することで、むしろ権力の行き過ぎを抑制しうるからである。その根底にあるのは、各個人はその利益の最適な判断者であり、そのような個人に代わって社会が各個人の利益を判断することを良しとしないトクヴィルの信念であった。彼が連邦制を支持するのも同様の理由に発しており、彼は、連邦政府より各州、州よりもカウンティやタウンシップに期待した。

　トクヴィルの徳の概念も興味深い。たしかに彼は、しばしば徳について言及する。しかしながら、その場合、彼の念頭にある徳は、私的な利益を公的な目的のために犠牲にすることではなかった。彼はデモクラシーの社会において、人々の関心が物質的で卑近な利益にのみ限定される傾向に危惧を隠さないが、それに対して彼が提唱するのは、私的利益と真っ向から対立するような徳の涵養ではなかった。むしろ彼は「正しく理解された利益」、すなわち、より長期的・全体的な視点から捉えた自己利益を、各個人が自己反省によって見出すことを重視した。彼が市民に陪審をはじめとする公務への参加を期待するのも、このような自己反省の契機としてであった。トクヴィルは、そのような「正しく理解された利益」をむしろ徳と隣接したものとしてとらえ、「徳は美しいとはいわれず、むしろ有用であると主張される」(Tocqueville 1961：127)アメリカの現状を好意的に評価したのである。

そのようなトクヴィルにとって、「多数の暴政」や「民主的専制」批判は当然の結論であった。判断主体の多数性を否定する社会における同調圧力や、公的事柄に関心を失った市民をむしろ歓迎し各個人をその孤立の中に閉じ込めようとする中央集権的権力は、彼の最も忌避するものであった。社会によって侵されない個人の領域と、その判断を何よりも重視したトクヴィルを、リベラリストと呼んで問題はなかろう。

トクヴィルの自由の〝過剰さ〟？

以上見てきた限りにおいては、トクヴィルにおける政治参加の強調や徳の理念は、けっしてリベラリズムの諸原理と衝突するものではなかった。このようなトクヴィルの側面を仮に彼の共和主義的側面と呼ぶとしても、彼における共和主義的側面は彼のリベラリズムを補完こそすれ、それと矛盾したり対抗したりすることはなかった。

しかしながら、話をそれで終わらない。トクヴィルの自由概念には、以上の図式からはみ出るように見える部分がある。それはとくに彼の宗教論において顕著である(14)。

トクヴィルは、よく知られているように、自由の精神と宗教とが相反するものではなく、むしろよく支え合うということを、生涯主張し続けた。したがって、フランスにおける、フランス革命以来の自由を支持する勢力と、宗教を擁護する勢力との対立は、彼にとって嘆きの種にほかならなかった。彼の考えでは、フランスにおいて両者が敵対したのは、革命前にカトリック教会が信仰の領域に自己を限定せず、むしろ政治的・社会的特権勢力として振る舞ったことに起因している。逆にいえば、自由の精神と宗教とは当然に敵対するものではなく、むしろフランス場合、歴史的偶然の影響が小さくなかった。

これに対しアメリカでは、教会は信仰の領域こそを自らの任務とし、政教分離原則の下、世俗の事柄に関与することを自己抑制しているとトクヴィルは評価する。このため、アメリカは自由の精神が最も活発な国であると同時に、最も根強い宗教心が見出される国でもある。この例からも明らかなように、自由の精神と宗教は実は密接な関係をもっているというのが、トクヴィルの主張であった。宗教は「人間の欲求の対象を現在の幸福の外、そしてその上に置き、人間の魂を感覚の世界のはるか上にする世界へと高める」と同時に、「必ず人間一人ひとりに人類に対する何らかの義務を課し、人類とともにあることを強制する」(Tocqueville 1961: 29)。それゆえに、宗教は社会的紐帯の基礎となり、自由とデモクラシーの基盤となるのである。「専制に信仰は不可欠ではないが、自由にとっては不可欠である」(Tocqueville 1951: 308)とトクヴィルは強調した。

とはいえ、トクヴィルの宗教論には、過剰なものがある印象は否めない。その一例が「知性の健全な枠」論である。彼によれば、人間の知的・道徳的世界にはつねに権威が必要であり、そのうちとくに宗教のドグマが最も望ましいものである。宗教のドグマは、仮にそれが間違ったものであれ、「知性の健全な枠」を課している。それなしには、人間精神ははてしない懐疑と不安定性を免れない。あるいはむしろ多数の意見への無批判な迎合へと向かうと、トクヴィルは主張した。

しかしながら、このようなトクヴィルの議論に対してはやはり、個人の精神的自由を限定するという点において、宗教と多数の意見との間に、どのような違いがあるのかという疑問がありえる(松本 一九九一：一一四－一一六頁)が、この点に関して、トクヴィルはなんらの説明も試みていない。彼はただ

「社会にとって利益になることなら、何をしてもいい」というのは「冒瀆的な格率」であり、アメリカでは「法によって、人民はすべてのことをすることが許されているが、宗教によって、すべてのことを構想することを妨げられ、あえてすべてを行うことを禁じられている」(Tocqueville 1951: 306)と指摘するのみである。人間精神の前には無限の荒野が広がっているわけではない。そこには越えられない壁があるというのである。トクヴィルは、この壁をけっして否定的な意味で語っているのではない。

トクヴィルはデモクラシーの時代にあって、宗教における本質と形式とを区別する重要性を説く。彼が宗教的ドグマと呼ぶのは、各宗派を越えて共有される本質的要素(15)、すなわち、人間を越えた世界へと導き、人間相互の権利義務を一般的に規定するものである。この本質に関わる事柄においては、人間知性による懐疑を寄せつけない枠組みがあり、その枠組みは人間にとって健全なものであると、彼はいうのである。

このようなトクヴィルの宗教論が予感させるのは、トクヴィルにとって、なんらかの実体的な「正しさ」の基準が前提とされているのではないか、ということである。彼にとっての自由とは、あらゆる対象を好きなように選択できることではない。あるいは少なくとも、そのような選択には一定の限界がある。そしてそのような限界とは、形式的なものではなく、宗教とも結びつく実体的なものであった。

トクヴィルは、初期のニュー・イングランドにおける自由の精神と宗教の精神との結びつきを強調しつつ、当時の議論から次のような一節を引用している。「それはすべての正しいこと、そして善いことを、恐れることなく行う自由である」(Tocqueville 1951: 41)。ここには、アウグスティヌス以来のヨーロッパ思想史における自由論と目的論との独特な結びつきの影響を見て取ることができよう。すなわち、人間とは自由意志によって善悪いずれをも選択しうる存在であるが、自らの内なる理性に従い、あえて自発的に善を選択することができるし、そこにこそ自由の偉大さがあるとする考えである。[16] この考えにしたがえば、自由とは何であれ選択できることではなく、善を自発的に選択する能力にほかならない。

トクヴィルはまた別の個所で、各人民の立法の限界として、歴史を越えて存在する正義の存在があるとしている(Tocqueville 1951：261)。この正義とは、宗教的な意味合いをもっているかはともかく、現代リベラリズムにおける手続き的な正義とは異質なものであることは間違いない。ロールズの正義論の一つの特徴が、正義論から目的論を排除し、正義と善とを峻別することであるとすれば、トクヴィルはこのような現代リベラリズムとは異なる理論的位相において自らの議論を展開している。

もしこのような理解が正しいとすれば、トクヴィルは「古くさい」思想家なのであろうか。すなわち、普遍的に妥当する、実体的な善の構想を想定するという意味で、「神は死に」、あるいは「神々が闘争する」現代という時代にあって、もはや望んでも帰ることのできない古きよき時代の思想家なのであろうか。

そうとはいい切れないだろう。というのも、トクヴィルは人類に普遍的に妥当すべき実体的な善の存在への信念を保持しつつも、その善の具体的内容はといえば、むしろかなり禁欲的な物言いしかしないからである。彼は既存の宗教に満足しているわけではない。また彼自身、信仰の上での懐疑に悩まされ続けた。トクヴィルは既存の宗教の教義を最善のものとはけっして考えていないが、それでも何もないよりははるかにましとしているに過ぎない。その意味で、彼の自由論の現代性があるとすれば、自由論と目的論との結びつきをあくまで希求しつつ、しかしもはやその目的論を明示的には語れないという困難のなかで、粘り強く思考を続けようとしている点にこそ見出せるのではなかろうか。

以上の議論を整理しておきたい。トクヴィルがリベラリズムの思想家であることには、やはり疑いを差し挟むことはできない。個人の平等な自由を擁護するトクヴィルは、各個人にのみ関わる事柄についてあくまでその判断を尊重し、中央集権的権力による後見的な介入を批判し続けた。

同時に、トクヴィルが自由というときにまず念頭にあったのは政治的自由であり、あくまで政治参加を強調した点において、その同時代にあっても際立つものがあったことは間違いない。また彼が徳という言葉を頻用したことも事実である。とはいえ、彼は非政治的な自由を軽視したわけではないし、徳というときにも、「正しく理解された利益」と対立するのではなくむしろ連続的なものとして捉えようとしたことが重視されるべきである。各人は自らの利益の延長線上に公的事柄に関与すべきなのであり、トクヴィルにとって政治参加は自己犠牲ではなかった。政治参加を通じて各個人が自らの視野を拡大することを期待したという意味で、彼にとっての政治参加は各個人の権利保持のための単なる手段ではなかったにせよ、トクヴィルの政治参加の強調は、彼のリベラリストとしての諸原則と矛盾するものではなかった。

また宗教論に顕著なように、トクヴィルの自由論は目的論的傾向を伴っていた。彼にとっての正義とは、現代リベラリズムのような手続き的正義ではなく、より実体的な正しさの観念と結びついていた。しかしながら、逆にいえば、正義論から目的論を完全に排除しようとする現代リベラリズムの方が特別なのであり、一九世紀以前の西欧思想においては自由論と目的論の結合こそが一般的であった。そのように考えるならば、トクヴィルは、目的論的な正しさの観念を保持しつつも、それが一義的に証明できるものではなく、まして画一的に人々に強制できるものではないと考えていた点で、むしろ現代的であったともいえる。いずれにせよ、彼のリベラリストとしての特徴を否定するわけではない。

四　トクヴィルにおける自律

ところで、以上の結論は、トクヴィルの思想の本質的な部分にあるリベラリズムの諸原理を、彼のなかにある、それとはやや異質に見える諸原理(仮に共和主義的と呼ぶ)と対比した上で、後者の諸原理がリベラリズムの枠を越えるか否かという問題の立て方に導かれたものであった。

しかしながら、実はこのような問題設定自体に問い直す余地があるかもしれない。というのも、第一節において検討したように、このような問題設定は典型的に英米圏のものであるからである。すなわち、リベラリズムこそが長くその正統な思想であり、近年になって、それを批判あるいは相対化する思想として共和主義に注目が集まるようになった英米圏においては、このような問題設定はきわめて自然である。しかしながら、視点を、トクヴィルの祖国フランスに移してみると、やや異なった理解もありえるのである。

フランスにおいては、フランス革命以後、リベラリズムはむしろ脆弱な立場に追い込まれた。その一因は、個人の諸権利の実現を人民主権と一体のものとして捉え、共和政の実現こそを最大の課題とした共和主義の伝統に対し、リベラリズムは個人の諸権利の実現を重視するものの、これを政体問題と切り離し、共和政の実現については必ずしも熱心ではないと評価されたことにあった。このような〝偏見〟

はかなり最近になるまで続いたといえよう。

それでは、近年になって、フランス・リベラリズムの復権とも呼ぶべき現象が起きているとすれば、それはいったい何を意味するのか。その一側面を指摘するとすれば、フランス・リベラリズムはけっして政体問題に無関心であったわけではないこと、むしろその真の意義は、共和主義と関心を同じくしつつも、共和主義を批判し修正しうる視点を秘めていることにあることが明らかになってきている。英米圏において、共和主義によるリベラリズムの修正が試みられているとすれば、フランスにおいては、リベラリズムによる共和主義の修正が始まりつつある。

『アメリカの征服』など、記号論を駆使しての他者論で知られると同時に、フランス・リベラリズムの研究でも知られるツヴェタン・トドロフは、フランス・リベラリズムにおける自由とは、むしろ自律として理解するのがふさわしいと主張している(Todorov 1998: 73，邦訳七一頁)。

自律とはこの場合、カントの定言命法のように、万人にあてはまる普遍的な理性の格率に従うことではなく、文字通り自らの「ノモス」を自ら定めそれに従うこと、外から強制された原理ではなく、自らの内的な原理に従って選択を行うことを意味するという。このような意味で自由＝自律を理解するフランス・リベラリズムの思想家にとって、個人の自由＝自律と政治体の自由＝自律(以下、自律と略)とは無縁のものではなかった。むしろ両者は連続的なものとして論じられた。このように考えれば、彼らは個人の諸権利のみを重視して、政体問題に無関心であったという評価が正しくないことは明らかである。むしろ、彼らはまさに、政治体の自律を実現するはずのルソー的な一般意志の支配の企図が、むしろジャコバン独裁から恐怖政治へと行き着いた経験に照らして、政治体の自律の問題に対しより深刻かつ慎重な理論的検討を行ったのである。単に共和政体を実現すれば、政治体の自律が実現するわけではない。それでは、真に人民主権を実現するためには、どうしたらいいのか。これこそ、フランス・リベラリズムの思想的課題であった。

このような視点から、いま一度トクヴィルのテキストを読み直してみたい。ちなみにトクヴィルは“le fait générateur”や“le principe générateur”といった用語をしばしば用いる。すべての現象を説明する根源的な事実や原理を指す言葉であるが、彼が『アメリカのデモクラシー』の冒頭でこの根源的な事実としているのは、当然のことながらデモクラシー、諸条件の平等であった。しかしながら、実はこの本のなかには、他にも根源的原理として指摘されているものがある。それが「人民主権」である。

トクヴィルによれば、「人民主権」の原理こそ、独立前のアメリカの各植民地に胚胎し、独立後に連邦全体の構成原理となったものである。彼は『アメリカのデモクラシー』第一巻第一部第四章で、アメリカにおける「人民主権」の原理について論じているが、アメリカを、社会の外にある権力がその社会の進路を決定し強制している社会と対比している。「アメリカにおいて、社会は自らの力で、自らを決定している。権力はその社会のなかにしかない」(Tocqueville 1951: 56)。ここでトクヴィルが語っているのは、まさしく政治体の自律である。彼にとってのアメリカとは、このような意味での「人民主権」すなわち政治体の自律が最高度に発展している社会にほかならなかった。

もちろん、トクヴィルはアメリカ社会を手放しで称賛しているわけではない。このような社会は同時に、「真に指導的なのは人民であり、統治形態が代議制であるとしても、人民の意見、偏見、利益、そして情念すらが、社会の日常生活において生み出されてくるのを恒常的に妨げる障害など存在しないことは明らかである」(Tocqueville 1951: 177)。自律が最高度に発達した社会において、人民の意見、偏見、利益、情念を拘束するものはもはや存在しない。このことにトクヴィルは危惧を隠さなかったが、このような危惧は彼の貴族主義的偏見に基づくという理解が一般的である。

しかしながら、このようなトクヴィルの危惧は貴族主義的大衆批判として理解するよりも、むしろ政治体を外的に拘束するものが存在しなくなったときに、その政治体は自らをコントロールすることができなくなるのではないか、という不安の現われとして理解すべきなのではなかろうか。

というのも、トクヴィルの考えでは、そもそも人間にとって何らの拘束のない状態、全能の状態はその能力にあまる状態だからである。「全能ということ自体が私には悪いこと、そして危険なことに見える。全能の行使は人間の力を越え、いかなる神であるにせよ、およそ神以外に危険なしに全能たりえるものはない。というのも、神の知と正義はその権力とつねに等しいからである」(Tocqueville 1951: 263)。

しかしながら、デモクラシーの社会にとって、もはや外からの力によって自己をコントロールしてもらうことは受け入れがたい。そうだとしたら、残されるのは、自制という道しかない。そのように見るならば、トクヴィルの『アメリカのデモクラシー』は、最初から最後まで、自律を余儀なくされた社会がいかにして自制を実現していくかという問題関心に貫かれている著作として読み直しうる。

そのようなトクヴィルにとってアメリカとは、基礎的なコミュニティから連邦へと、「人民主権」の原理を積み上げることで、また司法権の政治的な役割を活用したり、たくみに二院制を運用したりすることによって、慎重に政治体内部において権力を分割しつつ、政治体の統一を実現した希有な実例であった。その結果、「アメリカにおいて、社会は助けなしに、自らの力で自らを支えられるよう構成されている」(Tocqueville 1951: 133)。

その成功の理由は、政治体の巧みな構成の仕方にあった。すなわち、「他のすべての社会的権力に優位する社会的権力というものは必要であるが、この権力の前にいかなる障害もなく、その進みをとどめさせ、自制するための時間が与えられていなければ、自由は危機にあると考えられる」(Tocqueville 1951: 263)。社会の統一を高度に実現しつつ、同時に権力を巧みに分割し、その相互作用を生み出すこと。また司法の役割をデモクラシーと有機的に結びつけることによって、社会全体としての自制を可能にすること。さらに、そのことによって、個人の自由を実現していくこと。このようなトクヴィルの視点は、後にハンナ・アーレントによって引き継がれ、彼女は『革命について』において、これを「自由の創設」と表現した(Arendt 1963)。

もはや外的な拘束を持たないデモクラシー社会にとって、自らの内部に自覚的に分離を生み出し、その分離によって自己反省の契機をもつことこそが死活的に重要である。トクヴィルがアメリカに見出したのは、そのような自己反省の仕組みをもつ社会の実例であった。たしかに、アメリカ社会の自己反省機能は完璧なものではなく、つねに社会のなかで優勢な情念によって流されてしまう危険がある。とはいえ、外的な拘束のないデモクラシー社会にとってこの機能を高めていくしか道がない以上、このアメリカの実例からいかなる理論的・実践的可能性を汲み取るかが、トクヴィルの課題であった。

先に触れたように、現在英米圏においてリベラリズムの共和主義的修正が試みられているとすれば、フランスにおいては、共和主義のリベラリズム的修正が始まっている。このような意味で、現代フランスにおいてリベラリズムの復興が見られる際に、その代表的思想家がトクヴィルであるのは、以上の議論から見ても何ら不思議はない。

また前節で検討したトクヴィルの宗教論についても、自律の議論との関わりにおいて再検討することが可能である。トクヴィルにとって、何らの外的拘束もなく全能であっても誤ることのないのは神だけであって、人間はそうではない。したがって彼の宗教の強調の一つの意味は、神と比べての人間の脆弱さを浮き上がらせることにあるといえるだろう。

たしかに、宗教の力によって人間社会の脆弱性を克服することは、もはや不可能かもしれない。しかしながら、宗教があくまで信仰の領域にとどまって政治に関与しない限り、人間の内面における「知性の健全な枠」として、人間精神の不安定性に対する最低限の支えとしてはなお機能するのではないか。このような期待をトクヴィルは最期まで棄てなかった。これを宗教への過剰な欲求として批判するよりも、デモクラシーの自己反省能力に対して期待しつつも、なお不安を隠しきれないトクヴィルの不安の現われとして理解する方が妥当なのではなかろうか。

習俗に関しても同様のことがいえる。すなわちトクヴィルにおける習俗の強調は多くのトクヴィル研究者によって注目されているところであるが、彼にとっての習俗とは「心の習慣」(Bellah et al. 1985)であり、普遍的・実体的な正義の観念を捨て切れないものの、もはやそれを自明視するわけにはいかないトクヴィルにとって、何らかの代替物だったのではなかろうか。習俗を通じて人々が無意識のうちに自由を使いこなせるようになることは、たとえ迂回的ではあれ、自制を余儀なくされたデモクラシー社会にとって残された可能性であった。トクヴィルはその可能性に賭けたのである。

五　おわりに

以上、トクヴィルの自由論のもつ複雑な諸側面を読み解いてきた。ここでの分析は、第一節で検討した英米圏とフランスにおける、リベラリズムと共和主義の関係の位相の違いに対応したものであった。すなわち、長年にわたってリベラリズムが正統な思想として優越的な地位にあり、近年になってこれを批判する視点が共和主義に求められつつある英米圏の視点からすれば、トクヴィルとはまさしくリベラリズムのもつ個人主義的原理が、それを補うものを欠くとき自己解体する危険性を説いた思想家ということになる。

他方、あくまで共和政を擁護する共和主義が体制思想となり、反リベラリズム的傾向の強かったフランスにおいては、トクヴィルは自己を批判する外的視点をもちにくいデモクラシー社会において、自制のメカニズムをもつべく様々な制度的・社会的機能を構想した思想家として注目されている。その意味でいえば、もしトクヴィルをリベラリズムを共和主義的に修正した代表的思想家というならば、同時に共和主義をリベラリズム的に修正した代表的思想家といわなければ一面的ということになるであろう。

それでは、このようなトクヴィルの自由論の分析は、現代リベラリズム論にいかなる理論的寄与をなしうるのだろうか。とくに、リベラリズムと共和主義は本当に和解しうるのかという問いに、トクヴィルはいかなる答えを示してくれるのであろうか。

英米圏における問題の一つの焦点は、共和主義とはリベラリズムの矯正的原理であり、リベラリズムの諸原理それ自体を否定するものではないと本当にいえるのか、という点にある。徳や政治参加の強調は、はたしてリベラリズムの諸原理と矛盾しないのか。ルノーが整理するように、これらの共和主義的とでも呼ぶべき諸要素を、あくまで諸個人の自由を守るための手段として理解する立場もあれば、諸個人の自由とは別個な、それ自体追求されるべき価値とする立場もありうる(Renaut 2000：178–183)。

この点に関していえば、トクヴィルは市民の政治的活動を単なる手段とは考えておらず、むしろそこに人間論的な価値を見出していることは間違いない。トクヴィルにとって、政治的自由の実現は、デモクラシーの社会において失われがちな人間的価値――これを彼は自由、徳、偉大さなどと表現する――を回復するためのものにほかならなかった。とはいえ、彼の議論のきわめて興味深いのは、これらの価値を掲げてリベラリズム的な個人主義を批判しつつも、両者を単に対比するだけではなく、むしろそれを結びつける理論的努力をしている点である。彼はけっして徳と利益を切り離さなかった。また政治参加を、諸個人がその視点を拡大し、自らの利益と社会の利益とを架橋する反省的視点を養うためのものとして意味づけた。それはけっして私的利益を公共のために犠牲にすることではなかった。その意味で、トクヴィルの理論的模索の最大の意義は、リベラリズム的な個人主義とは異質な価値を希求しつつ、あくまでそれを個人の原理の延長線上に目指そうとしていることにあるといえるだろう。

フランスにおける論争の一つの焦点は政治体の自律に関わる。デモクラシーの社会はもはや外的な拘束をもたず、自己を批判する外的な視点をもちにくい。とくに人民主権原理に基づき、一般意志の支配こそを最大の政治的課題としたフランスの共和主義的伝統において、問題は顕著であった。はたして政治体は自らを反省するしくみをもち、自壊を回避することができるのか。これこそ論争の掛け金であった。この点に関して、トクヴィルは人間の全能のおごりを批判する神の超越的視点の必要性を強調しつつ、しかしもはやそれに依拠することのできないデモクラシー社会は、内在的な自制のしくみを必要とすると考えた。彼がアメリカでみつけたコミュニティと連邦制、司法権の政治的役割、二院制などの権力分立は、まさしくそのようなしくみとして評価されたのである。内に意図的に分離を組み込み、判断主体を多元化することで、政治体に必要な自制を実現することができるのではないか。トクヴィルがアメリカに見つけたのは、そのような希望であった。このようなトクヴィル的視点こそ、フランスにおいて長く支配的であった共和主義的伝統を相対化しうるものとして、今日重要である。

このようなトクヴィルの理論的寄与には共通した傾向がある。個人の自由と政治体の自律を最大の価値としつつも、その脆弱性と困難に注目するトクヴィルは、あくまでそれらの価値の内在的理解に徹しつつ、しかし脆弱性と困難を克服する道を模索したのである。現在リベラリズムと共和主義とが接近しつつ、しかし最後まで完全には融合しえない本質的な諸要素についての真剣な検討が始まっているとすれば、トクヴィルはまさしくそのような検討の道標ともなるべき思想家なのである。

（1）　共和主義の概念は非常に多義的であるが、福田有広による「古典古代の共和国、とりわけ、古代共和政ローマの政治に憧れ、君主政とは違った政治を標榜した議論」(福田　二〇〇二)が、一つの出発点となる。

（2）　フランスにおける共和主義(républicanisme)には、英米の共和主義と異なった諸特徴が見られる。本章においても後述するが、より詳しくは北川(二〇〇一)、および宇野(二〇〇四)のとくに第八章を参照されたい。

(3) アラン・ルノーについても、北川(二〇〇一)および宇野(二〇〇四)を参照。
(4) 彼はリベラリズムの土台を構成する四つの原理として、第一に国家の制限づけ、第二に代表制の媒介による人民主権、第三に個人とその諸権利の尊重、第四に宗教と道徳に関する国家の中立性をあげている(Renaut 2000: 167-170)。
(5) 今日、マキァヴェリ、トクヴィルのほか、これにモンテスキュー、アーレントなどを加えて、「共和主義」あるいは「政治的人文主義」の系譜として位置づけることが多い。しかし、いかなる意味においてこれらの思想家を一つの系譜として位置づけるかについては、実は必ずしも自明ではない。
(6) もちろん、徳という言葉の用法は、思想史的にいって、このような定式化に収まるものではなく、はるかに多様で複雑な含意がそこに込められてきた。ある意味で、モンテスキューの用法は、徳の多様な含意を切り落とし、ある一側面のみを強調したものといえる。
(7) この点につき、リベラリズムと共和主義、あるいは市民社会についてのロック的伝統とモンテスキュー的伝統を対比するTaylor(1995)の諸論文(とくに第一〇、一一章)が重要である。
(8) また、既に指摘したように、現代英米圏における共和主義論の台頭が、リベラリズムを軸とする近代理解を再検討しようとする意図と結びついているとすれば、フランスにおける共和主義論は、あくまでフランス革命に象徴される近代擁護の姿勢と結びついている。
(9) Kergorlay 宛て、一八五〇年一二月一五日付け書簡。
(10) Gobineau 宛て、一八五七年一月二四日付け書簡。
(11) 興味深いことに、バーリンは彼の有名な積極的・消極的自由の区別でいえば、トクヴィルを消極的自由の側の有力な思想家として捉えている。
(12) トクヴィルはこのような意味において、自由と平等の不可分性を主張した思想家であり、このような不可分性は今日ロールズの正義の第一原理である「平等な自由」、あるいはエティエンヌ・バリバールの

「平等＝自由(égaliberté)」の概念に継承されている。

(13) この点において、トクヴィルと深い親交を持ったジョン・スチュアート・ミルとの違いは顕著である。

(14) トクヴィルの宗教論については、宇野(一九九八)のとくに補論を参照。

(15) ただし、この場合トクヴィルの念頭にあるのはキリスト教だけである。

(16) この点について、半澤(二〇〇三)を参照。

第二章　トクヴィル復興の意味

一　フランス政治哲学の再生

「フランス政治哲学の現在」を考えるにあたって、そもそも「政治哲学」とは何か、また「フランス政治哲学」とは何を指すかについて、再検討する必要がある。(1)

このことを考える一つのきっかけとして、『マガジン・リテレール』第三八〇号(一九九九年一〇月)の特集「政治哲学の再生(*Le renouveau de la philosophie politique*)」をとりあげてみたい。(2) 表紙の見出しに名前があがっているのは、ハンナ・アーレント、ルイ・アルチュセール、レイモン・アロン、エティエンヌ・バリバール、ミシェル・フーコー、フランソワ・フュレ、マルセル・ゴーシェ、アンソニー・ギデンズ、ユルゲン・ハーバーマス、クロード・ルフォール、ジョン・ロールズ、ポール・リクール、ジャン＝ポール・サルトル、レオ・シュトラウス、マックス・ウェーバーである。

ある意味で、実に奇妙な組み合わせといわざるをえない。フランス人ばかりでなく、アメリカ人、イギリス人、ドイツ人がまじり、故人もいれば現在活躍中の人物も含まれている。たしかに、アーレントやシュトラウスなどは、狭義においても政治哲学者といえなくはないが、それ以外の人物は、日本における知的マッピングとしてはふつう「フランス現代思想家」、社会学者、哲学者などとして分類され、同じカテゴリに属する理論家としては扱われない。こうしてみると、現代フランスにおける「政治哲学」なるものの「再生」とは、一種の知的「ごった煮」にほかならないのではないかという印象さえ受ける。

それでは「政治哲学」とは実体のないものなのかといえば、そうとも言い切れない。たしかに書店に行けば、「政治哲学」のコーナーがあることが珍しくないし、大学や研究機関の講義やセミネールのタイトルに「政治哲学」という名前を目にすることも多い。また、二〇〇二年五月に発足したラファラン内閣には、「政治哲学者」として知られるリュック・フェリーが公教育を担当すべく入閣した。何かしら、「政治哲学」という名前の下、一つの知的潮流が生まれつつあることは間違いないようだ。

もちろん、「政治哲学」という言い方それ自体は、昔から存在するわけだが、少なくともフランスの伝統的な専門分化のなかでは、しかるべき位置を占めてきたとは言い難い。ところが、最近になって、急に「政治哲学」という分類が再浮上してきたのである。それはおそらく、一個の新たな専門分野の誕生として考えるより、従来、別々に展開されていた諸議論の地平の融合として捉えるべきものであろう。それでは、そのような知の融合の背景に、いったい何があるのだろうか。

このような政治哲学の再生の背景としては、二つのことを指摘できる。一つは、フランス政治を長く規定してきた左右対立の相対化である。とくに、マルクス主義の後退の影響は小さくない。階級対立こそを歴史を動かす究極原因であるとし、政治的言説を階級意識の反映として見るようなマルクス主義の知的影響が優勢であった時代には、政治哲学が一個の学問分野として認められる余地は大きくなかった。

また、先ほど狭義の政治哲学者として名前をあげたアーレントやシュトラウスなどの場合、反マルクス主義的姿勢が鮮明であった。このため、政治哲学という名称には、しばしば、そのような彼らの政治的党派性の含意が付着したのである。政治哲学という場合に、どこか反マルクス主義的な響きがあったことは否定できない。

しかしながら、マルクス主義の後退が明らかになるとともに、今日、多くの左派知識人が、デモクラシーについて、人権をめぐる今日的争点について、あるいは「政治的なもの」の再定義について、いわば「政治哲学」的な論争に進んで参入するようになっている。

もちろん、遡れば、アルチュセールらによって、マルクス主義内部においても伝統的な政治哲学との接触を試みる動きがあったことも忘れるわけにはいかない(Althusser 1959)。しかしながら、左右の政治的立場の知識人たちが、政治哲学というフィールドに本格的に結集しつつあるのは、今日的な現象である。あるいはむしろ、そのような結集の場の名称として「政治哲学」という語が用いられるようになったというべきかもしれない。もちろん、このような結集はもちろん、左右の対立の消滅を意味しない。ただ、左右の双方が、「政治哲学」という一つの場において議論をぶつけるようになりつつあることはたしかである。

もう一つの要因として指摘できるのが、英米政治哲学の流入拡大である。これは第一の要因とも関連するが、従来、左右の対立を軸に構成されるフランスの政治的議論と、リベラリズムを正統イデオロギーとする英米の政治的議論とでは、対話が進みにくい状況があった(3)。たしかにフランスでも、レイモン・アロンをはじめ英米のリベラリズムを評価する動きも存在したが、少数派であることを免れなかった。

今日、状況は一変している。先ほどの『マガジン・リテレール』の特集にもあったように、ロールズや彼を批判する共同体論者たちの著作が次々にフランスでも翻訳されている。現在むしろ、このようなアメリカにおけるリベラリズムをめぐる議論や、その関連における共和主義復興を基本的な枠組みとして、そのなかに共和主義をはじめとするフランスの伝統的な思想潮流を位置づけようとする傾向さえ見られる。従来、あまり対話のなかったフランスとアメリカの政治思想研究は急速に融合しつつある。おそらく、このことと欧州統合の進展とは無縁でないだろう。いずれにせよ、このような傾向が、伝統的なフランスの政治哲学の枠組みをゆさぶり、その活性化の一因となっていることは間違いない。

二　トクヴィル復興

次に、本章の主題である「トクヴィル復興」について触れておきたい。後ほど検討するが、実は「政治哲学の再生」と「トクヴィル復興」の間には、かなり密接な関係があり、いわば両者は連動しているとさえいうことができる。

ちなみに、近年に出版された興味深い著作に、政治哲学者セルジュ・オーディエによる『再発見されたトクヴィル――フランスにおけるトクヴィル再生の起源と争点』(Audier 2004a)がある。『アメリカのデモクラシー』(以下、『デモクラシー』と略)の著者として、英米圏において注目され続けるアレクシ・ド・トクヴィルであるが、その祖国フランスにおいては長く忘却されたままであった(4)。

オーディエは、フランスにおけるトクヴィル復興をもたらしたのが、いかなる知的傾向の結果であるかを詳しく分析している。その際、大きな位置を占めているのがレイモン・アロンである。そもそも、オーディエの著作のタイトルである『再発見されたトクヴィル』という用語自体が、アロンによるよく知られた論文からとられている(Aron 1979)。

すでに指摘したように、アロンは戦後フランスにおける英米のリベラリズムの例外的な評価者であるとともに、トクヴィル復興のさきがけともなった人物であった。しかしながら、周知のように、アロンはしばしばサルトルと対比され、そしてその陰に隠れてきた思想家である。このようなアロンの戦後フランスにおける立場に暗示されるように、トクヴィルもまた、長くフランスの知的伝統において周辺的存在にとどめ置かれた思想家であった。

これに対し、英米圏、とくにアメリカの知的伝統におけるトクヴィルの占める重要性は、対照的である。アメリカ政治思想の古典といえばまず、『ザ・フェデラリスト』と『デモクラシー』があがるだろう。このうち、『ザ・フェデラリスト』がアメリカ建国の父による古典であるとすれば、『デモクラシー』は外国人による著作であるにもかかわらず、アメリカ人にとって、いわば自らの社会について再確認するための「鏡」の役割を果たしてきた著作であった。

それでは、フランスでなぜトクヴィルは長く忘却されることになったのだろうか。七月王政下の一八三五年に出版された『デモクラシー』は、たちまち大きな評判を呼び、無名の青年貴族トクヴィルは、一躍「一九世紀のモンテスキュー」という評価を受け、その評価を背景に政治家の道を進むことになった。二月革命後には憲法制定委員にもなり、その後、外相としても活躍している。ルイ・ボナパルトのクーデタによって政界引退に追い込まれた後も、旧体制下の行政文書を広く渉猟して執筆した『旧体制と革命』(以下、『旧体制』と略)が再度、読書界で高い評価を受けた。このように生前、政治家としてはともかく、少なくとも思想家としての名声が確立したトクヴィルであるが、その後、第二帝政から第三共和政へと移行していくなか、次第に「忘れられた思想家」になっていった。

その最大の原因としてはやはり、その後のフランス政治が左右対立を軸に展開されていったことがあげられよう。というのも、同時代的にいえば、トクヴィルは、その家族がそうであったような保守的な正統王朝派と一線を画すとともに、急進的なジャコバン派とも対立し、その中道の穏健自由主義に属した。そのようなトクヴィルは、七月王政末期の政治的対立の激化において微妙な位置を占めることになり、とくに六月蜂起以降、急進化する労働運動への危惧から「秩序派」の一員に埋没することになった。結果的に、その後の共和主義―社会主義の流れからはずれるとともに、保守主義の流れにもうまく位置づけられないことになったのである。

トクヴィルは、その後、多大な知的影響をもつことになるマルクス主義との相性もよくなかった。トクヴィルの『デモクラシー』のキーワードは言うまでもなく「平等化」であるが、トクヴィルが活躍した七月王政から二月革命にかけての時期、むしろ進みゆく産業化のなかで、経済的不平等の拡大とそれによる貧困問題が大きな社会問題となりつつあった。このような時代を背景に、多様な社会主義の思想と運動が展開し、とくにマルクス主義の知的影響が拡大していったが、そのような視点からすれば、「平等化」を軸に展開されるトクヴィルの議論は、不平等の拡大という時代の趨勢を読み誤った思想、あるいはむしろ、意図的に階級対立の問題から目をそらし、所有権の絶対性を擁護したブルジョワ・イデオロギーに映ったとしても不思議ではない。

　このようにしてトクヴィルの思想は、それを評価する思想的・イデオロギー的枠組みを欠いたまま、次第にフランスのなかで、忘却されていった。状況は二〇世紀になっても変わらず、アロンによる再評価がわずかな例外として目につくだけであった。変化が見られるようになったのは、一九七〇年代以降のことである。

　興味深いことに、トクヴィルを再評価する動きは、マルクス主義内部の少数派から生じることになった。ソルジェニーツィンの『収容所群島』(一九七三―七五年刊行)を契機に、ソビエト連邦内部における人権抑圧の状況が西欧諸国でも知られるようになるなか、これを単にスターリン体制による例外的な逸脱とは考えず、むしろ社会主義体制そのものに内在する問題として考え、その克服を目指す動きが広がっていく。その一翼を担った「社会主義か野蛮か」のグループの一員であったクロード・ルフォールは、全体主義の問題を考えるなかで、民主主義と全体主義が単純に対置されるものではないことに注目し、これを論証するためにトクヴィルのデモクラシー論に依拠するようになる(Lefort 1986)。

　ルフォールとは違った角度からトクヴィル再評価の道を切り開いたのが、フランソワ・フュレである。歴史家であったフュレは、正統派のフランス革命史学が、フランス革命とロシア革命を連続的に捉え、抑圧的な封建体制を覆したブルジョワ革命としてフランス革命を理解するのに対抗すべく、その理論的根拠としてトクヴィルの『旧体制』に注目した。すなわち、トクヴィルは、革命の前と後とで、行政的集権化という意味ではむしろ連続性が見られること、またフランスは西欧諸国のなかでも、早くから農民の封建的隷従からの解放が進んでいたことを指摘しているが、フュレはこのようなトクヴィルの議論に依拠しつつ、フランス革命による断絶性を過度に強調し、とくに革命を経済的視点によってのみ説明することの問題性を指摘した。このような知的作業をへた後に、フュレは政治文化的なフランス革命解釈の可能性を切り開いたのである(Furet 1978)。

この場合、ルフォールもフュレも、マルクス主義の外部からマルクス主義を批判したのではなく、むしろその内部から、その内在的な理論的・政治的困難を克服することを目指す過程でトクヴィルに出会ったことが重要である。その意味で、フランスにおけるトクヴィルの復興は、明らかに「マルクスからトクヴィルへ」という文脈において生じたものである。それも、このことが単なる思想界のマルクス離れを意味するのではなく、むしろマルクスとトクヴィルとの間の新たな対話の時代の始まりを告げるものであったことに注意すべきであろう。

一九九〇年代から二一世紀初頭におけるトクヴィルの再評価ぶりには、著しいものがある。トクヴィルの著作は、いまや政治思想史における最重要の古典として不動の地位を占めるようになった。歴史学においても、トクヴィル的ヴィジョンは、フランス革命史研究の新たな正統にさえなりつつある。また、アロンの『社会学的思考の流れ』(Aron 1967)以来、トクヴィルは、ウェーバーやデュルケームに先立つ社会学の先駆者と見なされるようになっている。

今日、トクヴィルの影響は、もはや政治学、歴史学、あるいは社会学にとどまるものではない。トクヴィルはさらに、モラリスト、哲学者とさえ見なされるようになっている。このことは、二〇〇三年の哲学アグレガシオン、二〇〇五年の文学アグレガシオンに出題されたことからもうかがえよう。トクヴィルの思想は、平等社会の人間学として、あるいはデモクラシーの発展を軸に歴史の発展をとらえる歴史哲学として、新たな関心の対象となっているのである。

三　「政治哲学の再生」と「トクヴィル復興」、そしてフランス自由主義

以上検討してきたように、「政治哲学の再生」と「トクヴィル復興」には、明らかに関連性がある。少なくとも、これまで政治哲学の活性化を妨げてきた要因と、トクヴィルを「忘れられた思想家」にしてしまった要因とが、ほぼ重なり合うものであるということが注目される。

政治哲学とトクヴィルはともに、フランス政治における根強い左右対立の伝統において、しかるべき位置を得ることができず、結果的に分極化の狭間に埋没してきた。両者がともにマルクス主義と相性が悪かったことも、このことと無縁ではない。またトクヴィルはこれまで圧倒的に英米圏で高く評価され、研究の蓄積がなされてきた思想家であったが、英米圏におけるトクヴィル研究がフランスでの研究とうまく結びついてこなかったのも、政治哲学と同様である。

ここでさらに、「政治哲学の再生」と「トクヴィル復興」の共通の文脈を考えるにあたって、フランス・リベラリズムについて触れておきたい。フランス・リベラリズムとは、ある意味で耳慣れない用語である(5)。というのも、すでに指摘したように、フランス政治を特徴づける左右対立において、リベラリズムは、思想的にも党派的にも、きわめて曖昧な立場に置かれてきたからである。

その起源をたどるならば、フランス革命の後、政治体制が短期間で頻繁に変更され、不安定な政治状況が続くなか、フランス・リベラリズムは生まれた。フランス・リベラリズムは、フランス革命の意義

を認め、その達成を継承しようとする点において反動・保守勢力と一線を画し、これ以上の革命の継続を否定し、むしろ革命的状況を終わらせることを政治的課題とした点において、ジャコバン主義的伝統と対抗した。このような立場は、少なくとも第一帝政から復古王政、そして七月王政期にかけての時期には、それなりに重要な政治勢力を形成した。

この潮流は、トクヴィルのみならず、バンジャマン・コンスタンやフランソワ・ギゾーなど、有力な政治家兼思想家を輩出したが[6]、やがて左右対立の図式が明確化していくなかで、次第に脆弱化し、融解していった。フランス革命への反発をエネルギー源とする点において反動・保守派に劣り、革命の栄光の継承者たる点において共和主義・社会主義に劣ったのが、その原因であった。

現在、「政治哲学の再生」と「トクヴィル復興」が連動して現れているとすれば、フランス・リベラリズムは両者を結びつける理論的な結び目となっている。現代において復活したフランス・リベラリズムは、けっして英米圏のリベラリズムと同じではない。もし両者が同じものであるとすれば、「政治哲学の再生」も「トクヴィル復興」も、単にフランスの英米化を意味するにすぎないことになる。また、現代フランスでリベラリズムという場合、市場原理を重視するネオ・リベラリズムを意味することもあるが、それだけならば、やはり英米圏と異なるフランス固有のリベラリズムとは呼びがたい。

「ネオ・トクヴィリアン」、あるいは「市民社会派」、さらには「フュレの銀河」などとも呼ばれることのあるフランス・リベラリズムの新潮流は、明らかにフランス固有の文脈から説明されるべきものであり、これまでフランスにおいて優勢だった知的伝統に対する異議申し立てとして理解することができる。それでは、現代フランスのリベラリズムは、フランスにおけるいかなる伝統的に対抗するものなのか。その結果として、いかなる知的革新が生じたのか。再生したフランス政治哲学の独自の意義を、さらに考えてみたい。

四　現代フランス政治哲学の独自の意義

現代フランス政治哲学の独自の意義として、まず何よりも強調すべきは、デモクラシー論において新たな地平を開いたことである。

すでに指摘したように、フランス・リベラリズムはフランス革命の基本的な正当性を承認した上で、しかしなお、ジャコバン主義的伝統と厳しく対峙した思想的潮流である。すなわち、ルソー＝ジャコバン主義的とも呼ぶべき、単一不可分の共和国によって人民主権を実現しようとするデモクラシー観への異議申し立てこそ、フランス・リベラリズムの中核的主張を形成してきた。

ルソー＝ジャコバン主義的伝統において、個人の権利の実現は、人民が主権者となる政治体制によって可能になると考えられ、人権の問題と統治機構の問題とが不可分とされた。自分自身の主人であり続けながら、しかし他者と連帯するにはどうしたらよいか、このような問いに対しルソーが与えた答えが、他のメンバーと完全に等しい資格で参加した政治体の一般意志に自発的に服従することであった。しかしながら、いかなる従属もない、いわば政治体との完全な自己同一化を夢見るルソー＝ジャコバン的デモクラシー観は、ロベスピエールの恐怖政治においてそのもっとも極端な帰結を示したように、しばしば個人の自由に対する脅威になり、かつ高度な中央集権的傾向を見せることになった。フランス・リベラリズムが異議申し立てを行ってきたのは、まさにこのような伝統に対してであった。

この場合、個人の自由・権利の実現を、デモクラシーという政治体制の問題と切り離して考えることがまず考えられよう。実際、それはフランスにおいてはコンスタン、さらに英米圏のリベラリズム思想においても広く採用された方向である。しかしながら、フランス・リベラリズム、なかんずくトクヴィルは、この道をたどらなかった。すなわち、リベラリズムとデモクラシーを切り離した上でデモクラシーの限界を強調し、それをいかに外部から抑制するかという問題意識に彼は立たなかったのである。

トクヴィルが重視したのはむしろ、デモクラシーの不可避性を承認した上で、いかにデモクラシーの内部にデモクラシーを制御する仕組みを組み込むか、という視点であった。いかにデモクラシーに自らを制御し、自己反省する能力をもたせるかという問題設定であったといってもいい。トクヴィルが分権的政治制度、司法の政治的役割、さらにアソシアシオンの重要性を強調したことの意味も、このような文脈においてよりよく理解されるはずである。

このようなトクヴィル的視座は、全体主義を経験した二〇世紀になって、新たな脚光を浴びることになった。すなわち、すでに指摘したルフォールは、単に全体主義をデモクラシーの否定として捉えるのではなく、むしろデモクラシーを前提に、その脆弱性をつく形で全体主義が出現したのだと考えた。ルフォールによれば、デモクラシーの社会とは、王のいなくなった存在論的に無根拠な社会であり、その特徴は無根拠性・非確定性にある。その無根拠性・非確定性はデモクラシーの強みであると同時に、脆弱さの原因ともなる。この脆弱性が顕在化した際に、その無根拠性を埋め合わせるために要請されたのが、単一不可分の「人民」という表象や、それを体現するものとしての「党」の全能であった。全体主義は、まさにこのような単一の「人民」や全能の「党」によってもたらされたのである。そうである以上、全体主義を克服するために、デモクラシーを否定したり、デモクラシーを制限したりすることは無意味である。それではけっしてデモクラシーの無根拠性や非確定性を克服できない。必要なのはむしろデモクラシーそれ自体に、いかに高度な自己制御能力、自己反省能力をもたせるかである。

このようなルフォールの問題意識は、その継承者たるマルセル・ゴーシェやピエール・ロザンヴァロンによってさらに発展させられている。その場合、ゴーシェやロザンヴァロンに共通しているのは、政治的近代をトータルに反省する必要があり、とくにその場合、ある意味でもっとも人民主権原理に忠実であったフランスの経験から学ぶ必要があるという認識である。彼らはこのような視点から、国家と社会の分離について、代議制について、精力的に考察を展開していった。そのような彼らの「フランスの政治的近代の見直し」にとって導きとなっているのが、トクヴィルであり、フランス・リベラリズムの伝統にほかならない。

このようなフランス・リベラリズムは再発見されたリベラリズムであり、ある意味で自然で自明な存在とさえいえる英米圏のリベラリズムとは、かなり異質な性格をもっている。

コンスタンやトクヴィル以来、フランス・リベラリズムの伝統においては、個人から成る社会はけっして抽象的に論じられるべきものではなく、あくまで一定の歴史条件、社会条件においてのみ可能であるとされてきた。その結果、リベラリズムについての政治哲学的再検討は、つねに歴史哲学、社会理論と密接に結びついてきた。

彼らの問題意識にあったのは、単に自由主義的な諸制度を導入するだけでは不十分であり、制度がなぜ実際に有効に機能しているか、その社会的基礎は何かということを問うことなしに、自由は実現しないという考えであった。一例をあげれば、トクヴィルは連邦制や陪審制などアメリカの諸制度の効用を高く評価しつつ、それを実際に運用するのがいかに困難であるかを強調している。彼によれば、このような制度が有効に機能するためには、一定の社会条件や長い政治的自由の実践によって形成された習俗が不可欠であった。表面的に類似した制度を導入しただけでは何にもならないのである。

遡れば、モンテスキューやトクヴィルのように、フランスには英米の政治制度を高く評価する伝統があったが、彼らはフランス人としての問題意識から英米の制度を観察し、それらの制度を可能にする条件を探った。これらの条件は、英米人自身にとっては、しばしば所与のものであり、意識的な問い直しの対象とならないことが多い。現在、階級的利害と直接結びつかない形での二大政党制、社会紛争解決手段としての司法の積極的役割、ＮＧＯ・ＮＰＯを始めとする自発的結社の活用、地方分権による権力や社会的機能の分散など、ある意味で英米をモデルにした改革構想が世界的に影響を拡大しているが、これらの改革が実を結ぶか否かは、そのような制度そのものを支える条件がどれだけ整備されるかにかかっている。そうであるとすれば、リベラリズムの思想や制度のみならず、それを支える社会的基礎にこそ注目してきたフランス・リベラリズムの意義は、現在新たな意義をもつようになっているといえよう。

このようにトクヴィルとフランス・リベラリズムの再評価に象徴される「フランス政治哲学の再生」は、デモクラシー論の新たな地平を切り開くと同時に、リベラリズムの諸制度の社会的基礎について独自の洞察を示している。世界的に英米圏の政治哲学の影響が拡大している今日、それゆえにむしろ、フランス政治哲学の重要性もまた大きくなっているのである。

（1）フランス政治哲学の現在については、宇野（二〇〇四）参照。
（2）*Magazine littéraire*, N. 380, Octobre 1999, pp. 29-34.
（3）一九世紀以来の、英米圏と大陸圏の政治哲学の分断については、Lilla（1994）の編者序文を参照。
（4）この点については、Mélonio（1993）が詳しい。また Mélonio（2005）も参照。
（5）「フランス・リベラリズム」という言い方はむしろ、英米圏の政治思想研究において頻繁に用いられてきたものである。一例として Logue（1983）を参照。
（6）彼らの思想について、Manent（1987）を参照。

第三章　トクヴィルと政治哲学の再生
――大西洋両岸におけるトクヴィル

一　はじめに

これまでの章において検討したように、現在米仏両国においてトクヴィルへの関心のめざましい再生が見られるが、このことは両国における政治哲学の再生と密接な関係をもっている。

ここで政治哲学が「再生」したと表現したが、このことは逆にいえば、その再生以前には、政治哲学への関心が低調であったことを意味する。この低調さの原因はアメリカとフランスとで異なった。アメリカにおいては、政治科学における実証主義の圧倒的影響力によって、政治哲学を含む規範的理論が影に隠れてしまっていたとすれば、対照的にフランスにおいては、左右の間の激しいイデオロギー対立が政治哲学の論争を不毛なものにしてしまっていた。

フランスにおいては、現在、これまで知的にも政治的にも抑圧されてきたリベラリズムの「復権」が見られるが、トクヴィルは明らかにその代表的人物である。対するにアメリカにおいては、トクヴィルが共和主義的な政治哲学者だとする点で、多くの論者が一致している。もちろん、リベラリズムと共和主義という言葉自体が米仏両国において微妙に意味が異なることについては留意しておかなければならない。しかしながら、それにしても、トクヴィルがいったいリベラルなのか、それとも共和主義的なのかは、考察するに値する問題であると思われる。両国において、はたしてトクヴィルはまったく異なった読まれ方をしているのであろうか。もしそうであるならば、その違いは何を意味するのか。本章の目的は、アメリカとフランスにおけるトクヴィルの読まれ方の比較を通じて、リベラリズムと共和主義という二項図式について再考察することにある。

二　共和主義的トクヴィルとリベラル・トクヴィル

アメリカとフランスの現代政治哲学においてトクヴィルがどのように理解されているのか、確認しておきたい。まずアメリカにおいて、トクヴィルの『アメリカのデモクラシー』は古典的なテキストとして読まれており、アメリカ人が自国について理解しようとするときの重要な手助けとなっている。トクヴィルの視座において、アメリカ社会は、封建制の過去がなかったことが幸いして、境遇の平等がほぼその完成に到達した社会として描かれている。自由とデモクラシーはアメリカの地において、はじめてその十全な展開を見せた。この種の理解は、自由主義こそアメリカにおいて唯一にして最大のイデオロギーだと主張するルイス・ハーツによってさらに発展させられる(Hartz 1955)。封建制の過去がなかったことから、伝統から力を得る保守主義も、伝統との対決から力を得る社会主義も、アメリカにおいてともに発展することがなかったのである。結果としてリベラリズムのみが有力なイデオロギーとして残ることになったが、そのようなリベラルなアメリカの原像は、まさしくトクヴィルが『アメリカのデモクラシー』で描いたものであった。

このように、従来トクヴィルはアメリカ・リベラリズムの代表的思想家と見なされてきた。しかしながら、近年、トクヴィルへの言及の仕方に、ある重要な変化が見られる。この変化を一言で要約すれば、共和主義的なトクヴィルの出現ということになろう。現代アメリカ政治哲学において、トクヴィルは権利志向で個人主義的なリベラリズムに対する、政治的徳とコミュニティの重要性を説く「共和主義」的な政治哲学者として理解される傾向にある。

これに対し、現代フランスにおける政治哲学の理論的風景はまったく異なっている。すでに指摘したように、トクヴィルは一九七〇年代末までフランスにおいてほとんど忘れられた思想家であった。彼が急激に一般的な関心の対象となったのは、一九八〇年代以降のことである。

フランス革命研究の分野におけるトクヴィル再評価のキーパーソンは、フランソワ・フュレであった。彼の『フランス革命を考える』(Furet 1978)によって、トクヴィルの『旧体制と革命』は、今日、フランス革命解釈の基本テキストの一つとなっている。他方でトクヴィルは、全体主義批判との関連で再評価された。この批判において主導的な人物はクロード・ルフォールであった(Lefort 1981; 1986)。ルフォールにとって、トクヴィルはデモクラシーのもっとも重要な理論家であると同時に、全体主義についての洞察力あふれる理論家でもあった。

こうしてみると、フランスにおけるトクヴィルの再発見は、マルクス主義の衰退と密接に結びついていることがわかる。フュレは、トクヴィルを用いて、マルクス主義の影響を強く受けたフランス革命研究における正統派に挑んだ。ルフォールはマルクス主義の内部から出発し、やがてトクヴィルに依拠することで、ソビエト社会主義体制における全体主義的傾向を批判することになった。この意味で、フランスにおける新たなトクヴィル的視座とでも呼ぶべきものの出現は、リベラリズムの「復権」となんらかの関係を有している。

もちろんその場合、トクヴィルがリベラリストとして分類されるとしても、彼の思想は古典的なリベラリズムや、いわんや現代の市場主義的なネオ・リベラリズムとはまったく異質なものである。むしろ彼のリベラリズムは、フランス近代における中央集権的傾向と、ある意味でそれをもっとも純粋に継承することになるフランス共和主義に対する内在的批判として評価できるものであった。

三　政治社会とその推進力

それではなぜ、トクヴィルはアメリカとフランスで、一見したところまったく正反対のアドバイス、すなわち、アメリカにおいては共和主義的な処方箋を、フランスにおいてはリベラリズム的な処方箋を与えているように見えるのか。もちろん二つの政治社会が、一人の著者のまったく異なる側面を評価しているとしても、それ自体は何ら不思議なことではない。しかしながら、問題は、これら異なった諸側面が、ほんとうに相互に無関係であるのかどうかである。

本章では、ここで一つの仮説を提示してみたい。すなわち、「アメリカにおける共和主義的なトクヴィルと、フランスにおけるリベラリストとしてのトクヴィルは、けっして正反対のものではなく、むしろ同じ主題に異なる角度からアプローチしたものにほかならない。両者はともに、ある民主的社会が発展するにあたって、複合的で、かつ効果的に機能する政治社会の存在が不可欠であるとする点において、一致している」というのがその仮説である。ここでいう政治社会とは、政府と区別されるだけでなく、市民社会とも区別される領域である。この政治社会の観念について、以下検討していきたい。

政治社会と市民社会

トクヴィルが「政治的」と「市民的(民事的)」を、しばしば対照して用いることはよく知られている。例えば、政治的制度と市民的(民事的)制度、政治的結社と市民的(民事的)結社、政治的法と市民的(民事的)法といったような言い回しがトクヴィルの著作には頻出する。『旧体制と革命』から印象的な一節を引用しよう。ここでトクヴィルはヨーロッパにおける封建制の崩壊過程を描写し、「市民社会が文明化されるにいたったのに、政治社会は逆に未開状態に陥っているかのようだ」(Tocqueville 1952: 93, 邦訳一二〇頁)と指摘している。ここでトクヴィルは、政治社会の没落を市民社会の文明化と対立的に捉えている。トクヴィルによれば、市民社会の文明化はヨーロッパ近代史において一般的であるが、政治社会の変容の仕方にはなおも違いが見られる。フランス、イギリス、ドイツの三国に関していうと、その初発の条件はきわめて類似しており、古い封建的な諸制度は三国において等しく衰退していった。しかしながら、イギリスにおいては、新しい政治的原理が古い封建的諸制度の名称と形式の下に次第に導入されていったのに対し、フランスでは、古い諸制度が破壊されただけであり、それに取って代わるべき自由な諸制度は導入されなかった。この違いこそが、両国の政治的近代化の過程のあり方を決定したというのである。

『アメリカのデモクラシー』において、トクヴィルは政治的結社と市民的（民事的）結社を区別し、アメリカはこの両方を享受する世界で唯一の国であると論じている。

地球上で、政治的目的に関する結社の無限の自由を日々行使している国民は一つしかない。その同じ国民は、市民生活において結社の権利を恒常的に行使することを思い立ち、そのことによって文明の供しうるすべての恩恵を獲得するのに成功した唯一の国民である。（中略）これが偶然の結果であるはずがない。むしろ、そこから、この二種類の結社の間には自然な、そしておそらくは必然的な関係があると結論すべきである（Tocqueville 1961: 122）。

このように政治的結社と市民的（民事的）結社との間には密接な結びつきが存在する。にもかかわらず、トクヴィルがとくに強調したのは、政治的結社が元来もっている独特な性格であった。「市民生活において各人は、厳密にいえば、自分一人で生きていけると思うことができる。政治においてそのように思うことはけっしてできない。ある人民に公的生活があるのなら、結社という考えと結合への欲求が、すべての市民の精神に日々思い浮かぶことになる」（Tocqueville 1961: 122）。人に他者とともにある技術を教えるのは政治的結社なのである。

このように、トクヴィルは政治的な領域と市民的な領域とを区別した。その場合、両者が理論的には厳密に区別されるといっても、実際には互いに支え合う関係にあることは間違いない。とはいえ、トクヴィルがより大きな重要性を見出したのは政治的領域であり、彼がある社会を分析するにあたって鍵概念として利用したのも、政治的領域であった。もしある社会における政治的領域が効果的に組織化され、政治的自由に富むならば、社会全体としても繁栄するであろう。逆に、どれだけ市民社会が発展しても、政治社会の方は衰弱する社会もある。そしてその場合、その社会におけるデモクラシーは特有の脆弱性をもつことになる。このようなトクヴィルの「論理」について、さらに見ていきたい。

求心力と遠心力

トクヴィルの理論的貢献は、政治社会の発見だけではない。政治社会において作用する求心・遠心の二つの推進力を発見したことも、その貢献であるといえる。この二つの力を説明するためには、政治的集権と行政的集権という、トクヴィルの有名な区別に言及しなければならないだろう。

トクヴィルによれば、政治的集権とは、国民全体に共通する利害にかかわる指導権力を一つの手に集中することであるのに対し、行政的集権とは、国民のある部分にのみかかわる特別な利害に関してまで中央権力の指導に委ねてしまうことである。政治的集権なしにはいかなる国も存続できないが、行政的集権はその国民を無気力にしてしまう。言い換えれば、いかなる社会も求心力なくしては維持されないが、かといってあらゆる遠心力を否定してしまっては、その社会は弱体化するばかりである。したがって、ある社会の発展には、求心と遠心の二つの力の両方が不可欠なのである。

合衆国における隠された求心力

アメリカにおいて、その遠心力はたやすく見つかる。トクヴィルはその原因を、国土の広大さ、巨大なフロンティアの存在、連邦憲法、連邦政府の限定された権限、権力分立、そして強力な司法の権限など、数限りなく指摘している。これはいずれも政治社会としてのアメリカにおいて遠心的な作用を果たしている。『アメリカのデモクラシー』において、これらのことがらを論じるトクヴィルの熱意を見れば、彼がアメリカにおける分権的な傾向に魅了されていると結論するのはたやすい。

しかしながら、忘れてはならないのは、この傾向がトクヴィルのアメリカ観察の一面でしかないことである。すなわち、トクヴィルは同時に、このような遠心的作用に富むアメリカ合衆国がなぜ解体しないのかということを、つねに考えていた。実はこのことこそ、『アメリカのデモクラシー』の隠されたライトモチーフとあるといえるほどである。

連邦制度について考えてみよう。トクヴィルは、いかなる人民であれこの制度を採用し、その利点を享受できるとは考えていない。その一つの理由は、連邦制がもつ脆弱性にある。連邦制における複合的な主権のあり方は、単一主権に比べ、とくに戦争時において、その脆弱性を露呈する。トクヴィルによれば、この点に関してアメリカは二つの特別な利点をもっていた。

一つは歴史的な利点であり、アメリカ社会はその起源、言語、文明の程度などにおいて、きわめて同質性の高い社会であった。その同質性ゆえに、アメリカ社会は内部分裂を相対的には免れていた。もう一つの利点は地理的なものであり、アメリカは大西洋によって旧大陸から隔離され、孤立した環境にあった。結果として、アメリカ合衆国は旧大陸からの干渉を受けたり、その戦争に巻き込まれたりすることがなかった。新大陸においても強力な隣国が存在しないことから、アメリカ合衆国は独立を保持するのが容易であった。これらはいずれも偶然的な要因であるが、これらの要因ゆえに、連邦制はその脆弱性にもかかわらず、アメリカの地で成功を収めることができたのである。

しかしながら、連邦制の適用可能性を制限する要因がもう一つあり、トクヴィルはむしろこの要因の方を重視している。それはすなわち、連邦政府の複雑さであり、この政府は自らの内部に複数の主権を有し、これらを統合し、調整する必要をかかえていた。トクヴィルの見るところ、この複雑さに耐え、連邦制をよりよく維持・運営していくために求められるのが、被統治者の政治的成熟である。「このような政府では、すべてが約束と工夫に基づいており、したがって自分の問題を自分で処理することに長い間慣れており、政治の知識が社会の最底辺まで行き渡っている国民でなければこれに適さない」(Tocqueville 1951: 169, 邦訳(上)二六九頁)と、トクヴィルは指摘する。この成熟は、各個人が自らの理性を日々の公務の中で使用することを通じてのみ養成されるものであるが、トクヴィルは、この成熟なくして、人民がこのように複雑なシステムを運営できるとは思われないと強調する。

政治理論家のシェルドン・ウォーリンは、『アメリカのデモクラシー』には「政治的なもののユートピア」の諸要素が見られると指摘している(Wolin 2001, また、この点について森二〇〇二 c も参照)。このユートピアは、アメリカのデモクラシーに正確に対応するものではないが、トクヴィルがアメリカで見つけたと信じたもの、とくにニュー・イングランドのタウンで見つけたと信じたものと密接に結びついている。

トクヴィルがアメリカ滞在中に行った観察のうち、ある意味でもっとも意義があったのは、アメリカにおいて実際に政治の公務を処理しているのは、限定されたエリートではなく、普通の市民である、という発見であったかもしれない。彼らを突き動かしているのは利他的な精神ではなく、自己利益と物質的必要であった。にもかかわらず、彼らは長期的に見た自己利益が政治体全体の利益と一致していることをよく理解しており、結果として彼らは自らのタウンシップにかかわることがらに進んで参加し、このような市民としての関与によって市民的な活力が発展させられている。

このようなトクヴィルの見たアメリカ社会のイメージは、たしかに「政治的なもののユートピア」であったかもしれない。トクヴィルによれば、アメリカにおいて、「社会はそれ自身の力で、それ自身に働きかけている。力は社会の内部にしか存在しない」(Tocqueville 1951: 56, 邦訳(上)九三頁)。ここで描かれているのは、あたかも国家の力を借りずに、自らの力のみで成り立っている政治社会の姿である。中央権力による外からの指導や統制なしに、社会は普通の市民のエネルギーによって維持されている。これこそ、アメリカのデモクラシーを突き動かす推進力にほかならない。

ここで考慮に入れておかなければならないのは、この推進力が一人ひとりの市民の日々の営みに埋め込まれている点である。この隠された求心力は、アメリカにおいて、その政治的諸制度と習俗によってたえず養われている。このような「政治的なもののユートピア」が生み出す政治社会の求心力は多分に理念化され神話化されたものであるとはいえ、今日のアメリカにおける共和主義が強調しているのも、この隠された求心力であろう。

フランスにおける抑圧された遠心力

ここで再度、議論をアメリカからフランスに転じるとともに、力点を『アメリカのデモクラシー』から『旧体制と革命』に移したい。言うまでもなく、『旧体制と革命』は歴史研究の古典であるばかりでなく、政治哲学と省察の本でもある。この本のなかでフランスは、強力な集権、すなわち、政治的集権が同時に行政的集権を伴うことによって、中間集団が衰退し、暴力的な革命が不可避となった国として描かれている。

本章の関心にとって重要なのは、トクヴィルがこの本において、その冒頭から「政治的」と「市民的（民事的）」という二項図式をしばしば提示していることである。フランスにおいて、古来の制度を腐敗させ、不毛にしたのはいったい何であったのか。トクヴィルの答えは、「封建制は、政治制度でなくなったあとも、フランス市民社会のあらゆる制度のうちで最も重要なものとして存続していた」（Tocqueville 1952: 106, 邦訳一四四頁）ことがその原因であった、というものである。すなわち、古来の諸制度はその政治的機能を失いながらも存続し続け、結果として、批判の対象となっていった。具体的にいえば、封建的貴族たちは早くから地域における具体的な政治的権力を王の派遣した官僚たちに奪われ、実質的には周りの他の臣民たちと何ら変わらない存在になっていた。にもかかわらず、彼らは特権を維持し続け、それが周りの人々の反発と憎悪を買う原因となった。貴族たちの特権は差別の象徴と見なされ、彼らへの憎悪は破壊的な革命への傾向を促進することとなった、というのがトクヴィルの説明である。

このようなフランスの状況はイギリスと対照的であった。というのも、イギリスでは、新しい政治的諸原理が古い封建秩序の中に漸進的かつ慎重に導入され、新たな活力をそこに導入することになったからである。トクヴィルがとくに強調しているのが、諸身分間の混交と開かれた貴族制である。イギリスでは諸身分間の通婚がさかんであり、何よりも、その政治的自由ゆえに、平民と貴族が「必要に応じて相互理解を生み出せるよう、つねに交流を保った」（Tocqueville 1952: 159, 邦訳二四四頁、ただし訳を一部変更）ことが重要であった。政治的活動が活発であるため、古来の諸制度は政治的であることをやめず、政治社会は無力になることがなかった。このように、効果的な政治社会が存続したことで、イギリスの古い体制は平和裡に近代的なものへと変容していった。

これに対し、フランスのアンシャン・レジームにおいては、効果的な政治社会の欠如が致命的であった。その結果、強大な国家権力が中間集団を排除して、市民社会に直接的に統制・介入することになったのである。もしアメリカにおいて、国家なき政治社会が見られるとすれば、フランスにおいて見られるのは、政治社会なき国家の姿であった。

そのような意味で、トクヴィルにとって真に重要だったのは、二項図式ではなく、三項図式であったといえる。すなわち、国家、政治社会、市民社会が効果的に分離・分化されていることが重要だったのである。そのなかでとくに重要なのはもちろん政治社会であり、トクヴィルによれば、政治社会が十分に発達しなかったことが、フランスの政治的近代にとって致命的であった。中央政府による過剰な中央集権は、その痛ましい帰結であった。言い換えれば、政治社会の未発達のため、遠心力はフランスにおいて抑圧されたままであり、そのような状況は革命の前と後で何ら変化がなかったのである。

以上の議論を踏まえるならば、現代フランスにおける「リベラリズムの復権」が、同じくフランスにおける「トクヴィルの再発見」と密接不可分であることはきわめて自然なことであることがわかる。なぜなら、ここでいうリベラリズムとは、フランスにおける政治的近代の全面的な再考を意味するのであり、この再考のために必要な、フランスの政治的近代に対する知的距離感覚を可能にしたのが、まさしくトクヴィル的な視座にほかならなかったからである。

四　結び、および日本への含意

以上、本章では、大西洋両岸におけるトクヴィルへの関心の増大と政治哲学の再生との間の関係を考察することを試みてきた。封建的過去の不在のために、リベラリズムがつねに優越的なイデオロギーであり続けたアメリカにおいて、共和主義的な関心が近年大きくなっている。この場合の共和主義とは、利益と選択の権利に基礎づけられた個人主義的な自由主義に対する内在的批判の視点を意味した。現代英語の用法における共和主義は、政治参加や自治という観念と密接な関係をもっている。総括すれば、現代アメリカにおいて、共和主義とは、優越的なリベラリズムに変容を迫る、もしくは少なくとも、そこに何かを付け加えるための試みなのである。

これに対し、フランスにおいては、共和主義は大革命以後、有力イデオロギーであり続け、とくに第三共和政以後は正統的なイデオロギーの地位を獲得した。この場合のフランス共和主義とは、王政主義者やカトリック教会に対抗して、あくまで共和国を支持する政治的かつ知的な立場である。この共和主義の優越の歴史に比べ、リベラリズムの復権は近年の現象に過ぎない。もちろんこの場合、共和主義の意味もリベラリズムの意味も、アメリカとフランスで大きく異なっていることを忘れてはならない。フランス・リベラリズムとは、フランスの政治的近代、とくに共和主義とその中央集権的傾向を批判する立場を意味した。その意味で、フランスにおけるリベラリズムとは、共和主義的な正統派を修正するために求められたものであるといっていい。

したがって、アメリカにおける共和主義とフランスにおけるリベラリズムは、それぞれの国における主流派的な政治的伝統を批判する視座を提供するものである。ここで興味深いのは、米仏の両国における政治哲学の復権において、トクヴィルが重要な役割を果たしていることである。トクヴィルは、アメリカにおいてリベラリズムの共和主義的修正の象徴であり、フランスにおいて共和主義のリベラリズム的修正の象徴なのである。

しかしながら、だからといって、トクヴィルが大西洋の両岸において、まったく異なる読まれ方をしているというわけではない。アメリカにおける共和主義的なトクヴィルと、フランスにおけるリベラル・トクヴィルは、同じコインの表裏である。トクヴィルにとって重要だったのは複合的で、かつ効果的に機能する政治社会の存在であり、この場合の政治社会とは国家と市民社会の双方から区別されるものである。政治的結社と政治的自由の領域であると言ってもいい。政治社会は、人々に他の市民とともに協力することへの願望と能力を発展させる重要な役割を果たす場なのである。

トクヴィルは、アメリカにおいては隠された求心力の、フランスにおいては抑圧されてきた遠心力の重要性を強調した。このようなトクヴィルの異なった処方箋は、それぞれの国のデモクラシーの状態についてのトクヴィルの診断を反映している。アメリカは、その自然的、歴史的、そして制度的な条件により分権化への傾向が強く、そのために重要になってくるのが、社会の各部分に埋め込まれた求心力であった。これに対しフランスでは、封建的な中間団体の政治的機能は新しい政治的結社によって取って代わられることなく、中央政府の強大な権力のみが社会の上に君臨するようになった。トクヴィルにとって、政治社会が健全に機能するためには、求心力と遠心力の両方が不可欠であった。フランスの政治的近代において欠けていたのは、この遠心力を巧みに政治社会の中に制度化することであった。

最後に、これらの結論が持ちうる日本への含意について、いくつかコメントをしておきたい。

第一に、リベラリズムと共和主義の二項図式であるが、日本の状況はアメリカにもフランスにも似ていない。すでに論じたように、米仏における現代政治哲学は、リベラリズムと共和主義の二項図式によって、よりよく説明できる。しかしながら、日本においては、リベラリズムの伝統も、共和主義の伝統も、ともに弱いといわざるをえない。

近代日本において、個人の権利の擁護のために多大な努力がなされてきたにもかかわらず、リベラリズムはいまだ日本においてその根を確固として定着させてはいないように思われる。共和主義をめぐる状況はさらに難しい。天皇制が一種の君主制であるとしても、近代日本において共和制か君主制かという選択はけっして本格的に論じられることがなかった。日本において、公の観念はしばしば国家に吸収されてしまい、国家と区別される形で公が定義されることはまれであった。したがって、今日、公と私の境界線が日本において重要なテーマになっているとはいえ、このテーマがリベラリズムと共和主義の二項図式で論じられることは、ほとんどない。逆にいえば、日本の政治をリベラリズムと共和主義の二項図式で論じることを妨げているものを明らかにすることこそは、重要な課題として残されている。

第二に、政治社会としての日本における求心力と遠心力についてであるが、一見したところ、相矛盾した諸要素を指摘することができる。一方において、日本社会の観察者のうちの何人かは、日本においては強大な国家が社会の全域の隅々まで統制しているという。その場合、バス停の位置までも中央政府が決めるという例がしばしば言及される。他方で、別の論者は、日本社会においては権力と権威とがきわめて広く分散しており、誰が究極的な責任をもつのか、きわめて曖昧であると指摘している。これらの議論はきわめて複雑に錯綜したものであり、ここで詳しく論じる余裕はないが、とりあえず一つの仮説を示しておきたい。

すなわち、日本社会における、このような一見した互いに矛盾した諸側面は、政治社会の未発達によって説明されるというのがその仮説である。というのも、ある社会における求心力と遠心力とを調整し、調和させるのは、まさに政治社会の働きであるからである。この政治社会が十分に発展しないとき、一方において中央政府への過度な集権化が進み、他方において、重要な決定に関して十分に公的な議論がなされないという事態が生じる。日本社会の状態は、まさにこの状態にほかならないように思えるのである。

以上の議論を総括すれば、トクヴィルが日本社会に教訓を与えるとするならば、それは複合的で、かつ効果的な政治社会を発展させることの必要性であり、もしデモクラシーの発展に関して日本を比較の視座に加えるならば、それは国際的な議論をより稔り多いものにするであろう、ということになる。

トクヴィルをめぐる比較の視座に、日本を加えて考えてみること、すなわち「日本のデモクラシー」を論じることこそが、現代においてトクヴィルの知的遺産を継承するにふさわしい営みであるといえるだろう。

第四章　トクヴィルとネオ・トクヴィリアン

――フランス・リベラリズムの過去と現在

一　はじめに

フランス・リベラリズムとは何であろうか。

「リベラリズム」という言葉自体、けっして昔からあるわけではない。それ以前から「リベラル」という言葉は使用されたが、それが「リベラリズム」という形で呼ばれるようになったのは、一八世紀終わりから一九世紀初頭であるといわれている。さらにいえば「保守主義」という言葉は、それよりさらに遅れて、一九世紀に入ってから、一八一五年以降に出現したとされる(1)。つまりこの時期に「イズム」として、「リベラリズム」、「コンサバティズム」という言葉が生まれたのである。しかもその場合、「リベラリズム」とは、ある種の政治的な党派として認識されるようになったことに注意すべきである。すなわち、この時期に、単に自由を愛する人、自由を尊重する人ではなく、一定の政治的党派のラベルとしての「リベラリズム」が生まれてきたわけである。

ところが、問題なのは、フランスの場合、リベラリズムという政治勢力は、復古王政期、それから七月王政期には一定の存在感があったものの、それ以降、ある意味で消滅してしまったという事実である。

フランスの文脈でやはり根強いのは左右対立であるが、左に共和主義や社会主義、右に保守主義が台頭するなかで、どっちつかずのリベラリズムは、どうしても埋没してしまいがちであった。

このために、一九世紀も半ばを過ぎると、フランスでリベラリズムとはどの勢力を指すのか、はっきりしなくなる。ある意味で、それはその後も続いている現象であって、今日、フランスでリベラリズムとは何かというと、多くの人はネオ・リベラリズムを想像するのではなかろうか。それとは違った形でリベラリズムや、フランス・リベラリズムがあるかといわれても、おそらく見解は一致しないだろう。

その意味で、リベラリズムの定義は、フランスの文脈ではどうしても難しい。重要なのは、定義それ自体より、リベラリズムとあえていうことで何が見えてくるかであろう。つまりリベラリズムの正統争いをしても不毛であり、それよりむしろこのような概念を設定することでどのような政治的思考が可視化されるか、これによって議論の真価が問われてくる。

さらに問うべきは、そこにあえてフランスとつける意味が、どこまであるのかということである。つまり英米圏のリベラリズムに対して、フランスのリベラリズムをあえて区別していう意味がどれだけあるのかが問題となる。もちろん同じくリベラリズムといっても、時代や地域によって、異なった意味をもつということはありうる。とはいえ、あえてフランス・リベラリズムという以上、そこに何か独自の意義があるのだろうか。以下、このような視点からフランス・リベラリズムの過去と現在を再検討してみたい。

二　「フランス・リベラリズム」という問題設定

英米圏からの視点

フランス・リベラリズムについて、これまでどのような研究がなされてきたのか。トクヴィル、コンスタン、さらにギゾーを「フランス自由主義」の名の下に扱う田中治男の『フランス自由主義の生成と展開』(田中 一九七〇)が、一九七〇年に出版されていた日本と比べても、フランスにおけるリベラリズム研究の開始は遅かった。

フランスにおいて「フランス・リベラリズム」というテーマで研究が次々に出るようになったのは、一九八〇年代半ば以降である。ルイ・ジラールの『フランスのリベラリスト』(Girard 1985)が八五年、アンドレ・ジャルダンの『政治的リベラリズムの歴史』(Jardin 1985)も八五年、ピエール・マナンの『自由主義の政治思想史』(Manent 1987)が八七年と、八〇年代半ば以降、怒濤のようにフランス・リベラリズム研究が公刊されることになった。逆にいえば、それ以前はそうでなかった。つまりフランス・リベラリズムという問題設定が、必ずしも共有されていなかったのである。

フランス以外についていえば、ハロルド・ラスキの『ヨーロッパ・リベラリズムの勃興』(Laski 1936)が一九三六年、ギド・ルジェロの『ヨーロッパ・リベラリズムの歴史』(Ruggiero 1927)が一九二七年の刊行である。このように、これらフランス・リベラリズムの研究は、実は非フランス圏、とくに英語圏が先行していた。対するにフランスでは、フランス・リベラリズムという問題の立て方自体、あまりなされてこなかったのである。

さらにいえば、トクヴィル、コンスタンというのは、今日でこそフランスにおいても極めて重要な政治思想家とされ、多くの研究書も出ているが、元々はフランスにおいてよく研究されてきた思想家とはいえなかった。一九七〇年代以前において、トクヴィルはもちろん『アメリカのデモクラシー』の著者として知られていたものの、けっして多くの研究があるわけではなかった。コンスタンについても同様である。

このようなフランスにおける状況は、コンスタンとトクヴィルについての研究が歴史的に活発であった英米圏と対照的である。ところが八〇年代以降、フランスにおいても、コンスタンとトクヴィルの研究は急に活発化し、九〇年代以降、もはや爆発的といえる状況になっている。このようにフランス・リベラリズムというのは、歴史的な影響を強く受けた、ある意味でいうとイデオロギー的偏向を免れない問題設定なのである。

それでは、トクヴィルとコンスタンがなぜ英米圏で、それほど研究がなされたかといえば、英米圏の研究者にとって、彼らがある意味で理解しやすい思想家だったからである。つまり、リベラリズムを中心とする枠組みにおいて思考する英米圏の研究者にとって、フランスにもリベラリストはおり、トクヴィルやコンスタンらがまさにそれにあたるということで、彼らの思想は相対的にアプローチしやすいものであった。

ところがフランスの文脈からいうと、トクヴィルやコンスタンがいったいいかなる政治的立場にあるのか、よくわからなかったというのが事実である。左か右かわからないという意味で、二人は宙ぶらりんの状態に置かれていたといわざるをえない。したがって、フランス・リベラリズムという問題設定は英米圏において先行し、それがフランスに逆投影されたものだといえる。いわば、英米的なものの見方を、フランス人が後から内在化したのである。

そのような意味で、英米圏においては、リベラリズムはわかりやすい思想であるがゆえに、それをフランスに投影しがちであった。フランスの側にとって、リベラリズムというのはよくわからない思想だったが、それをあえて内面化し、そのような問題の立て方を事後的に取り入れた。そういう傾向があるといえるのではなかろうか。

フランスにおけるリベラリズムの伝統の抑圧

すでに述べた通り、フランスにおいてはリベラリズムの伝統は一九世紀の半ばになると、次第に見えにくくなる。もちろん、自由を重視したり、尊重したりする人がいなくなったわけではない。間違いなく自由は重視され、尊重された。しかしながら、そのような自由の探求が、リベラリズムという枠内でなされることはなかったのである。リベラリズムという政治勢力も見当たらなくなっていく。

哲学に関しても、やはり一九世紀というのは、フランスやドイツなどの大陸哲学と、アングロサクソンの哲学が、大きく分裂した時代だといえる(Lilla 1994)。例えば、リベラリズムが中心的になったアングロサクソンに対して、大陸においては、リベラリズムは政治勢力として弱いだけではなく、知的にも批判にさらされ続けた。大陸哲学において、一九世紀以降重要になったものだけを取り上げてみても、例えばヘーゲルにとって、抽象的な個人主義という理念は批判的な対象にほかならなかった。マルクス主義にとっても、ブルジョワ主義的なリベラリズムは、しばしば批判の対象になった。その後も、フロイト、ハイデッガー、構造主義、ポスト構造主義、そのいずれにおいても、自立した個人という理念は、しばしば戯画化の対象となった。

個人は、心理学的に、社会経済的に、あるいはイデオロギー的に、様々な形で構造化されているのであり、抽象的に個人がありその個人が社会を形成するという論理は、一つのドグマではあっても、現実の社会の分析においては論外とされた。

ジャコバン主義と保守主義の間

しかしながら一九八〇年代に、フランス・リベラリズム研究は、急激に復活してくる。八〇年以降の歴史的局面において、フランスにおけるリベラルの伝統を、むしろ積極的に再発見しようとする研究が次々に出てくるようになるのである。

このことは、トクヴィルのみならず、コンスタンやギゾーについてもあてはまる。このようなフランスにおけるリベラリズムの再評価にあたって重要な役割を果たしたのが、社会科学高等研究院（ＥＨＥＳＳ）レイモン・アロン政治研究センターの三人の研究者であった。先ほど言及したピエール・マナン以外にも、マルセル・ゴーシェ、さらに後にコレージュ・ド・フランスの教授になったピエール・ロザンヴァロンがいる。この三人はいずれも、フランス・リベラリズム研究の復活に大きな影響を与えた。

そもそも、研究所の名前、すなわちレイモン・アロン政治研究センターというのが、フランスの文脈においては意味をもっている。というのも、たしかに哲学者、社会学者として知られるレイモン・アロンは、リベラリストといえるかもしれない。英米圏の政治や社会、さらにその哲学にも通じた人物でもある。しかしながら、アロンは知的世界の一部においては影響力があったが、基本的には保守的なイメージが強くて、その影響力ははるかに同時代のサルトルに及ばなかったのである。そのような雰囲気のなか、あえてレイモン・アロンという名前をつけた研究センターは、どうしてもリベラリズム志向、あるいは英米圏寄りのニュアンスが強く感じられる。ここでフランス・リベラリズムの研究が復活してきたというのは、その意味で理由がある。フランスにおいて、マルクス主義の後退期にあって、あえてリベラリズムを知的にも政治的にも復権させようという動きが見られるようになったが、このセンターはまさにその中心の一つであった。

フランスにおいてリベラリズムの伝統を見直すという場合に、やはり重要なのは、フランス革命後、とくに復古王政から七月王政にかけての時期ということになる。また、フランス革命後のリベラリズムという場合、どうしても政治的リベラリズムに重点が置かれる。それでは、フランス革命後における政治的リベラリズムとは、いったいいかなるものか。この点について、ピエール・ロザンヴァロンが『ギゾーのモーメント』(Rosanvallon 1985)の中で明快な定式化をしている。革命後におけるフランス・リベラリズムとは、要するに、フランス革命の衝撃への対応だったというわけである。

その場合、一方の側には、フランス革命のプロジェクトは未だに完遂しておらず、さらにその理念を実現しなければいけないとする、いわば永久革命としてフランス革命を捉えるジャコバン主義的な伝統がある。このようなジャコバン主義的伝統に対して、フランスのリベラリズムは明らかに抵抗した。そのスローガンは、スタール夫人の言葉にあるように、「フランス革命は終えなければならない」であった。革命にいったん決着をつけなければならない。このまま無限に革命を続けていけば、恐怖政治のように、むしろ自由の成果を損なってしまう。したがって、フランス革命に決着をつけるべきだというのが、フランス・リベラリズムの基本的立場であった。

しかしながら他方において、当時の正統王朝派のようにフランス革命を全否定し、反革命の路線に向かう勢力も存在した。リベラリズムは、この勢力に対しても断固として戦い、革命の成果を定着させていかなければならなかった。

このように、フランス・リベラリズムというのは、きわめて両義的な立場であったといえる。一方でジャコバンに対しては、フランス革命は終わらせなければいけないと主張したが、他方において保守反動に対しては、フランス革命は基本的に正しいものであり、その成果は確固として定着させねばならないというスタンスを示したのである。このような立場はどれだけ誠実なものであれ、ある意味、とてもわかりにくいものであったことは否定できない。つまり、フランス革命に対して賛成なら、その理念をもっと実現しようとすればいいし、反対ならば反革命に徹すればいい。しかしながら、そのどちらでもない、ある意味では、中道を行こうとしたのがフランス・リベラリズムである。結果として、両義性こそが、フランス・リベラリズム思想の一つの特徴となる。

三　トクヴィルはリベラルか

このように、ある種の中道、きわめて微妙な両義性に満ちた中道の伝統として、フランス・リベラリズムが成立したわけだが、実をいえば、トクヴィルの思想は、その伝統のなかでも、さらに微妙なところがあった。

このことを端的に表現して興味深いのが、アメリカの政治学者ロジャー・ボッシェ(2)の本のタイトル、すなわち『アレクシ・ド・トクヴィルの奇妙なリベラリズム』(Boesche 1987)である。英米圏におけるトクヴィル研究のなかでも有名な一冊であるが、ここで表明されているのは、トクヴィルのリベラリズムは、リベラリズムとしてどこか奇妙である、つまり一般的に想定されるリベラリズムと比べどこか変わっているというボッシェの思いである。それはいったい何なのか。以下は必ずしもボッシェの議論にしたがっていないが、トクヴィルのリベラリストとしての独自性、あるいは両義性を考える上で、次の三つを指摘することができるだろう。

個人主義の両義性

第一は個人主義に関してである。トクヴィルは、個人主義という言葉をフランス語の文脈で用いた最初期の一人である。つまり個人主義という言葉はこの時期に成立したものであり、明らかに、フランス革命後の知的文脈において、この概念は生まれた。思想史研究でしばしば強調されるように、この場合の個人主義概念は、イギリス、フランス、ドイツにおいて、それぞれ独自の含意をもっている。

それでは、フランスにおいて、個人主義はいかなる含意において用いられたのか。初期において個人主義という言葉を使った一人にジョセフ・ド・メーストルがいるが、彼の場合、個人主義とは積極的に肯定される理念というより、社会を解体してしまうかもしれない危険性として強調された。

フランスといえば個人主義の国であり、自己主張が強くて、自分のライフスタイルを頑に守る個人の国、そのようなイメージがあるかもしれない。しかしながら、一九世紀の様々な言説を見るならば、個人主義がむしろ社会を解体させてしまう危険性をもったものとして語られることは、意外と多い。個人主義とは擁護されるべき価値であると同時に、ある種の危機なのである。トクヴィルもまた、個人主義という概念をきわめて両義的に用いた一人である。

一方において、トクヴィルは、個人の価値を最も強調した思想家の一人である。そして自分が何にもっとも価値を見出すかと問われれば、躊躇なく個人の自由であると答えた人物である。それも貴族主義的な、すなわち、特定の個人だけにとっての自由ではなく、すべての個人が等しく自由であるという、平等主義的な自由の理念を擁護した人物である。しかしながら、彼の個人主義評価を見れば、非常に微妙であることがわかる。

トクヴィルはまず、個人主義を利己主義から区別する。どこが違うかといえば、彼のいう個人主義とは、強すぎる自己主張というより、他者への関心の喪失、他者との紐帯の喪失、つまり他人と切れてしまって、自分の世界に閉じ込められてしまうことを指している。

このような関心の背景には、平等化の進む社会において、他者とのつながりが切れ、自分の世界に閉じこもる、砂粒のような個人が現れる一方、社会的な権力、あるいは中央集権化した行政権力が、強大な力をもつようになるのではないかという懸念があった。したがって、トクヴィルにとっての個人主義とは、個人の孤立、他者との紐帯の不在というニュアンスが強いが、通常、これは保守主義的な見方といえる。その意味でまず、トクヴィルのリベラリズムには、独特な性格がある。

自由の精神と宗教の精神

第二に、トクヴィルは自由と宗教、自由の精神と宗教の精神の両立を非常に強調した人物である。あるいは今日において、自由と宗教は必ずしも矛盾しない、むしろ自由を支えるのは宗教的な精神であるという考え方は、珍しいものではないかもしれない。

しかしながら、少なくともトクヴィルの理解するところでは、当時のフランスでは、カトリック教会を敵視したフランス革命の結果、反カトリック、反宗教の精神が満ち満ちていた。自由を擁護する人間は声高に反宗教を唱え、宗教を擁護する側は自由を否定する。このように自由の精神と宗教の精神が相剋を起こしているというのが、トクヴィルのフランスの同時代理解であった。

宗教の政治的・社会的意味を重視していたトクヴィルにとって、アメリカでの観察は希望であった。彼のアメリカにおける宗教観察のポイントは、アメリカでは政教分離が非常に徹底されているが、その上でなお、宗教の精神が自由の精神と密接に結びついているという点にあった。個人主義の進む民主的社会において、宗教の精神は、バラバラになりがちな個人と個人をつなぎ、さらに個人の関心を自己の狭い世界からより超越的な世界に結びつける。そのような意味において、アメリカにおいて、宗教が極めて重要な社会的機能を果たしていると彼は評価した。

これと比べるならば、フランスにおいては、やはり反カトリック、反宗教的な傾向が非常に強い。トクヴィルがフランスの不幸と考えたこの傾向は、リベラル勢力においてとくに顕著であり、そのような文脈において、トクヴィルのように自由の精神と宗教の精神の両立を説くスタンスというのは、きわめてリベラルらしからぬものであった。

社会的権力への恐怖

第三に、社会的権力への恐怖という点に触れておきたい。トクヴィルが、ある意味でわかりやすいリベラルと違うのは、社会に対する警戒的なまなざしである。通常、リベラリストにとって、社会とは自由な個人から成る領域であり、国家による干渉がなければないほど、社会は自由になるとされる。したがって、リベラリストの基本的戦略は、いかに国家権力を制限し、自由な社会を維持するかにある。これに対しトクヴィルは、国家権力が社会に干渉しなければ、自由な社会が実現するとは限らないと考えた。

社会とは、個別的に見れば、一人ひとりの個人の力の集積にほかならない。しかしながら、そのような個人の集積として出来上がった社会は、いったん出来上がると、自律的な運動を開始し、一人ひとりの個人の力ではコントロールできなくなる。政治とは、人々の力で社会を動かしていくことであるとすれば、独自のダイナミズムをもってしまった社会は、もはや政治にコントロールできないものになる。

リベラリズムは通常、社会の自律的な運動を尊重するわけだが、トクヴィルにとっての関心はむしろ、独自のダイナミズムをもった社会が、個人や集団にとってもはやコントロール不能になり、個人や集団を抑圧する危険性へと向けられた。トクヴィルはこの意味で、「社会的権力(pouvoir social)」という言葉を用いたが、彼は繰り返し、この社会的権力に対する恐怖を表明した。彼の「多数の暴政」や「民主的専制」批判には、この社会的権力に対する恐怖感が貫かれている。ここにおいても、国家と社会を分離し、自由な個人から成る社会の自律性をもって良しとする一般的なリベラリストとは異なる、トクヴィルに独自なリベラリズムが見られる。

四　ネオ・トクヴィリアンの問いかけるもの

ここで、話を転じて、現代においてネオ・トクヴィリアンと呼ばれる人たちについて言及しておきたい。先ほど指摘したように、一九八〇年代以降、フランスではフランス・リベラリズム研究が盛んになり、トクヴィル研究も堰を切ったように発表されていく。ではこの時期に、いったい何が起きたのか。

この時期、フランスは英米圏と比べても、独自の道を歩むことになる。すなわち、英米においては、サッチャー政権、レーガン政権の発足に示されるように、ネオ・リベラリズムの展開が急激に見られるようになったのに対し、フランスにおいてはむしろ、八一年にミッテランの社会党政権が成立し、産業の国有化をはじめ社会主義的な政策実験が行われた。実をいえば、この実験は、政権発足後ほぼ一年の間にすべて失敗に終わり、放棄されてしまう。ある意味で、多くの期待を受けて成立した左翼政権がたちまち挫折し、左翼に対する幻滅が急速に広まっていったわけである。英米圏と比べても、遅くまで左右の対立構造がはっきりしていたフランスだけに、この劇的な変化は、知の動向にも少なからぬ影響を及ぼしていった。

いわば、冷戦体制の終焉、ソ連・東欧体制の崩壊より一〇年も前に、フランスでは、社会主義、なかんずくマルクス主義に対する幻滅が広がるなかで、どのように議論を立て直していくかが、問われざるをえなかったのである。知識人に対する左派の影響の大きかったフランスゆえに、問題は深刻であった。このような問題意識が共有されるなかで、これまでの左右の軸では捉えきれない、混沌とした知的状況が生じてくる。後に「ネオ・トクヴィリアン」と呼ばれることになる一群の知識人が登場するのも、このような知的状況においてであった。

個人主義論

この時期の議論の一つに、個人主義がある。既に指摘したように、個人主義といえば長い議論の蓄積があり、ある意味で、すでに手垢のついたテーマと思われてきた。ところが、八〇年代になって、突如、個人主義をめぐる論争が復活するのである。そこには、見慣れたはずの「自由な個人」を、あらためて未知なるものとして捉える視座があった。

一例をあげれば、ルイ・デュモンの『個人主義論考』(Dumont 1983)があげられる。この本は八三年に出版され、フランス以外でも大きな話題となったものである。それから、これもかなりの論争を引き起こした本だが、ジル・リポヴェツキの『空虚の時代』(Lipovetsky 1983)がある。「現代個人主義論考」を副題とするこの本もまた、八三年の刊行である。

デュモンは、元々はインドのヒエラルキー社会を研究した人類学者である。その立場から彼は、近代西欧における、個人という抽象的な原理に基づいて社会を作るという試みが、人類史のなかで見てもいかに特異であるかということを強調している。さらに、この本のなかで彼は、全体論的(ホリスティックな)社会と、原子論的(アトミスティックな)社会という有名な対比を示し、その上でなぜ、原子論的な社会がヨーロッパに生まれたのか、また、それがなぜ、ドイツなどの全体主義を生み出したのかを論じている。

リポヴェツキは、アメリカのクリストファー・ラッシュなどが論じた、いわゆる「ナルシス的個人」という議論を継承し、これをもって現代の政治状況を論じてみせた。すなわち、現代の個人主義は、かつてのような政治的な意味を失い、もっぱら「自分らしさ」や「アイデンティティ」を追い求める、いわばナルシスト的な個人の追求となっているというのである。リポヴェツキが論争を呼んだのは、彼がこのナルシス的個人主義という視点から、フランスの一九六八年の五月革命を理解しようとしたためである。一般的には、この五月革命は、政治的な対抗運動の最たるものとされるわけだが、リポヴェツキはむしろ、政治的なのは表面だけで、実はきわめて非政治的な、ナルシスト的な個人主義の表明であったと指摘する。ある意味で、五月革命という一つの神話批判をしたゆえに、この本は左翼の大きな反発を受け、論争を引き起こしたのである。

興味深いのは、このデュモンやリポヴェツキらが、やがて「ネオ・トクヴィリアン」と呼ばれるようになったことである。ネオ・トクヴィリアンとは不思議な呼び方であるが、政治哲学者のアラン・ルノーによるネーミングである。いささか、アメリカのリベラル・コミュニタリアン論争を意識し過ぎた図式といえなくもないが、現代のフランスの知識人を、一方の側に個人を強調するネオ・トクヴィリアン（新トクヴィル主義者）、他方の側に共同性を重視するネオ・ハイデッゲリアン（新ハイデッガー主義者）とに分けたものである。若干、無理のある区分法だとは思うが、ネオ・トクヴィリアン、すなわち、トクヴィルの知的影響の下にいる思想家として、このリポヴェツキ、デュモン、そして先ほどあげたロザンヴアロンやゴーシェらがあげられている。多かれ少なかれ、トクヴィルの影響を受け、現代社会を個人主義化という視点から分析する論者たちが、この名称の下にくくられているのであろう。

人権論争の再燃

個人主義に続いて、論争になったのが人権である。この論争の火付け役となったのが、クロード・ルフォールである。このルフォールは、現在ではむしろ英米圏での活躍の目立つシャンタル・ムフに大きな影響を与えたことでも知られているが、フランスにおいても、先ほど指摘したレイモン・アロン政治研究センターの創立期のメンバーにあたる。ルフォールは、元々マルクス主義勢力のなかの反主流派に属し、『社会主義か野蛮か』という雑誌の創設メンバーの一人として出発した。とくに共産党に対する激しい批判、ソ連の官僚制批判で知られている。その文脈において、ルフォールはソ連における人権抑圧、さらにはマルクス主義と人権、政治と人権の関係について、活発に論じるようになっていく(3)。反マルクス主義の立場からではなく、ある意味で、マルクス主義の内部から、内在的な批判を試みたのがルフォールである。

ルフォールがまず注目したのが、初期マルクス、すなわち『ユダヤ人問題によせて』のマルクスであった。この本のなかでマルクスは、人権を、個人と個人を切り離し、個人が個人としてバラバラでいられるための権利であると批判している。『人権宣言』に列記されている条項も、ブルジョワ的個人の権利の擁護であって、人権とは基本的に、個人と個人を切り離す作用をもっているというのである。

このマルクスに対しルフォールは、人権という理念は、けっして人と人とを切り離すものではなく、むしろ人と人とを結びつける機能をもっていると強調した。つまり何が人権か、誰がその人権を享受するのかについての議論から始まり、その理念が実現されるプロセスにおいても、人権は人と人とを結びつけ、政治のダイナミズムを生み出す作用をもつ。その意味で、社会を変えていくとき、人権という理念は一つの原動力になりうる。ルフォールは、様々な自由のうち最も重要なのは「諸関係の自由」であるとした上で、人権の本質はこの「諸関係の自由」にあるとする。他者と多様な関係をもつ自由という意味でこそ、人権が重要な意味をもつのである。言い換えると、ルフォールは人権の政治的な機能を強調したといえる。

ところが、皮肉なことに、このようなルフォールに挑戦したのは、出身からいえばルフォールの弟子にあたるマルセル・ゴーシェであった。彼は、「人権は政治ではない」という論文を書き、あらためて人権が社会を解体する危険性を問い直す。たしかに、革命や進歩といった、ここ二世紀近く影響をもった政治的諸理念が後退した現代において、人権は、唯一生き残った重要な理念であるといえる。しかしながら、はたして人権という理念だけで我々は社会を統合し、それを変革していくことができるのだろうか。人権とはやはり、社会の統合よりは、むしろ遠心化をもたらすものではないか。このような疑問を、ゴーシェはあらためて提起したのである。もちろん彼は人権の意義を否定するのではない。が、はたして人権だけで、一つの政治社会を作っていけるのか、ゴーシェは真剣に問い直す(4)。かくして、現代における人権の政治的機能について深刻な論争が展開されたのである。

ちなみに、ルフォールもまた、フランスにおけるトクヴィル再評価の口火を切った一人である。ルフォールは元来マルクス主義者であったが、やがてマルクスを批判し、ソ連などを批判するプロセスにおいて、思想的な導きの糸としてトクヴィルを重視するようになっていった。その意味で、ルフォールはフランスにおいてトクヴィルを早くから強調した一人であり、トクヴィル復権のキーパーソンの一人でもある。ルフォールもまたネオ・トクヴィリアンの一人であり、その文脈で人権をめぐる議論も展開されたということを確認しておきたい。

分離の組織化

ネオ・トクヴィリアンの議論で、もう一つおもしろいのが、「分離の組織化」である。これはあまり耳慣れない言葉であるが、原語は“organisation des séparations”である。先ほど言及したピエール・マナンが『政治哲学講義』(Manent 2001)で指摘しているものであり、近代の多様な社会思想に共通して見られるものの考え方を指している。いわば「分離」した後、「組織化」する、これが近代の大きな特徴だというのである。

シーエスを初めとして、フランス革命期において分業論は極めて重要な、政治的な争点であった。しかもこの場合、いわゆる経済的な意味の分業ではなくて、むしろ社会的・政治的機能の分業まで含めた形での分業論が展開されていることが重要である。分業を広く捉え、近代社会を理解する際の一つの鍵とする見方は、この後デュルケームらにも受け継がれていく。

例をあげるならば、職業をめぐる分業や権力分立から始まって、国家／社会、政治／宗教、代表するもの／されるもの、能動市民／受動市民、さらには事実と価値の分離に至るまで、この分離へのダイナミズムこそ、近代社会の大きな特徴となっている。この「分離の組織化」は、フランス革命を通じてとくに強調された原理であり、とくにフランス・リベラリズムにとって、死活的に重要なものであった。コンスタンにおいても私的な領域と政治的な領域の区別が言及されているが、この時期のフランス・リベラリズムにあえて共通の問題意識を探るとすれば、政治や社会の様々な側面において、この「分離の組織化」が模索された点に見出せるのではなかろうか。

分離されるべき領域の区別が曖昧になるということは、一例をあげれば、政治権力が個人の私的領域に干渉するということは、きわめて危険である。ただ、難しいのは、ただ分離すれば済むかといえば、そうではないという点である。単に個人の私的領域と、政治的な領域を分離するだけならば、先ほど指摘したように、バラバラになった個人が政治的な力を生み出すことができず、結局権力の前に無力になってしまう。バラバラに切り離すだけでは不十分であって、様々な領域を切り離した後、再び組織化することが重要なのである。この「分離の組織化」こそ、この時期のフランス・リベラリズムの一つの共通した問題意識であり、それを現代の「ネオ・トクヴィリアン」たる研究者たちが再評価しているという構図が見て取れる。

政治的近代、すなわちフランス革命によって代表される政治的近代は、このような意味で「分離の組織化」を本質的な一要素とする。この分離を否定すれば全体主義に行きつくだろう。したがって、分離が維持されなければならないが、ただ分離したままも望ましくない。全体主義を論じ続けたルフォール以来の問題意識である。

トクヴィルもまた、政治と宗教はあくまで分離していなければならないとしつつ、なお政治と宗教が補完関係にあることを重視した思想家であった。コンスタンと同様、トクヴィルもまた"société civile"

と“société politique”を対照的に用い、“association”に関しても、“association civile”と“association politique”を峻別している。峻別した上で、しかしそれらを補完関係に立たせ、バラバラになったり、お互いの力を相殺する方向に行かせないための構想を、彼らは考えたのである。

このように、個人主義、人権、そして「分離の組織化」といったポイントについて、八〇年代のネオ・トクヴィリアンたちは、あらためて問題を提起した。これらの概念がはらむ両義性や、微妙さを再び問い直したのである。その際に、彼らの思考の導きとなったのが、フランス革命後のリベラリズムの思想家たちであった。彼らの思想を再評価することでこれらの問題を焦点化していったのが、ネオ・トクヴィリアンの基本戦略であったということができる。

五　フランス・リベラリズムの独自性

悲観的・両義的・懐疑的なリベラリズム

以上の議論を総括するにあたって、フランス・リベラリズムの独自の意義を指摘するならば、以下の三点があげられよう。

第一に、フランス・リベラリズムの大きな特徴は、その悲観的な基調にある。これはトクヴィルにとくにあてはまる特徴だが、一見楽観的にも見えるコンスタンの「ペルフェクティビリテ（完成可能性）」論の根底にも、近代社会に対する深刻な懐疑が秘められている（堤林 二〇〇九）。

たしかにフランス革命は重要であり、歴史の不可逆なポイントである。とはいえ、その理念にしたがっていけば、すべてがうまくいくかといえば、疑問が残る。トクヴィルは、デモクラシーをキーワードに選び、デモクラシーは歴史の必然である、平等化するのは必然であると説いた。だがその一方で、この平等社会が、はたして完全に幸福な結果をもたらすかはわからないと言い続けたのもトクヴィルである。自由と平等が両立する、非常に望ましいデモクラシーが実現するかもしれないが、すべての人が等しく隷属する、逆の平等社会になるかもしれない。この種の悲観主義、あるいは両義性、さらには懐疑主義が、この時期のフランス・リベラリズムの特徴としてあげられる。

このような特徴は、ジャコバンの永久革命路線とも、保守反動のフランス革命の全否定とも一線を画す、フランス・リベラリズムの基本的スタンスからきたものであろう。フランス革命の理念に対してコミットしつつも、しかしながら、ただその理念を実現すればすべてうまくいくとはけっしていわない。そのような意味で両義的な、あるいは懐疑的なリベラリズムがフランスに生まれた。もちろん、他のリベラリズムがひたすら楽観的で単純であるとはいえないが、このような両義性や懐疑性こそを本質とするフランス・リベラリズムがきわめてユニークであることはたしかであろう。

ルソーとモンテスキューの統合？

ちなみに、トクヴィルは『アメリカのデモクラシー』を執筆している最中に、つねに傍らに置いて参照した本が三つあるといっている。ルソー、モンテスキュー、それからパスカルである。コンスタンにおいても、ルソーは、けっして単純な否定の対象ではなかった。

フランス・リベラリズムの思想家たちは、いずれもルソーを高く評価している。しかしながら、ルソーが直ちにフランス革命を引き起こしたわけではないにせよ、ジャコバン主義が事後的にルソーを利用したという側面はあるかもしれない。つまり王の首をはね、政治権力を掌握したジャコバンにとって、すがるべき権威はルソーしかなかった。それゆえ、ルソーの一般意志の理論をある意味で曲解してでも、当時の立法権力の独裁を正当化しようとしたのである。つまり、自らこそ人民の一つの意志を体現するものであり、反対するものは人民の敵であるという形で自己正当化を図ったのである。このような側面もあり、ジャコバンによって利用されたルソーに対して、モンテスキューをもう一回復活させる動きが生じてくる。

実際、具体的にフランス革命後の政治的議論を見るならば、ジャコバンによって利用されたルソーのように、中央集権志向一色かというと、そんなことはない。この時期、むしろ活発に議論されたのは、いかに権力分立の仕組みを取り入れるか、単一の立法権力をいかに抑制するかという、複合的な権力メカニズムの構想案であった。いわゆる「中立権力論」も含め、ほとんどありとあらゆる権力均衡の仕組みがこの時期、議論されている(Gauchet 1995)。立法府の独裁を防ごうという意志が明らかに存在したのである。

しかしながら、結論からいえば、これらのプロジェクトは同時代的に実を結ぶことはなかった。ある意味でいえば、フランス・リベラリズムは、ルソーのいう人民主権の理念と、モンテスキューの複雑な政治機構論とを統合しようとするものであった。人民の集団的な自己統治を通じて個人の人権を実現するという理念は捨てることなく、同時にモンテスキューに代表される、極めて複雑な権力の分立を実現するための政治機構論を大胆に取り入れる。この両者を組み合わせることで、はじめて安定的な政治体制が実現するというのが、彼らの信念であった。先ほどの「分離の組織化」もまた、そのような彼らの構想の一環であった。にもかかわらず、このような構想は同時代的には実現せず、フランスといえば立法権中心の、きわめて一元的で中央集権的なデモクラシーの代表例と見なされるようになった。

逆にいえば、このような議論は、同時代的にはともかく、むしろそれ以降の時代、とくに二〇世紀半ば以降になって、ようやく実現してきたと評価することもできる。フランス革命の経験から生まれたフランス・リベラリズムの問題意識は、ある意味でかなりの時間をかけて実を結んだのである。フランス・リベラリズムの研究が復活した一九八〇年代に、フランスにおける地方分権化が進んだのも偶然ではないだろう。このことは一方において、英米圏においてはるかにスムーズに実現したことを、フランスはより長い時間をかけて、多くの犠牲を払いながら実現したともいえる。しかしながら他方で、フランスの経験した試行錯誤は、ルソーとモンテスキューの統合がいかに簡単ではないかということをよく示しており、その結果としての理論的研究の蓄積は、我々にとっても重要な意味をもつであろう。

個人の自律と社会の自律

最後に、「個人の自律」と「社会の自律」についても触れておきたい。個人一人ひとりが自律する、すなわち自分のことを自分で決めるということと、社会全体として一つの自律的な決定の仕組みをもつということとは、けっして単純に両立可能ではない。両者の間にはしばしば摩擦が起こり、社会の自律を強調すればするほど、個人の自律が妨げられるという、相剋が生じることもありえる。しかしながらフランス・リベラリズムは、この両者を同時に実現させるため、両立の仕組みを考え続けてきた。この課題を、ある意味でいえば、一世紀以上かけて考えてきたのである。現在、とくにマルクス主義の後退するなかにあって、リベラリズムの万能論とでも呼ぶべき状況が生じている。しかしながら、リベラリズムはその内部に非常に微妙なものを内包しており、民主主義との間にも緊張関係がある。現在、これらの相克や矛盾を、徹底的に考えるべき時期に達しているのではなかろうか。このことをめぐる徹底的な考察抜きでは、やがてリベラリズムは自己崩壊を起こすのではなかろうか。このような問題意識こそ、トクヴィルとネオ・トクヴィリアンをつなぐものであり、フランス・リベラリズムの過去と現在をつなぐものにほかならない。そこで示された諸論点は、広く自由と民主主義を考える者にとって意義をもつだろう。

（1）保守主義概念については、宇野(二〇〇二)を参照。
（2）ちなみにボッシェは、アメリカ大統領バラク・オバマに影響を与えたことで知られる。オキシデンタル・カレッジに入学したオバマが最初に履修したのがボッシェの政治思想のコースであり、トクヴィルを好むオバマの価値観もまた、ボッシェの影響があったとされる。
（3）ルフォールの人権論については、Lefort(1986)を参照。
（4）以上、ゴーシェの人権と政治をめぐる諸論文はGauchet(2001)に収録されている。

第五章　代表制の政治思想史――三つの危機を中心に

一　はじめに

商品には「形而上学的な精妙さと神学的な気むずかしさ」があるといったのは、カール・マルクスである(Marx 1962: 85, 邦訳一二九頁)。商品という一見したところ、いたってありふれて平凡でさえある存在のうちに、「形而上学的な精妙さと神学的な気むずかしさ」を見出したことにこそ、マルクスの洞察があった(柄谷　一九九〇)。

本章は商品ではなく、代表制の「形而上学的な繊細さと神学的な意地悪さ」を考察の対象とする。というのも、代表制に対しては、「だれが」「いかなる権利で」「何を」「どのように」代表しているのかについて、たえず疑問が提起されてきたからである。そもそも、「代表する(represent)」とはいったいどういうことなのかについても、繰り返し問われてきた(1)。カール・シュミットは「代表するというのは、不可視の存在を、公然と現存する存在によって、目に見えるようにし、眼前に彷彿とさせることである。この概念の弁証法は、不可視のものが現存しないと前提され、しかし同時に現存するものとされる点にある」(Schmitt 1928: 209–210, 邦訳二六〇頁)としているが、ここにすでに代表制をめぐる「形而上学的な精妙さと神学的な気むずかしさ」を見出せる。

代表制民主主義(representative democracy)において、しばしば選挙を通じて「民意による審判が下った」という言い方がなされる。すなわち「民意」なるものは選挙に先立って存在し、ただそれが不可視であったのが、選挙を通じて可視的になったとされる。しかしながら、そのような「民意」は、つねに事後的な解釈によってのみ見出されるのであり、具体的な選挙制度次第で変化しうるきわめて可塑性に富んだものである。すなわち「民意」は選挙に先立って存在するはずのものであるが、同時に事後的にのみ見出されるものである。人民の自己決定としての民主主義——少なくとも代表制を伴う民主主義——にとって、この「概念の弁証法」は死活的な重要性をもつ。しかしながら、この弁証法にたえずほころびが見出されるのも事実である。

代表制の「形而上学的な精妙さと神学的な気むずかしさ」については、すでに多くの論者が指摘している(2)。それどころか代表制は生誕時において、すでにその存在の正統性について多くの疑問が投げかけられていた。代表制の生誕をいつの時点に見出すかについては議論があるが(3)、仮にエドマンド・バークによる代表制の古典的定式化に近代的な代表制の出発点を見出すとしても、その同時代においてすでに、ジャン＝ジャック・ルソーによる「イギリスの人民は自らを自由だと考えているが、大きな誤りだ。彼らが自由なのは、議員を選挙している間だけだ。議員が選ばれればたちまち、彼らは奴隷となり、無に帰する」(Rousseau 1964: 430, 邦訳一三三頁)というイギリス代表制への痛烈な批判がなされていたことは、周知のとおりである。

以下、本章でも検討していくように、代表制には多くの両義性があり、また多くの理論的・実践的な困難が内包されている。「代表制の危機」が語られることもけっして珍しくない。仮に現在「代表制の危機」が訪れているとしても、それはいったい何度目の「危機」なのだろうか。しかしながら、重要なのは、そのような両義性や困難にもかかわらず、代表制は今日まで存続してきたし、今日においてもなお、可能なる民主主義の形態として相対化されることはあっても、けっして否定されることがないということである。

本章の課題は、代表制について政治思想史的検討を行うことである。ではなぜ、そのようなアプローチをとるのか。なぜもっと直接的に、代表制の問題はここにあり、問題解決の糸口はこのようにして見出されるべきである、というスタイルをとらないのか。なぜ迂遠ともとられかねない、思想史的な問題への接近を試みるのか。

その解答はすでに暗示されている通りである。すなわち、代表制はその生誕の時点において、すでにある種の曖昧さや疑念とともにあった。あるいはむしろ、その曖昧さにこそ、代表制成立の理由を見出しうるかもしれない。けっして理論的に明快なわけでもなければ、実践において順調なすべり出しを見せたわけでもない。代表制はその後もたえず危機に瀕し、疑念にさらされ続けた。さらにいえば、危機こそが代表制にとって常態であったとさえいえるかもしれない。代表制はたえず、その時代の社会状況と問題設定の影響を受け、変質を遂げ、それでも今日まで存続してきたのである。そうだとしたら、代表制という問題にアプローチするにあたって、一義的に明快な定義を与えることで、論理的に整理するということが最善の方法とは限らない。代表制の「形而上学的な精妙さと神学的な気むずかしさ」を少しでも明るみに引き出すには、あえて愚直にその歴史をたどり直す必要があるかもしれない。

本章では代表制民主主義をめぐる三つの危機に注目する。

第一の危機は、バークがその古典的定式化を行った時代である。バークが近代的な代表制の理論的正当化を行ったのは、まさしくアメリカ独立革命とフランス革命によって、イングランド・スコットランド・アイルランド・北米植民地から成る大英帝国の体制に亀裂が走ると同時に、国内的にも伝統的な混合政体に動揺が生じた状況においてであった。これに先立つ、ルソーのイギリス代表制批判を受けて、バークはまさに実践の中から代表制の理論を構築していった。すなわちこの時期は最初の代表制の危機の時代であると同時に、まさしくこの危機の産物として近代的な代表制が確立した時代であるということができる。

第二の危機は、フランス二月革命からルイ・ナポレオンのクーデタの時期に見出される。フランス革命後の一九世紀、イギリスでは数次の選挙法改正により、着実に参加の拡大が進んだ。フランスにおいても制度としての議会制が紆余曲折をへて確立し、その理論的正当化がさまざまな形で行われた。にもかかわらず、世紀の中葉になって突如、代表制は危機に瀕することになる。すなわちルイ・ナポレオンが普通選挙の理念を掲げて、制限選挙に拘泥する議会と対決し、クーデタをもってこれを打倒、さらには人民投票によって皇帝ナポレオン三世となったのである。言い換えれば、代表制によって代表制が破壊されたのである。これを代表制民主主義の未確立期における突発的エピソードと考えるか、あるいは代表制民主主義がその内部に抱える脆弱さによって自己破綻したとみるかについては、議論のあるところであろう。本章ではこの事件に際してパリに滞在し、事件の過程をつぶさに観察した二人の思想家に注目する。すなわちカール・マルクスとアレクシ・ド・トクヴィルであり、彼らは事件から代表制民主主義をめぐる根源的な洞察を引き出した。

第三の危機は、第一次・第二次の両世界大戦戦間期に訪れる。第一次大戦によって一九世紀的秩序が完全な崩壊へと向かった後、敗戦国ドイツは激しい政治的不安定の時期を迎えた。左右からの挟撃によってワイマール体制は、厳しい正統性の危機に直面することとなるが、そのような危機の中、議会制民主主義について根源的な検討と批判を行ったのが、カール・シュミットであった。また、このような危機のドイツにおいて育ち、やがてドイツを追われアメリカに活躍の場を見出したハンナ・アーレントは、『全体主義の起源』において、国民国家・階級社会・代表制によって成り立った一九世紀的秩序の崩壊をたどり直した。

もちろん、代表制の危機の時期がこの三つの時期だけであったというわけではない。またこの三つの時期について再考するにせよ、本章で取り上げる以外にもとりあげるべき思想家がいるはずだ。しかし、過去においてたびたび代表制をおそった危機――あたかも一定の周期において訪れるかのごとくである――を再考することが、現代における代表制の危機を考えるための一つの素材を提供しうるということは否定できないだろう。

二　前　史

代表制民主主義の歴史をたどる場合、教科書的には次のように説明される。民主主義の理念そのものは、アテナイに代表される古典古代のギリシアに遡る。しかしながら、古典古代の民主主義があくまで民会への市民の直接参加によって構成されたのに対し、近代の民主主義は規模の問題から、代表者によって構成される議会制という形態をとった。その際、議会制そのものは、古典古代ではなく中世に起源があり、諸身分の利害を代弁するための身分制議会に由来する。この議会が一体としての国民を代表するものとして再編されたのが、近代的議会にほかならなかった。このように成立した近代の代表制民主主義は、次第にその選挙権を拡大することで発展し、二〇世紀には男女普通選挙権をも実現するに至っている、と。

しかしながら、この説明にはかなりの程度注意を払う必要がある。まず、この説明において前提とされているのは、代表制民主主義＝間接民主主義＝議会制民主主義という等式である。しかしながら、この等式の自明さにこそ、何かが隠されているのではないだろうか。

なるほど近代の代表制民主主義は、古典古代のように、全市民が集会を開くものではない。これは、規模の問題として理解することが可能である。すなわち古典古代の都市国家と違って、近代の領域国家においては、全市民が集まることは現実問題として不可能である。また仮に可能であったとしても、それは必ずしも望ましいことではないかもしれない。したがって、国民の意志を代表するとされる代議士によって、間接的にその意志を国政に反映させるという方策がとられるのである。

しかしながら、近代の民主主義と古典古代の民主主義の間にある違いは、単に直接か間接かの違いなのだろうか。すなわち議会制民主主義は、規模や社会の複雑さに基づく便宜的手段、すなわち古典古代における民会の直接民主主義を代替するための便宜的手段にすぎないのだろうか。その違いをもう少し詳しく検討するべきである。

例えばM・I・フィンリーは、古代の直接民主主義と現在の代表制民主主義の違いとして、以下の諸点をあげている。まず直接民主主義では大衆集会がその中心的機能を果たしていたが、これはその構成も含めてつねに不確実性を伴っていた。しかも官僚機構と政党制度が存在しなかったことがあって、その指導者たちは不断に緊張状態に置かれた(Finley 1985: 69, 邦訳六四―六五頁)。つまり古代の直接民主主義においては、そもそも政府が存在せず、職業としての政治家も存在していなかったのである。逆にいえば、近代の議会の外部には行政権力とその機構があり、議会はそれらに支えられると同時に、対抗関係に立っている。古代の民会がきわめて不安定でありながらすべてを自ら行う全能の存在であったのに対し、近代の議会は高度に組織化されたさまざまな政治的組織の一つにすぎないのである。

政党の欠如も大きな違いを生み出している。アテナイにおいては「民会への権力の集中、行政職の細分化と輪番制、抽選による選出、俸給をともなう官僚制の不在、民衆法廷、これらすべてが党派組織の誕生、ひいては制度化された政治エリートの誕生を阻止するのに役立った」(Finley 1985: 25, 邦訳二四頁)。これに対し、近代の代表制民主主義にとって、職業政治家と政党は不可欠の要素である。

さらにいえば、このような古代の民会と近代の議会の大きな違いを考えると、近代の議会制民主主義を本当に民主主義の一形態といっていいのかという疑問に行き着く。というのも、例えば、アリストテレスによれば、選挙はむしろ貴族政的であり、民主政にふさわしいのは抽選であるからである(Aristotle 1932: 365, 邦訳二二二頁)。

しかしながら、近代の議会制を民主主義と結びつけている重要なものが一つある。それが代表の観念にほかならない。すなわち議会を「全成員の利害を代表する一つの国民の審議集会」(Burke 1907: II 165,

邦訳2　九二頁、強調は原文）とみなすことによってはじめて、議会制は民主主義と結合する。より正確にいえば、「全体としての利害を同じくする一つの国民」という観念と、議会という合議体がそれを代表しているとみなすという擬制、この二つの要因こそが議会制民主主義を成り立たせるのである。さらに、それによってはじめて、議会制民主主義と代表制民主主義が同一視されることになった。

しかしながら、このような議会制と代表制の同一視はけっして自明なことではない。例えば、カール・シュミットは『現代議会主義の精神史的地位』で、このことに注意を促している。すなわち議会制の本質は討論を通じての統治と公開にあり、異質の共存をはかるという意味において、自由主義的である（Schmitt 1923: 7，邦訳六頁）。これに対して代表制は、フランス革命の時代に、民主主義の問題として登場する。シュミットの考えるところでは、民主主義は同質性に、逆にいえば異質性の排除にこそ、その本質がある（Schmitt 1923: 14，邦訳一四頁）。この場合、議会制と代表制はむしろ対立することになるとシュミットは主張する（Schmitt 1923: 22-23，邦訳二五―二六頁）。

このようなシュミットの極端な対立図式の妥当性はともかくとしても、議会制と代表制は、歴史的にそれぞれ独自の起源を有し、それぞれ独自の展開をみせてきたことは明らかである。

議会制の起源は、すでに述べたように中世の身分制議会（等族議会）にある。この身分制議会において、参加者である封建的諸身分は国政への参加を目指したわけではない。すなわち議会において、主権者としての自己の意志を主張したわけではない。というのも身分制議会は、君主が諸身分から課税の承認をうるために開いたものだからである。諸身分にとっての関心はむしろ、自らの特権に基づく自由を守ることであった(4)。諸身分はあくまで客体であり、自らの要求を個別的に、陳情・嘆願・建言するにとどまった。

これに対し代表の起源は、君主の身体における代表的具現の機能に見出される。ユルゲン・ハーバーマスは『公共性の構造転換』において、次のように指摘している。「この地位の保有者は、この地位を公的に表現する。すなわち彼は、なんらかの程度において「高位」の権力を代表的に具現する者として姿をあらわし、これを表現する」(Habermas 1962: 18, 邦訳一八頁)。すなわち、代表の機能とは、君主の一身においてより高次の不可視の権威を体現し、そのことによって政治的一体性を示すことなのである。

もちろん身分制議会において諸身分が自らの特権を主張したことも、代表の機能の一種といえる。その意味でいえば、前近代において代表の機能は、君主の身体において体現される政治的一体性の表現と、身分制議会における諸身分の利害の表現とに分かれていたのである。

このような歴史的背景を考えると、近代における議会の果たした(あるいは果たすことを期待された)役割の微妙さが明らかになるであろう。

近代における議会制は、絶対主義下において virtual representation を独占していた君主からその機能を剝奪し、自らを国権の最高機関に位置づけることに成功した。そのために、一方で身分制議会の機能を引き継いで、国内の諸身分や諸地域の利害を代表しながらも、他方で自らが「全体としての利害を同じくする一つの国民の合議体」であると主張して、バークのブリストル演説にみられるように、選挙区の個別的委任や指示を拒否しなければならなくなったのである。ここに、近代議会制の内包する両義性を見出すことができよう。近代の議会制は、多元的諸利害を代表すると同時に、一つの国民という観念を代表するという、非常に困難な課題を実現しようとしたのである。

このような両義性や困難をかかえた代表制民主主義は、いかにして理論的に正当化されたのか。次節では、代表制の初期の理論家であるエドマンド・バークと、代表制の批判者でありながら、ある意味で代表制を可能にする理論的基礎を築くことに貢献することになるジャン＝ジャック・ルソーの議論を見てみることにしたい。

三　第一の危機――バークとルソー

前節で明らかになったように、近代の代表制民主主義は、けっして古代のポリスにおける民会のような直接民主主義を、単に規模その他の便宜的理由から、代表による議会によって代替したものではないし、中世における身分制議会を国民代表へと発展的に「近代化」させたものでもない。むしろ単なる「代替」や「連続的発展」を越える、近代の代表制の独自性や創発性にこそ注目すべきである。

そこで以下本節においては、近代の代表制民主主義が生まれた一八世紀後半の時点に焦点をあて、なぜこの時期に、その実践と理論において新しい動きが生じたのかを検討することにしたい。

最初に検討するのは、エドマンド・バークである。バークは周知のように、アイルランドのダブリン出身の政治家であり、ジョージ三世治下の連合王国において、ロッキンガム系のウィッグ派として、アメリカ独立やイギリスにおけるさまざまな政治経済問題をめぐって活躍した(5)。また後年のフランス革命に際しては、後に保守主義の古典とされることになる『フランス革命の省察』を著している。

このようなバークの経歴からもわかるように、彼の本質は議会政治家であり、彼の政治思想は理論的・体系的に示されたというよりも、その時々の政治状況との関わりのなかで彫琢されたものである。その彼が、近代的議会について以下のような——近代的議会の古典的定義ともなった——性格づけを行ったことは注目に値する。

「議会は決して多様な敵対的利害関係を代表する諸使節団から成るところの、そしてこの使節個々人はそれぞれが自己の代表する派閥の利害をその代理人ないし弁護人に対して必ず守り抜かねばならぬというような種類の、会議体ではない。議会は一つの利害つまり全成員の利害を代表する一つの国民の審議集会に他ならず、従ってここにおいては地方的目的や局地的偏見ではなくて、全体の普遍的理性から結果する普遍的な利益こそが指針となるべきものである」(Burke 1907: II 165, 邦訳2 九二頁、強調は原文)。

なぜ彼は、このような性格づけをするに至ったのだろうか。繰り返すが、彼は議会人である。すなわち、これは理論のための理論ではない。実際、この言明は、彼が選挙区として選んだブリストルの選挙民を前にしての演説(一七七四年)の一節なのである。

このようなバークの言明を理解するには、彼がいた時代と問題状況について考察を加えなければならないだろう。そこで、彼の政治思想を理解するために重要な歴史的文脈を、二点に限って言及しておきたい。

第一は、佐々木武が強調しているように、「一八世紀の「英国」思想史が、イングランド、スコットランド、アイルランド、北米植民地という四つの文化圏を含むもの」(佐々木 一九八二：一七〇頁)であり、この四つの地域が連合王国という一つの政治支配圏に属していたことである。すなわち彼自身アイルランド出身であり、連合王国の政治家として行動したバークにとって、連合王国の政治とは単にイングランドの政治ではなく、四つの構成地域から成る複合的なものであった。そしてアメリカ独立革命はまさしく、連合王国内部に生じた、王国の国制を揺るがしかねない事件であった。奇しくも、英仏間の七年戦争が終結した一七六三年から、アメリカ独立が英本国によって認められる一七八三年にかけての約二〇年間は、一七六五年に政界に登場したバークが、領袖ロッキンガム侯の支援を得て、議会を舞台に大活躍した時期と重なっている。バークの政治思想が形成されたのは、連合王国の動揺と再編の過程のただ中においてであった。

第二に、この時期は、古典古代以来の混合政体論、中世以来の制限王政論という、イングランドの伝統的な「自己了解モデル」に深刻な危機が生じた時期でもあった。すなわち“King in Parliament”という言葉によって示される政治機構、すなわち一七世紀の内乱をへて再構築された王権・貴族院・庶民院から成る政治機構、さらにいえば、王の大権を議会によって均衡・抑制するシステムにとって、この時代はまさしく危機の時期であった。J・G・A・ポーコックが『マキァヴェリアン・モーメント』で壮大に描き出したように、王の大権と諸身分の特権の均衡を主張する伝統的なイングランドの立憲主義は、マキァヴェリらを媒介として古典古代の政治理論を継承することを通じて、内乱期に大きな展開を迎えることになった(Pocock 1975)。最終的には、これらの諸伝統は一体となり、名誉革命体制に示されるように、共和政理念の独自なイングランド化を実現したのである。

しかしながら、徳や共和国といった用語に体現される共和主義理念は、一八世紀において、土地・商業・信用等をめぐるコート派とカントリ派の論争において示されるように、次第に変質を余儀なくされていった。そのようななか、バークがどこまでイングランドの伝統的議論を継承したのか、あるいはこ

れを大きく修正したのかという問題が、バーク理解を大きく左右する重要な論点となる。(6)

まず、バークの最初のまとまった政治的著作である『現代の不満の原因』（一七七〇年）は、アメリカ独立戦争に向かっての政局のなか、ジョージ三世の専制に対する批判として書かれたものである。この著作で彼は、ジョージ三世による議会干渉が、伝統的な英国国制を破壊するものであると弾劾している。すなわち王が宮廷派議員から成る「王の友」を通じて議会を籠絡したために、議会は腐敗し民衆の声を正しく反映しなくなっていると指摘する。「疑いもなく民衆から分離した議会というものは、民衆から分離された内閣にとっての必要条件である」(Burke 1907: II 63, 邦訳１ 二五六頁)と揶揄するバークは、「政府に対する信頼が回復されるまでは、民衆は彼らの代表の行為に対する一段と厳正で入念な監視の目を光らせねばならない」(Burke 1907: II 75, 邦訳１ 二六七頁)と主張する。なぜなら、「議会は臣民と政府の間の中間的存在である故に、すべて他の一層迂遠で一層永続的な立法部門よりも下院はもっと切実で身近な関心で、民衆に関する万端の事柄を見守る」(Burke 1907: II 50, 邦訳１ 二四一頁)からである。下院は「民衆に対する抑制として設立されたものでは断じてない。それは民衆のための抑制として樹立された」(Burke 1907: II 51, 邦訳１ 二四二頁、強調は原文)のである。

ここで興味深いのは、バークがジョージ三世の議会干渉を王の専制として批判する際に、伝統的な諸身分の特権を持ち出すのでも、王・貴族院・庶民院の均衡モデルを引きあいに出すのでもないということである。たしかに、王や内閣がチェックを受けずに暴走することで英国国制が破壊されるという、伝統的なレトリックで批判はなされている。しかしながら、その際に最大の論拠とされるのは、議会が「臣民と政府の中間的存在」であるという理解である。

議会が「人民の声」を体現するものであるとのレトリック自体は珍しいものではないとしても、バークの場合さらに踏み込んで、「下院の美質と精神そして本質をなすものは、実はそれが国民感情の直接的な鏡であるという点にこそ存する」(Burke 1907: II 50–51, 邦訳１ 二四二頁)とまで言い切る。「元来はこの国土の恒常的統治組織の一部分とは想定されていなかった」(Burke 1907: II 49, 邦訳１ 二四一頁)議会が、いまやまず第一に優先されるべきものになったと主張する論拠は、それが「国民感情の直接的な鏡」である点にこそ求められるのである。

かつてイングランドの地方地主たちが、自らの特権を盾に王権批判をなしたのと違い、バークは「国民感情」・「人民」・「民衆」の存在を背景に、議会の優位性を説いた。その前提にあるのは、イングランド・スコットランド・アイルランド等を越えた大英帝国とその国民という観念であった。この観念のリアリティなくして、彼の王権批判は成り立たなかったであろう。そのような彼にとって、「委任と代理という直接的状態からあたかも自己本来の権限にもとづくかのごとき行動方針への変質こそは、世界中の本来民衆的な統治機関がその本来のありかたから逸脱して行った過程に他ならない」(Burke 1907: II 51, 邦訳１ 二四三頁)。「腐敗」の基準は、「委任と代理」からの「逸脱」によってこそはかられたのである。

さらにバークは『現代の不満の原因』において、「政党とは、その連帯した努力により彼ら全員の間で一致しているある特定の原理にもとづいて、国家利益の促進のために統合する人間集団のことである」(Burke 1907: II 82, 邦訳１ 二七五頁)とする、よく知られた有名な定義をしている。これも同様の文脈において理解できるだろう。すなわち彼にとって下院とは、漠然と「国民感情」を反映するものではない。政党は、具体的な論争において王に対抗して政策を主張していくために必要なものであり、複数の政党の存在は議会機能の回復にとって不可欠であると考えられたのである。(7)

このようにバークは、伝統的な英国国制の危機にあたって、きわめて伝統的な混合政体論的レトリックを用いつつも、その内実において大きな方向転換をはかり、むしろ議会を一体としての英国国民の観念によって基礎づけようとしたのである。彼はそのために、単に漠然と国民を代表するのではなく、政党に代表される具体的な制度化を目指した。

ただし、これは必ずしも人民主権論の系譜において理解されるべきではない。バークの議論は、あくまで英国国制の構造改革の文脈において理解されるべきである。この点で興味深いのが、これもよく知られた、彼の代議士に対する選挙区からの命令的委任の否定であった。

「代表が自己の判断力と良心のもっとも明白な確信に反してまでも必ず盲目的盲従的に追従し投票し行動し支持しなければならぬというような権威的指図、委任の行使なるものは、少なくともこの国の法律の上では前代未聞のものであり、我が国も憲法の秩序と精神全体の完全な取り違えから生ずる誤解にほかならない」(Burke 1907: II 165, 邦訳2 九二頁)。ここにおいて見られるのは、地域的な特殊利益と国家的な一般利益の峻別と同時に、代議士の有権者からの独立性の確保という主張にほかならない。

しばしば指摘されるアメリカ独立革命に対する好意的反応と、フランス革命に対する激しい批判の違いに関して、これをバークの「転向」と見るべきかについては議論のあるところであるが、ここまでの検討からも明らかなように、両者はバークにとってまったく異質な問題であった。

アメリカ独立革命は、バークにとって連合王国の再編問題にほかならなかった。その際に焦点となったのは、やはり代表ということであった。革命はまさしく本国議会と植民地との憲政上の争いであった[8]。すなわちアメリカ植民地人はイングランド国王＝連合王国国王に服するものであっても、イングランド議会に従属するものではないというのが、アメリカ側の主張であった。バークはこのアメリカの主張に対し、その自由の主張が英国に由来するものであるとして評価すると同時に、アメリカが課税において大きな制限を被っていることを認める。それゆえ、実質的に代表されていないと感じ、それへの不満を表明するアメリカ植民地人に対して、バークは共感を示したのである。

問題はアメリカの地理的距離であった。そのために、アメリカの代表者はリアルタイムで本国議会に参加することができないとバークは指摘した。ここからも明らかなように、彼にとって代表とは単に観念的・象徴的になされればよいものではなく、リアルタイムでの連合王国構成員の主張の実質的伝達こそが重大であったのである。

アメリカ独立革命に対し、フランス革命はバークにとって、まったく異質な問題を提起することになる。このことを理解するためにも、英国国制の文脈に大きく依存していたバークを相対化する視点を、ジャン＝ジャック・ルソーの議論に探ってみたい。

ルソーのイギリス代表制批判についてはすでに触れたが、彼の代表への反発にはきわめて激しいものがある。彼によれば、「代表の観念は近世のものである。すなわち、人類が堕落し、人間の名が恥辱のうちにあった、封建制という、不当でばかげた統治に由来するものである。古代の共和国や王国においてすら、人民は代表をもたなかった」(Rousseau 1964: 430, 邦訳一三三―一三四頁)。

なぜ代表はそれほどに唾棄されるべきなのだろうか。それは、「市民が戦闘に行かねばならないとき、軍隊に金を払って自分は家に残り、会議に行かなければならないとき、代議士を指名して、やはり家に残る。怠惰と金銭のために、彼らはついに祖国を隷属させるために軍隊をもち、祖国を売り渡すために、代表者をもつ」(Rousseau 1964: 428–429, 邦訳一三二頁)からである。彼にとって代表は市民の直接参加を空洞化させ、市民の徳を衰退させるものにほかならない。さらに原理的にいえば、一般意志はそもそも代表不可能である。代表者たちは、代表となった瞬間それ自体特殊意志の担い手になってしまう。「主権が譲渡できないのと同じ理由で、主権は代表されえない。主権は本質的に一般意志にこそ存するが、一般意志は代表されない。一般意志はそれ自体であるか、さもなければそれ以外であり、けっして中間はない。したがって、人民の代議士は代表ではないし、代表者たりえない」(Rousseau 1964: 429, 邦訳一三三頁)。

このように見れば、ルソーの代表制批判にはまったく妥協の余地はなく、ルソーの議論とバークの議論との間には、架橋しがたい大きな溝が広がっていることになる。たしかに、ルソーはあくまで古代の民会のモデルにこだわっており、なお近代におけるその実現可能性を信じている。しかしながら彼の『社会契約論』(一七六二年)を詳しく検討してみるなら、必ずしもそれだけではないことがわかる。

まず、ルソーは主権の所在と政府の構成を区別して考えている。すなわち一般意志の支配する人民主権についてはまったく妥協の余地がないのに対し、一般意志を個別的対象に適用する政府については、王政・貴族政・民主政を含め、その地域的条件と人民の資質に応じてさまざまな可能性があるとしているのである。とくに選挙に基づく貴族政については、その実践的有効性を評価しているように思われる(第三部第五章)。また古代の民会についても、ギリシア・ポリスではなく、複雑な構成をとった共和政ローマを詳しく検討しているように、彼は単純に古代都市国家の直接民主主義を理想としているとは言い切れないのである。

ルソーがあくまで否定するのは、主権が代表されることである。彼が主権者とするのは、一般意志によって結合され、「共通の自我」をもつにいたった人民である。しかしながら、主権者としての人民は、代表によって背後においやられる。「人民が代表をもったとき、もはや自由ではなくなる。もはや人民は存在しない」(Rousseau 1964：431，邦訳一三三頁)。

とはいえ、このような人民が常時存在し、自ら政府を動かすことが難しいことは、ルソーも認めている。そこで彼が主張するのは定期的に開催される人民集会である。この人民集会が開催されている間、すべての政府権力は停止される。いわば人民集会は制度化された革命であり、人民集会は既存の政府形態を含めすべてを変更することが可能であるとされる。

ルソーにとって大切なのは、つねにその存在が全政治権力の前提となる、人民の現実的な存在である。この人民の存在は、さまざまな特殊利益とはまったく相いれない。その意味で、彼の代表制批判は、近代的議会制の両義性――中世において王国の一体性を体現した国王と、身分的諸利益を代表する身分制議会の両方を統合し、その両機能の危うい均衡の上に立つ――への根源的な批判にほかならない。

しかしバークの検討においても明らかになったように、バークの議会制擁護の背景にあったのも、人民の一体性の観念であった。この点においてルソーとバークの間には共通性がある。またそのような利益を一つにする人民と密接な関係に立ちつつ区別される存在としての政府については、その複雑な構成について思いをめぐらしている点にも相通じるものがある。

ただしルソーの関心が、政府が主権者の意志から逸脱していくのをいかに防ぐかに向かい、人民集会の定期開催によってつねに主権者である人民の存在を可視化することに集中したのに対し、バークの場合は、政党を伴う議会によって、いかに国民感情を現実の政策に具体化するかに精力を注いだのである。バークにとって、一般意志を体現する人民が生の形で出現することは、まさしく例外的で異常な事態にほかならなかった。

バークの目に映ったフランス国民議会は、ルソーのいう人民集会そのものであったろう。「貴方がたの場合には、選挙された議会は主催者であり、しかも唯一の主権者です。したがってすべての議員は、部分でありながら、しかもこの唯一の主権の中に溶け切ってしまった存在ということになります。しかし我々の場合それとはまったく異なっていて、代表は、他の部分と切断されては何らの行為もなしえず、存在することもできません」(Burke 1993: 188, 邦訳二三六頁)。バークにとっての代表制は、英国国制のうちに有機的に組み込まれたものでなければならなかったのである。

バークとルソーは、厳しい緊張をはらみつつ、両者とも近代的議会制のスタートを基礎づける理論的土台を提供したといえる。その土台はけっして堅固なものとはいえず、むしろ矛盾を含む両義的なものであった。それをとりあえず安定化させたのは理論の力というより、具体的な英国国制の展開であった。フランスもまた大革命後、次第に議会制の実践を拡大させていく。しかしながら、その実践が行き詰まったとき、その理論的両義性が顕在化することになる。その事例を次節では検討することにしたい。

四　第二の危機――トクヴィルとマルクス

英国国制の構造改革の結果発展したイギリスの議会制は、一九世紀における数次にわたる選挙法改正をへて、そのすそ野を拡大していった。J・S・ミルの『代表制統治論』(一八六一年)は、選挙権の拡大や複数投票制、比例代表制を含む選挙制度の検討、さらには代議制と行政権の拡大などを論じているが、そこには代表制そのものへの懐疑は見られず、むしろ代表制民主主義の正統性への信念に基づいてその改良を目指すという姿勢が顕著である(Mill 1972)。

また英国国制を「尊厳的部分」と「機能的部分」に分けて分析するW・バジョットの『イギリス国制論』(一八六七年)にしても、内閣・王権・貴族院・庶民院からなる政治システムを所与として受け入れた上で、これをいかに巧妙に運営していくかという視点で貫かれている(Bagehot 2009)。議会への期待や信頼において違いはあるものの、両者とも英国国制のなかで議会をいかに有効に機能させていくかという問題意識は共有している。

これに対しフランスにおいては、状況は多分に異なっていた。たしかにフランスにおいても、度重なる政体の変化を経験しつつも、議会制はとりあえずの定着を見せていった。しばしば制限選挙に執着して二月革命を引き起こしたとされるフランソワ・ギゾーにしても、元々はドクトリネールと呼ばれる自由主義陣営の政治家として、議会制の定着に尽力すると同時に、その理論的基礎づけに貢献している(9)。

しかしながら、二月革命は単に議会制のさらなる発展を目指したものではない。むしろ議会制度改革の有効性は限られており、議会を含む代表制民主主義自体の正当性を疑う必要があるという問題意識こそが、この革命を特徴づけている。さらにその後の過程において、議会と対立し国民投票によって帝位についたルイ・ナポレオンの出現によって、代表制は深刻な懐疑にさらされることになるのである。

そこで本節では、むしろその基盤の弱さゆえに、代表制民主主義への根源的疑念を生み出した、フランス二月革命から第二帝政初期にかけての時期に着目する。この時期のフランスにおいてじかに事件を目撃し(あるいはその当事者となり)、これをつぶさに観察すると同時に、根源的な思想的考察を加えた二人の思想家、アレクシ・ド・トクヴィルとカール・マルクスに焦点をしぼり、両者の考察を再検討することで、この問いへの糸口を探っていきたい。

まずトクヴィルであるが、一八三五年、三〇歳の時に『アメリカにおけるデモクラシー』によって鮮烈に知的世界に登場した彼も、二月革命前夜にはすでにキャリアを積んだ下院議員であった。『アメリカにおけるデモクラシー』では、アメリカという、彼にとっての異邦を旅することでこれを観察し、そこから思想的考察を引き出したのに対して、二月革命の過程を、彼は政界のインサイダーとして経験することになる。

もちろん首相を始めとしてつねに七月王政の内閣中枢にあったギゾーと違い、トクヴィルは議会内にあってもけっして有力な集団の一員ではなかった。いわば議会内アウトサイダーの立場にあったトクヴィルではあるが、しかしながら議会外で高まりゆく反政府運動とも一線を画していた。議会内で近い立場にあったオディロン・バロらの改革宴会運動とも距離のあったトクヴィルは、当時の政治状況のなかで奇妙なエア・ポケット状態にいたのである。彼の『回想録』に流れる基本的トーンは状況からの疎外感・無力感であるが、そこには同時にある種の冷静な客観性も見出せる。

例えば彼はこの時期の議会を次のように描写している。「こんなふうにして構成され取り運ばれていく政治の世界において、とくに王政末期に欠けていたのは政治生活そのものであった。憲法が規定する制限選挙制の範囲の中では、政治生活を生み出すことも、それを維持することも不可能になっていたのである。旧貴族階級はうち負かされたままだったし、民衆はそこから排除されていた。すべての政治がただ一つの階級のメンバーによって、その利益に従い、その視点にもとづいて処理されていたから、大政党によって戦いがおこなわれるような闘争の領域を見出すことはできなかった」(Tocqueville 1964：34, 邦訳二五―二六頁)。旧貴族と民衆の排除により、奇妙な同質性を見せつつ停滞する議会内に、「政治生活」は存在しなかったのである。

対する議会外では、パリの労働者の運動が昂揚していた。しかしながらトクヴィルは、この動きに対しても違和感を感じて、これに加われない。違和感の原因を、彼は面白い仕方で説明している。彼は議会で次のように演説して、冷ややかに受け止められた。

「議員諸氏よ、あなた方は間違っていると申し上げるのをお許しいただきたい。たしかに騒乱が現実となっているわけではないのでありますが、それは人々の精神のなかに深くはいり込んでいるのであります。労働者階級のなかで起っていることに注目していただきたい。(中略)彼らの政治的といわれる情熱は社会的になったのをご存知でしょうか。そのことは少しずつ彼らの抱く意見や考え方のなかに拡がっており、ただ単にあれこれの法律、内閣、政府といったものを打倒するというような考え方ではなくなっているということ、打倒すべきは社会だということ、社会をその社会が現在立脚している基礎からゆり動かすことだと考えるようになっていることがおわかりでしょうか」(Tocqueville 1964: 37-38, 邦訳三一頁)。

彼はこのような性格、運動の「政府よりも、もっと底辺のところにねらいをつけていて、彼らを支える社会自体を手に入れよう」とする性格を「社会主義」と呼び、後に二月革命の基本的な性格とみなすことになる(Tocqueville 1964: 95, 邦訳一三二頁)。

ギゾーは、代表制を「唯一社会を統治する権利をもつ公的理性を、社会自体の底から引き出す自然なプロセス」(Guizot 1852: 348)として正当化した。すなわち社会を統治する権利は、人民でも王でもなく、社会自体から引き出される「公的理性」にあると考えたのである。議会はこの「公的理性」を社会から引き出すための装置にほかならなかった。あえて人民主権を忌避したギゾーではあるが、社会を統治すべき一般意志という観念は継承していたのである。

しかしながら、トクヴィルの目には、七月王政末期の議会制はそのようなものとしては映らなかった。議会は社会の一部のみしか反映せず、社会の中にある真の多様性は議会に媒介されていない。政治はむしろ議会の外部にあった。にもかかわらず、議会の外部にあるそのような動きは適切な分節化を欠き、むしろ抽象的に社会の全面的改革を目指す情熱に駆り立てられていると考えられたのである。

一八四八年二月、このような議会外の動きに対してむしろ強圧的姿勢で対処しようとして七月王政は崩壊した。トクヴィルは憲法制定委員に選ばれるが、誕生した共和政は早くも迷走していく。七月王政を打倒したパリの民衆は、王政打倒後に新議会が選出された後も、議会に「代表」されるに甘んじて後景に退くことはなかった。

「革命派はあえて議会に対抗する行動をとらなかったが、議会の支配に身をゆだねようと思っていたわけではなかった。逆にそれを自らの支配下に置きたいと考えており、一般の同意を得られなかったことを強制力によって議会にやらせようとした。(中略)そこでは、民衆はつねにその権限を委任した代議士よりも優越した地位に立つものであって、その意志を完全に代議士の手に譲り渡すものではけっしてないという主張が支持されていた。これは真実性のある原則だが、人々はそこから、パリの労働者はフランス人民であるという誤った結論を引きだしていたのであった」。パリ民衆の状況は、あたかもルソーのいう人民集会が出現したかのごとくであったが、トクヴィルは彼らの主張に一定の正当性を認めつつ、彼らがフランスではなくパリの、それも労働者を代表しているにすぎないにもかかわらず、自らを「フランス人民」とみなしていることに批判を向けている。

悲劇は六月に起こった。蜂起したパリ民衆に対し、議会は徹底した武力弾圧に打って出た。トクヴィルはこれを痛ましい事件としつつ、武力弾圧を肯定する。以後の彼は「秩序派」の一員としての色合いを濃くしていった。このことに『アメリカにおけるデモクラシー』以来の立場の放棄、トクヴィルの反動化を見ることもできる。しかしながら、本章では、ここでの彼の一連の動きに代表制とその危機をめぐる彼の考察を読み込んでみたい。実際、六月蜂起を観察するトクヴィルは、そこにすべての党派の信用失墜を見出す。

社会主義の党派自体は敗北から立直れずに力を失い、山岳派もまた同じ打撃によって回復しえないほどの傷を受ける。これに対し、六月の勝利は穏健共和派を救ったが、同時に彼らを次第に共和政から遠ざからせていった。「そして社会主義者も山岳派も共和派もわれわれ自由主義者も、すべてが信用を失ってしまい、一八四八年の革命に固有の記憶は遠いものとなった」(Tocqueville 1964: 178, 邦訳二八八頁)のである。

二月革命から六月蜂起への過程は、議会制の代表機能の不全から議会外での政治活動の激化、これと議会との衝突、そして議会内党派すべての権威失墜への流れとして、彼には理解された。

このような状況において何が生じるか。フランスにおいて王政の記憶は遠いものではなかった。トクヴィルは、そのような状況において、大統領が極めて危険な存在たりうることを危惧した。「大統領の制度は大統領を王権に変形させるのを助けるために、それを利用しようと欲する人々にのみ適した制度なのだ」(Tocqueville 1964: 188, 邦訳三〇五頁)。

ここに出現したのが、ルイ・ナポレオンである。二月革命後の国民議会に補欠選挙で選ばれた彼は、議会の抵抗でいったん辞任に追い込まれるが、議会との対立はむしろその後の補選や大統領選での彼の勝利に有利に働いた。というのも、反動化し制限選挙を復活させた議会と対立することで、彼は真の国民全体の代表というイメージを手にすることになったからである。

トクヴィルはルイ・ナポレオンを次のように描く。「彼が人民に対するある種の抽象的な熱愛というものを抱いていたとしても、自由への愛着を感ずることはまずありえないことであった。政治に関する彼の精神の特徴的でまた基本的な点は、議会への憎しみと軽蔑であった。立憲王政は彼には共和政よりもたえがたいものに思われた」(Tocqueville 1964: 212, 邦訳三四七頁)。トクヴィルの見るところ、ルイ・ナポレオンはまさしく、議会の、さらにはフランス代表制民主主義の自己破壊の申し子なのであった。

興味深いことに、トクヴィルとはまったく異なるイデオロギー的立場と視点において、同じ過程を観察していた人物がいる。しかも彼は、ルイ・ナポレオンが代表制の危機において現れたという点においては、トクヴィルと意見を同じくしている。その人物とはカール・マルクスにほかならない。

青年ヘーゲル学派の一員として出発したマルクスは、ドイツを追われて向かったフランスにおいて、当時の政治・社会状況をジャーナリストとして観察している。その代表的傑作が『ルイ・ボナパルトのブリュメール一八日』(一八五二年)である。

しかし、この作品は、ドイツにおける哲学研究、イギリスにおける『資本論』に集大成される経済研究の間にはさまれた、幕間のものに過ぎないのだろうか。明らかなのは、その叙述を追ってみれば直ちにわかるように、そこには疎外論的構図は見当たらないし、ヘーゲルの影響も薄いということである。他方、事件のプロセスを生き生きと描くさまは、生産関係による規定性の議論や、いわゆる「下部構造」決定論ともまったく異なる。(10) したがって、マルクスにとって、この時期は、「初期マルクス」から「後期マルクス」、あるいは哲学的マルクスから経済学的マルクスへの、単なる過渡期とはいえない独自な意義をもっている。この時期にこそ、いわばマルクスの「政治学」が見出せると同時に、彼の「初期」と「後期」をつなぐものが見つかるかもしれない。

マルクスは、この作品で、二月革命からルイ・ナポレオンによるクーデタの過程を、単にブルジョワジーとプロレタリアートの対立としては理解していない。この節の前半のトクヴィルの政治的遍歴においてもすでに見た通り、一九世紀の前半において対立していた正統王朝派からオルレアン派の自由主義者に至る諸派は、危機の時期にあってむしろ一体化し、「秩序派」を形成するに至っていた。六月蜂起に見られる労働者の動きに対する彼らの危機感は、それまでのいきさつを捨てて秩序維持のために団結することを選ばせたのである。したがって、この時期の政治対立を、保守化し反動化した勢力と、プロレタリアートの対立として理解することも可能なはずである。

しかしながら、マルクスは秩序派内部に分裂がみちていたことを見抜くとともに、ブルジョワジーとそのイデオローグ、さらには代表するものとされるものの疎隔と分裂が生じていたことを指摘している。「議会の党がその二大分派に分解したばかりか、さらにその二つの分派のそれぞれの内部が分解したばかりか、議会内の秩序党は議会外の秩序党と仲たがいした。ブルジョワジーの代弁者や文士、彼らの演壇や新聞、要するにブルジョワジーのイデオローグとブルジョワジーそのもの、代表者と代表される者とは、たがいに疎隔し、もはやたがいに理解しえないようになった」(Marx 1960: 182，邦訳一二二頁)。

二月革命以降の危機は脆弱であったブルジョワジーをゆさぶり、ギゾーが社会の底辺から公的理性をくみ出す巧妙な社会的装置として描き出した代表制も、あえなく内部の機能不全に襲われた。もはや代表するものと代表されるものの対応関係を支える基盤は、現実的に消滅してしまったのである。

元来代表するものと代表されるものとの関係が自明のものでないことは、ここまで繰り返し指摘してきた通りである。一方で地域や身分・階級など特殊利益を代表しつつ、他方で一体としての国民の観念を具現するという、相矛盾する課題を課せられた近代の代表制は、まがりなりにも機能したとしても各国の個別状況に依存する部分が多かった。その基盤が脆弱であったフランスの代表制は、トクヴィルが観察した通り七月王政末期にすでに機能不全に陥り、議会外に「政治」を生み出した。七月王政を崩壊させたエネルギーは、新体制を発足させた後も、制度化された権力に完全に吸収されることなく顕在化したのである。これに対する「秩序派」もまた同床異夢の諸派からなる消極的結合に過ぎなかった。

この危機の瞬間において、突如機能し始めたのが、トクヴィルも危惧した大統領という制度であった。マルクスは、代表制が国民に対し形而上学的な関係しか持ちえないのに対し、大統領は「人格的」関係をもつことに成功したとする。「一人ひとりの代議士は、ある一つの政党、ある一つの都市、ある一つの橋頭堡を代表するにすぎないか、それどころか、事柄の実態をも人物をもろくろく見きわめないで、だれでもよいから七五〇人の議員の一人を選ばなければならないという必要を代表するだけなのに、大統領は、全国民によって選ばれた人物であり、彼を選挙する行為は、主権者たる人民が四年に一度行使する大きな切り札である。選ばれた国民議会は、国民にたいして形而上学的な関係にあるが、選ばれた大統領は、国民にたいして人格的な関係にある」(Marx 1960: 128, 邦訳三九頁)。

しかしながら、このことは、どのような大統領においても妥当するわけではない。このような状況において現れたのが、ルイ・ナポレオンという人物なのである。彼にはナポレオン一世のような軍事的栄光もなければ、政治的業績にも欠けている。同時代的にも山師的人物としてしばしば軽侮された彼が、ナポレオン神話があったにしても、三度の革命をへて二度目の共和政を実現していたフランスにおいて、なぜ大統領に当選し、さらには国民投票によって皇帝ナポレオン三世になってしまったのであろうか。

ルイ・ナポレオンはすでに述べたように、二月革命後の議会に、補欠選挙で選ばれる。ところが議会は、彼が過去に政治的陰謀により国外追放になっていることを理由に、この当選を無効であると判断した。さらにこの議会は次第に反動化し、普通選挙を廃止し、制限選挙への復帰を実現してしまう。政治的情勢を見るに敏な彼は、普通選挙復活を訴え、反動化し国民を代表する機能を自ら否定した国民議会に対して、真っ向から対立する存在として自らを提示することに成功したのである。

マルクスはこれを国民議会の自己破滅として描き出す。「こうして、国民議会は、自分の委任状をいま一度破りすてたのである。議会は、自由に選ばれた人民代表機関から一階級の簒奪議会になりかわったことを、みずからもう一度確認した。議会という頭と国民という胴体を結びつける筋肉を、自分で断ち切ってしまったことを、もう一度告白した」(Marx 1960: 190, 邦訳一三四－一三五頁)。この国民議会の、あるいは代表制の自己破滅を最大限に利用したのが、ルイ・ナポレオンであった。

よく知られているように、マルクスはルイ・ナポレオンの政治的基盤を、分割地農民だとしている。「分割地農民たちの間に単なる局地的な結びつきしかなく、利害の同一性が、彼らの間にどんな共同関係も、全国的結合も、政治組織も生み出さない限りで、彼らは階級を作っていない。だから、彼らは、議会を通じてであれ、国民公会を通じてであれ、自分の階級的利益を自分の名前で主張する能力がない。彼らは、自分で自分を代表することができず、だれかに代表してもらわなければならない。彼らの代表は、同時に彼らの主人として、彼らの上に立つ権威として、彼らを他の諸階級に対して保護し、上から彼らに雨と日光をふりそそがせる無制限な統治権力として、現れなければならない」(Marx 1960: 198-199, 邦訳一四八頁)。

しかし、ここまでのマルクスによる二月革命後の分析を見れば、ルイ・ナポレオンが政治的基盤としたのが、単に分割地農民にとどまらないことはたしかである。彼を支持したのは、「自分で自分を代表することができず、だれかに代表してもらわなければならない」人間たちすべてであった。そして、国民議会と代表制の自己破滅は、まさしくそのような人間を大量に生み出したのである。

さまざまな差異を代表しつつ、その差異の恣意性を露呈してしまった代表制に対し、ルイ・ナポレオンはまさにその差異をすべて消去し、これを自らの一身に統合することによって、大統領そして皇帝ナポレオン三世となったのである。

五　第三の危機——シュミットとアーレント

以上のようなルイ・ナポレオンの事例が極端なものであったにせよ、一般的にみても、一九世紀後半以降、代表制がたえずチャレンジを受けたのはたしかである。また、このチャレンジへの対応こそが、それ以後の西欧民主政の質を決めていった。具体的には普通選挙制への漸次的移行と、その結果としての政党組織の転換がそれである。

とはいえ、逆に一九世紀後半から二〇世紀の初頭にかけての時期は、代表制にとって、とりあえずの安定期とよぶことも可能である。というのも、普仏戦争の敗北の結果成立し、脆弱な基盤しかもたなかったフランス第三共和政ですら、ブーランジスムやドレフュス事件を経験しつつも、ついに崩壊することがなかったからである。むしろ、あたかもナポレオンの再来かともみなされたブーランジェ将軍の挫折こそ、代表制がまがりなりにも安定性を示した証拠であるということもできる。またドイツでは、いち早く実現された普通選挙制の下、社会民主党の躍進もみられた。

このようにチャレンジを受けつつも、ともかくもそれに対応することで、発展していった代表制は、一九世紀的世界の終焉とともに、再び危機の時代に直面することとなった。それが第一次・第二次両世界大戦の戦間期のことである。ドイツにおいては、ワイマール共和国打倒を公然とかかげたナチスが選挙の結果躍進し、一九三三年議会の全権委任法によって独裁を実現した。すなわち代表制はその外部の力によって破壊されたのではなく、またしても代表制自らが代表制の危機を招いたのである。

奇しくも同じ時期、ロシアではスターリンが三頭政治をへて独裁体制を確立し、アメリカではルーズベルト大統領の下ニューディール政策が実行されていく。いわば、昂進する危機的状況に対し、行政権の優位あるいは独裁政治によって、体制変革が進んでいったのがこの時期である。そこには世界的な同時性さえ見られる。そしてその際に打撃を受けたのが、代表制にほかならない。分裂する諸政党に代わって国民的支持を獲得することに成功したのは、圧倒的な力をもつ行政権力であった(11)。

この時期のドイツを生き、ドイツにとどまらず全西洋的危機として問題をとらえ、この危機の考察から独自の思想を形成したのが、カール・シュミットとハンナ・アーレントである。この二人とも、この危機を代表制の危機として捉えている点に共通性が見られる。

このうちシュミットは、この危機を乗り越えるために、あえて代表観念を彼独自の仕方で純粋化する道を選んだ。その結果、ここまで繰り返し検討してきた代表制の多義性は、ある意味で克服されることとなった。

左右からの挟撃によって急激に弱体化したワイマール体制を目の当たりにしたシュミットは、政治的統一性の回復を至上の課題としてとらえた。そのために彼が必要と考えたのは、強力な権限をもつ大統領であった。彼は、「例外状況」において決定を下す権力こそを主権としてとらえ、この主権の担い手として大統領を位置づけ、その強大な権限を正当化したのである。したがって彼にとっての代表とは、特殊利害にとらわれて動きのつかなくなった議会内諸政党ではない。これら諸政党は、彼の考えるところの「代表」ではないのである。

それではシュミットの考える「代表」とは何なのであろうか。「代表の理念は、政治的統一体として実存する人民が、何らかの仕方で共同に生活している人間の集団という自然的存在に対して、より高次の・高められた・より強度の種類の存在を有することに立脚している。政治的実存のこの特質に対する感覚が失せ、人間が他の種類の定在を選ぶようになると、代表というような概念に対する理解も消失する」(Schmitt 1928: 210, 邦訳二六〇―二六一頁)。

ある人民が政治的統一体として「実存」するためには、単に共同で生活しているという事実だけでは不十分であり、より高度の存在とならなければならない。このような存在を可視化することこそ、「代表」の働きにほかならない。またそれを可能にするのが、彼の考えるところの「主権」なのである。したがって、彼の「代表」は選挙によって選ばれたという事実、単なる法的事実には還元できない。むしろ「代表」は「政治的なもの」の領域に属する。

> 「代表は、政治的なものの領域に属し、それゆえに、本質において実存的なものである。代表は、一般的な規範への包摂によって捉えることはできない。(中略)正当性と代表とは二つのまったく異なる概念である。正当性は、それだけでは、権威をも、力をも、代表をも基礎づけない」(Schmitt 1928: 211–212, 邦訳二六二頁、ただし訳を一部変更)。

したがって、シュミットにとっていわゆる代表制民主主義が、典型的な混合―妥協形態であったとしても不思議ではない(Schmitt 1928: 218, 邦訳二七一頁)。彼にとって議会とは「自由主義」的な存在であった。すなわち、「議会主義に独自の、すべての制度および規範は、討論と公開とによって初めてその意味を持つ」(Schmitt 1923: 7, 邦訳六頁)が、これらはまさしく「自由主義的」諸価値にほかならない。「議会主義、すなわち討論による政治に対する信念は、自由主義の思想圏に属し、民主主義に属するものではない」(Schmitt 1923: 13, 邦訳一四頁)。

シュミットの考えるところでは、議会主義の本来の精神的基礎は、討論と公開による合理的な議論であり、その結果として生み出されるものの真理性である。「したがって議会主義における「討論」の独自性を見過ごしてはならないのである。「討論」とは、合理的な議論をもって意見のもつ真理性と正当性とを信ずるように相手を説得すること、言い換えれば自己が真理性と正当性とについて説得されるということを目的とする意見の交換を意味する」(Schmitt 1923: 9, 邦訳九頁、ただし訳を一部変更)。

しかしながら、シュミットは、今日の議会はそのような精神的基礎を失い、単なる利害調整の場と堕していると非難する。したがって彼は「バーク、ベンサム、ギゾーおよびジョン・ステュアート・ミル」(Schmitt 1923: 12, 邦訳一二頁)ら、古典的な代表制民主主義の理論家の論拠を持ち出して、今日の議会主義を論じることとは無駄であると断じる。

それでは今日の民主主義をよりよく理解するためには、どうしたらよいのであろうか。すでに見たように、彼は民主主義と自由主義とを峻別する。異なる意見間における合理的討論による真理追求にこそ基礎をおく自由主義的理念は、今日すでに空洞化している。これに対し、彼は民主主義の同質性を対置する。「民主主義の本質をなすものは、第一に、同質性ということであり、第二に——必要な場合には——異質的なものの排除ないし絶滅ということである」(Schmitt 1923: 14, 邦訳一四頁)。

この同質性は、人類の一般的平等を意味するのではない。むしろある集団の同質性は、他の集団との差異によってこそ、はじめて意味をもつ。また集団内部の同質性も所与ではなく、むしろ異質なるもののたえざる排除による政治的一体性の確認によって確立するものである。彼はルソーの『社会契約論』のうち、契約論的理論構成を「自由主義的」として排し、一般意志の理論こそ人民の同質性の重要性を説くものであるとする(Schmitt 1923: 18–20, 邦訳二〇—二二頁)。

さらに彼の考えでは、選挙権拡大の意義は国家と人民との同一性を実現しようとする努力にほかならない。この同一性はつねに完全なものにはならない。しかしながら、重要なのはあくまで所与のものではなく、たえず確認されるものとしての同一性である。その意味で問題なのは「同一化」なのである。「かかる同一性はすべて、手に捉えることのできる現実ではなく、同一性に対する承認に基礎づけられる。法律的にも政治的にも社会学的にも、現実に同等な何かが問題なのではなく、同一化が問題なのである」(Schmitt 1923: 35, 邦訳三七頁)。

シュミットは、ワイマール体制の危機の状況において、あくまで国家の一体性を守ろうとした。そのような彼が着目したのが「主権」であり、「例外状況における決断」であった。言い換えれば、「自由主義」と峻別されるところの「民主主義」であり、さらにまたその「同質性」と「同一性」の契機であった。彼にとって「代表」もまた、この一連の思考に連なるものであった。

このような問題意識から、シュミットは、ここまで本章で検討されてきた近代的代表制のさまざまな両義性を解体し、これを純粋化する道を選んだ。その結論が、大統領の独裁と、「喝采」による民主主義である。多様な意見、異質な利害を代表するものとしての議会の役割は、ここに完全に否定されるのである。

このようなシュミットの議論は、ある意味で明快であり、代表制をめぐる議論に、一つの視点を提供しうることもたしかである。ただし本章の視点からいえば、近代的代表制はその出発時から、ある種の曖昧さや両義性をその本質的な構成要素として抱え込んでおり、そこにこそ近代的代表制の固有の意義と力もあったといえる。その意味では、シュミットの議論はこのような近代的代表制を過度に分節化することによって、むしろ貧しくしてしまったともいえる。

これに対し、ハンナ・アーレントは、シュミットの道をとらず、むしろ一九世紀社会においてなぜ代表制が機能しえたのか、裏をかえせば、なぜ二〇世紀において機能しなくなったのかを、歴史的に再検討することを選んだ。

アーレントの初期の代表作『全体主義の起源』(一九五一年)は、「全体主義(totalitarianism)」という概念によって、またとくにこの概念を用いてナチズムとスターリニズムとを同一の範疇として捉えたことによって、大きな論争を呼んだ著作である。しかしこの浩瀚な著作において、ナチズムやスターリニズムが扱われるのはようやく第三部に入ってからのことであり、第一部と第二部はそれぞれ反ユダヤ主義と帝国主義の検討に割かれている。実をいえば、この著作の大部分は「全体主義」という二〇世紀的事象ではなく、むしろ一九世紀的事象、あるいは一九世紀秩序論にこそ費やされているのである。川崎修に従えば、この著作は何よりもまず「一九世紀秩序解体論」なのである。この「一九世紀秩序」の解体後にこそ、二〇世紀初頭の秩序の空白が生じる(川崎 一九九八：四一―四五頁)。

それでは一九世紀的秩序とは何か。アーレントによれば、それは二つのものから成る。第一は、国民国家(および国民国家体系としての国際関係)であり、絶対王政期に発展・成立した領域的な主権国家をネーションの原理で再構成したものである。第二に、階級社会、すなわち貴族・ブルジョワ・小ブルジョワ・旧中間層といった階級とその利害によって区別され組織された社会である。この両者によって、一九世紀的秩序は構成されている。アーレントの考えるところでは、このような一九世紀的秩序がまがりなりにも存続したのは、さまざまな階級によって組織化された社会ゆえにであり、この階級からこぼれ落ちた存在(彼女はこれをモッブと呼ぶ)が続出し、階級社会の組織能力が空洞化したとき、大衆社会がはじめて出現する。

アーレントはこの一九世紀秩序の解体過程を、代表制と政党の機能衰弱の過程としてとらえ、代表制と政党の政治的統合力の喪失に注目する。そのためにまず彼女は、政党制をイギリス型二大政党制と大陸型多党制とに分類して説明する。彼女が一貫して高い評価を与えるのは、イギリス型二大政党制であるが、その理由づけにこそ彼女に独特な一九世紀観がうかがえる。

まずアーレントは政党という存在の歴史的限定性を強調する。「政治生活の不可欠の構成要素としての政党は非常に新しい生まれのものであり、それが生命を維持できたのは明らかにアングロサクソンの二大政党制という形においてだけだった。一九世紀以前に政党が存在したのはイギリスのみで、ヨーロッパの政党は一八四八年の革命後に初めて政治のゲームに参加した。したがって政党が国民国家の国内政治の一機関として確固たる地歩を占めていた期間は、たかだか四〇年に満たない年月だった。すでに一九世紀の終わり頃には、重要な内政上の事件や潮流が議会外で政党制に敵対する形で発展し始めている」(Arendt 1955: 428–429, 邦訳2 二三二―二三三頁)。

ここで強調されているのは、イギリス政党制の先進性と有効性である。他のヨーロッパ諸国の政党制は遅れて出発するとともに、より早く危機に瀕することになった。両者の違いは何に起因するのだろうか。「政党は、利益政党、世界観政党として国民国家の諸階級を政治的に代表するか、あるいはアングロサクソン諸国の二大政党制におけるように、公的問題の取り扱いに対してその時々に一定の見解と共通の利害をもつ市民を組織するかのいずれかである」(Arendt 1955: 492, 邦訳3　六頁)。

すなわちアーレントによれば、両者の違いは単に政党の数の問題ではない[12]。イギリス政党制は、特定の階級や集団の利害を代表するものではなく、議論によって個別利害を超えた公的議論を生み出す空間であり、二大政党制とはすなわち、このような空間が二つあり、その各々が交互に自ら政権を担うことを意味する。これに対し大陸型の政党制においては、各政党は個別の利害を国家に対して代弁するものであり、個別利害を越え国民的利害を代表していると自称するのは国家のみである。

「階級と政党に分裂している国民国家のなかでは、われこそは政党を超え階級を超越し、それゆえ国民全体を代表すると主張するものは国家以外には一つもなかった。これはまさに国家機構の独占的機能であって、政党は国民内部の特定グループの特殊利害を公然と明白に代表していた。もちろんこれらの政党は権力を追求もしたが、しかし実はできるだけ多くの権力の分け前を求めたにすぎない」(Arendt 1955: 64, 邦訳1　六九頁)。

このアーレントの分類論において、イギリス型政党制についての理解の妥当性は、とりあえず問わない。より注目したいのは、彼女が大陸型としてとらえている政党の姿である。この政党は個別利害しか代弁せず、国家がそれを越えた利害、「国民的利害」の代表機能を独占することを許している。というよりむしろ、国家がそのような機能を果たすことを前提にして存在していた。政党はいわば国家に寄生しているのであり、市民もまた市民として政治に参加することから免れていたのである。しかしながら、実際に秩序維持機能を果たしていたのは階級社会であり、すでに述べたようにこの階級社会が解体するとき、政党制もまた機能停止に陥らざるをえない。これがアーレントの理解であった。

「階級社会とそれが発展させた政党制度の中では、個々の人間が公的問題に参加する仕方もその程度の強弱も、彼がどの階級に属するかによって決まっていた。（中略）換言すれば、市民の各階級への帰属と、この階級制度の中で発展した代表という形式こそ、市民の一人ひとりが国政に多かれ少なかれ責任を感ずるような政治的自覚の発展を阻害した元凶だったのである。しかしながら、この状態でもとにかく大体において満足しうる程度に全階級の利益を代表することが可能になっていたため、国民国家の統治形式の本来非政治的な性格は明るみに出ずに済んでいた。これがはじめて露呈されたのは、階級制度が解体し、それによって国民を政治体および真に政治的な諸制度と結びつけていた無数の見える糸、見えない糸が断ち切られたときである」(Arendt 1955: 502, 邦訳3　一七頁)。

アーレントはこれを証明するためにドレフュス事件時代の選挙を検討している。彼女は、事件をめぐる議員と人民の一時的熱狂とその後の機会主義的反応を強調し、議会人たちがすでに議員の地位を職業（多くの職業のなかの一つ）としてとらえ、特殊利益集団たることに自足し、人民もまたそれを前提として行動していたとする(Arendt 1955: 195, 邦訳1　二二〇頁)。

そのような状況において階級社会が解体するとき、政党制もまた解体する。階級に依拠していた政党は、階級が流動化したときもはや有効な組織化能力をもたず、政党に代わって大衆を組織化することに成功したのは、「運動」という組織形態であった。なかでも自分たちこそ万人を組織する世界観政党であるとし、この世界観に基づき人間を全人的に要求した全体主義運動が、一九世紀秩序解体後、最も有効性を発揮することになったのである。

「全体主義運動の大衆的成功は、あらゆる民主主義者、とくにヨーロッパ政党制度の信奉者が後生大事にしていた二つの幻想の終わりを意味した。その第一は、一国の住民はすべて同時に公的問題に積極的な関心をもつ市民でもあり、全員が必ずいずれかの政党に組織されるというところまでは行かなくとも、それぞれに共感を寄せている政党はあり、たとえ自分では投票したことがなくともその政党によって自分も代表されていると感じている、という幻想である。（中略）全体主義運動が叩き潰した第二の幻想は、大衆が政治的に中立で無関心なら政治的重要性も持たないわけだし、たとえそういう大衆がいるとしても実際に中立的立場を守り、たかだか国民の政治生活の背景をなすにとどまっている、とする考えである」(Arendt 1955: 498, 邦訳３　一二頁)。

本章のこれまでの議論に即してアーレントの議論の意味をとらえ直してみたい。その出発時から多くの両義性を抱え込んでいた代表制が、まがりなりにも一九世紀において制度化され安定性さえ示しえた背後には、多くの制度外要因があり、とくに階級社会という一九世紀秩序を構成する要因が重要であった。この要因が消滅したとき、代表制は自らに課せられた相矛盾しあう課題を抱えきれなくなり、崩壊の道を歩んだ。

また代表制民主主義の抱える両義性として、一方で主権者としての人民の能動的な主体性とその政治的正当化の機能を強調しつつ、他方で人民をあくまで消極的存在にとどめ、ひとたび代議士が選出されれば、もっぱら彼らが政治的機能を担うことを前提にしているということは、すでに指摘した通りである。アーレントにとって、「政党」の機能停止と、「運動」によるその代替は、まさしく代表制民主主義のこの側面をついたものであった。

六　おわりに

以上の検討から明らかになったのは、代表制民主主義とは理論的にも歴史的にもけっして必然の産物として生まれたわけではなく、むしろきわめて矛盾しあう課題を担う脆弱な存在であったということである。代表制民主主義はその誕生以来たびたび危機に遭遇し、幾度かは死亡宣告さえ受けた。しかしながら、興味深いのは、度重なる批判や危機にもかかわらず代表制民主主義は、ついに消滅することもなければ、他の制度によって完全に代替されることもなく、今日まで存続してしまったという事実である。

第二次大戦後の代表制民主主義については、民主主義を否定する勢力の事実上の消滅を前提に、大衆社会の出現、高度成長と福祉国家化などの諸角度からの再検討が必要である。また今日、再び代表制の危機がしばしば語られるに至っていることの歴史的意味についても、考えてみるべきであろう。しかし本章では、ひとまず検討を戦間期の危機で終えることとし、三つの危機の意味を振り返ることで、現在への視座を求めることにしたい。

代表制民主主義は、その起源探しをすれば明らかなように、さまざまな異なった諸要素を組み合わせることによって成立している。それは単に古代の直接民主主義を規模の見地から代替したものではない。一八世紀後半の歴史的危機、すなわちそれまでの絶対王権によって統合された領域国家が再編成され、

「国民国家」という新たな統合理念あるいはイデオロギーによって組織化される危機の時代において、その組織化の要請に応じるものとして生じたのが代表制民主主義であった。

しかしその際に身分制議会に起源をもつ議会制を、王権に代わって国家の政治的一体性を代表する唯一の存在としたことが、代表制民主主義にあらゆる矛盾をはらませる原因ともなった。それを支えたのは「全体としての利害を同じくする一つの国民」という理念であったが、この理念がしばしば代表制に対する疑念を生み出すことにもなったのである。議会内で各政党が代表する差異の恣意性があらわになり、政党制が内部から崩壊するとき、自らが代表されていないと感じる人々は、差異を消去しすべてを代表する単一の代表者を選んだのである。

この代表制民主主義はたびたび危機に遭遇しながらも、一九世紀後半に着実に制度化が進んだ。これは、階級社会によって構成される一九世紀的秩序の安定に負うところが大きかった。したがって、この秩序が不安定化するとき、代表制もまたその意義を問い直されざるをえなかった。

しかしながら、その抱える両義性や脆弱性にもかかわらず、代表制民主主義は第二次大戦後も、新たな社会変動にともかくも対応し、民主主義の唯一の可能形態として自らを正当化しつづけることに成功した。ある意味で、逆説的ではあるが、代表制民主主義の両義性や脆弱性は、その強みであったのかもしれない。というのも、代表制民主主義は、つねにある種の曖昧さをかかえるがゆえに、それが置かれた社会状況に依存する部分が大きく、またその変化に応じて変化せざるをえなかった。このことが逆説的に、代表制民主主義のある意味の柔軟性、あるいは柔構造を生み出したともいえるからである。

とはいえ、仮にこの状況への対応性や柔軟性が、代表制民主主義の「強み」であったとしても、それが今後も「強み」であり続ける保証はない。今日まで存続したという事実は、けっして今後も存続するであろうという期待を正当化しない。危機こそが常態であった代表制民主主義は、今後も新たなる危機に対応して再生するだろうか。そうだとしたら、何がそれを支えるのだろうか。問いが残される。

（1）和仁（一九九〇）はカール・シュミットの“Repräsentation”を「再現前」と訳している。
（2）例えば大澤（一九九一）二三四―二四〇頁を参照。
（3）例えばカール・シュミットや、この点においてシュミットに従うユルゲン・ハーバーマスは、王の一身によって表現される王国の一体性や権威を、代表的具現の観念として説明している。後述を参照。
（4）この点について、Brunner(1968: 192, 邦訳二九三―二九四頁)を参照。
（5）バークの伝記的事実については、とくにその前半生について、中野（一九七七）を参照。また彼の政治思想を、彼の生涯にそって総体的に再検討した研究として、岸本（一九八九）、岸本（二〇〇〇）がある。また犬塚（一九九七）も参照。
（6）ポーコック自身によるバーク論として、Pocock(1985), Pocock(1989)を参照。
（7）バークにとって政党は複数存在しなければならなかった。「我々は自由な国土においては複数の政党が必ず存在せねばならぬことを知っている。同じく我々はまた、このような政党の競争、その対立、その相互的必要性、その希望、その不安等々が、彼らを代わる代わる国家の権を握る主権者のもとへ送りだす発条であることも知っている」(Burke 1907: II 233, 邦訳2　一六五頁)。
（8）ポーコックはアメリカ独立革命を、「(英国)議会に対する革命」とする(Pocock 1985: chap. 4)。また佐々木（一九八二）一八一頁も参照。
（9）ギゾーの議会制論について、Rosanvallon(1985)が詳しい。また宇野（一九九四）も参照。

（10）もちろん、この『ルイ・ボナパルトのブリュメール一八日』が、まったく『資本論』と異質なものであるというわけではない。すでに示した柄谷のマルクス研究においては、『資本論』と『ルイ・ボナパルトのブリュメール一八日』の代表制の研究との間に、大きな関連性があることが論じられている。

（11）一九二九年の世界恐慌を受け、一九三三年三月に大統領に就任したフランクリン・ルーズベルトは、早速一連のニューディール政策を実行に移し始める。ドイツでは一九三三年独裁を確立したヒットラーが、翌年には総統の地位についている。ソ連ではレーニン死後の後継者争いにおいて、一九二九年にブハーリンらを失脚させたスターリンが三〇年代に独裁を確立していく。

（12）以下のアーレントの政党制の分類論については、川崎（一九九八）五五―五九頁を参照。本章の以下の議論も、川崎の議論に多くを負っている。

第Ⅱ部　フランス政治哲学の可能性

第一章　メルロ＝ポンティ／ルフォール——身体論から政治哲学へ

一　メルロ＝ポンティの政治哲学？

現代政治哲学にとって、メルロ＝ポンティはいかなる意味をもっているのだろうか。もちろん、彼自身の政治行動、あるいは、ときどきの政治状況に対する彼の発言から推しはかられる彼の政治思想とでも呼ぶべきものは、二〇世紀における政治の意味を考えるにあたって重要な可能性を秘めている。とくにマルクス主義や共産党との関係や、サルトルとの対決は、単に一知識人のエピソードに尽きない思想的射程を有しているといえるだろう。

しかしながら、本章では、現代政治哲学に対するメルロ＝ポンティの寄与を考えるにあたって、彼自身の政治思想ではなく、彼の哲学的思考そのものが政治を考えるために示唆するものに着目したいと考えている。その際とくに、メルロ＝ポンティの弟子であり(カルノの高校《リセ》における哲学級に遡る)、遺稿の編集者でもあったクロード・ルフォールの政治哲学がポイントとなる。なぜならば、ルフォールと、「社会主義か野蛮か」における僚友にして、後に袂を分かつことになるコルネリュウス・カストリアディスこそは、ある意味で、メルロ＝ポンティの未完の政治哲学の実現者といえるからである(1)。

「社会主義か野蛮か」とは、第四インターナショナルのフランス支部である国際主義共産党の反主流派から生まれたグループである。また、同名の機関誌の存在もよく知られている。このグループを主導したルフォールとカストリアディスは、その後アカデミズムに活躍の舞台を移したが、いずれも現代フランス政治哲学を代表する理論家となっている。第Ⅰ部第二章で言及した雑誌『マガジン・リテレール』の「政治哲学の再生」特集(一九九九年一〇月)でも、一九六八年以降の政治哲学復興を支えた著作として、ルフォールの『政治的なものについての試論』(Lefort 1986)とカストリアディスの『想念が社会を創る』(Castoriadis 1975)があげられている。(2)

ルフォールとカストリアディスは、その後、社会科学高等研究院(EHESS)を拠点に、現代フランス政治哲学を支えることになる次世代のマルセル・ゴーシェ、ピエール・マナン、ピエール・ロザンヴァロンらに多大な影響を及ぼすとともに、(3)リュック・フェリー、アラン・ルノーらもまた、一定の緊張を秘めつつ、彼らの政治哲学を自らの議論の参照点としている。(4)

ルフォールとカストリアディスの影響は、狭義の政治哲学や、フランスにとどまるものではない。(5)ルフォールの影響に関して例をあげるとするならば、まずあげるべきはシャンタル・ムフであろう。ムフはポスト・マルクス主義の理論家として知られ、エルネスト・ラクラウとの共著『ポスト・マルクス主義と政治』が著名であるが(Laclau and Mouffe 1985)、現在ではむしろ、英米圏の政治哲学との対話を通じた「ラディカル・デモクラシー」の主唱者として、また独特なカール・シュミット読解に基礎を置く「アゴニスティック(闘技的)・デモクラシー」の論者として知られている。

このムフが、自らのデモクラシー論を展開する際に参照するのが、ルフォールである。後述するように、ルフォールは近代民主主義革命の最大の帰結を、社会を基礎づける「確実性の指標の消滅」に見出す。さらに民主主義社会を、実体的な共通善の存在しない、「権力」・「権利」・「知」が根源的な不確実性にさらされた社会として描き出す。実体的な統合がもはや不可能で、分断こそを構成的要件としなければならない近代民主主義社会、これこそが、ムフが自らのデモクラシー論を展開する際の前提となっているのである(Mouffe 1993)。

以上のように、メルロ＝ポンティの政治哲学の継承者であるルフォールやカストリアディスの巨大な役割を考えるならば、あらためてメルロ＝ポンティの影響の射程をはかることは大きな意義をもつといえるだろう。とくに重要なのは、ルフォールとカストリアディスが、マルクス主義の内部から出発し、やがてマルクス主義との対話と対決を通じて、二〇世紀における政治とデモクラシーについて考え続けたという事実である。マルクス主義との葛藤のただ中にあった彼らにとって、理論的守護神とでもいうべき位置にあったのがメルロ＝ポンティなのである。

それではいったいいかなる影響を、メルロ＝ポンティは、ルフォールやカストリアディスに与えたのだろうか。これはけっして容易に答えられる問題ではない。政治的路線の違いもあり、最終的には関係が決裂するに至るルフォールとカストリアディスについて、それぞれに検討する必要もあるだろう。本章では、メルロ＝ポンティからの影響がより見えやすく、直接的な関係も密接であるルフォールに議論を限定する。

その際、メルロ＝ポンティの後期思想に注目したい。とくに彼の最晩年の思想は、後にルフォールの手によって、『見えるものと見えないもの』としてまとめられる遺稿に読みとることができる。しばしば「身体(corps)」から「肉(chair)」へ、としてまとめられる彼の思想的展開が、その焦点となるであろう。

その理由は、もちろん、ルフォールの政治論において、「身体」や「肉」さらには、これと関連して「可逆性(réversibilité)」の概念がしばしば用いられることにあるが、それだけではない。政治哲学の歴史において、国家や政治社会のあり方を人間の身体の比喩で語ることは、きわめて古くから見られることである。「政治体」とは文字通り、“corps politique”“body politic”にほかならない。

このことは、以下に見ていくように、単にレトリックの問題に収まらない理論的射程を有している。なぜ国家や政治社会は、人体の比喩において語られなければならないのか。人体の比喩によってたとえられることで、いかなる政治的な含意が生じるのか。さらに、今日、政治体を人体の比喩において語る伝統はどうなったのか。これらの問いは、政治について原理的に考えようとする人間にとって、無視できない意味をもっている。

言うまでもなく、哲学的な「身体」論と、政治的な「政治体」論との間には、大きな距離があり、安易な議論の援用は危険ですらある。しかしながら、このことを踏まえてもなお、メルロ＝ポンティの哲学の政治哲学に対する影響は重要であり、少なくともその焦点の一つが「身体」論であることとは、否定しがたいのではなかろうか(6)。

政治哲学におけるルフォールとカストリアディスの影響力は、今後ますます増大していくことが予想される。その際に、二人の理論的出発点にあるメルロ＝ポンティの哲学の影響を再評価することは、既に指摘したように、メルロ＝ポンティの哲学の今日的発展を把握することにもつながるだろう。さらには、現象学的思考が政治やデモクラシーを考えるにあたってもつ可能性を探る第一歩となるはずである。後述するように、現象学の視点による世界体験、コギト以前の身体を通じての知覚の反省は、既存の状況のなかで変革を行っていく政治を考える上でも示唆するところが大きい。

ちなみにルフォール自身は、次のように述べている。

思い出していただきたいのだが、私は元々社会学者でも政治学者でもない。私が受けた教育は哲学であり、私はまだ高校生だった頃に、メルロ＝ポンティのところで哲学を学んだ。確実性を破壊し、人が単純さを求めるところに複雑性を導入し、主体と客体の区別を拒絶する思想家であった彼は、次のことを教えてくれた。真の問題は解答に尽きるのではなく、私たちからのみ生じるのでもない。それは、私たちが世界に接することの指標であり、他者や、存在そのものの指標である、と。したがって、私はマルクスに惹かれ、というよりもむしろ魅了されたのだが、メルロ＝ポンティの哲学によってもたらされた水準の要請を充たすことなしには、マルクスを読むことはできなかった（Lefort 1981: 161–162）。

いわば、メルロ＝ポンティによって与えられた眼で、ルフォールはマルクスを読んだのである。それでは、このような知的形成をへたルフォールは、いったいどのような政治哲学を生み出したのだろうか。

二　政治哲学にとっての身体論

そこでまず、政治哲学にとっての身体論の意味を振り返ってみたい。既に指摘したように、政治社会を人間の身体の比喩において語ることの歴史は古い(7)。その起源はプラトンやキケロに遡るが、キリスト教会もまた“corpus Christi”、文字通りに訳せば、「キリストの身体」と呼び習わされてきた。

政治社会を人間の身体の比喩において語るもっとも有名な例は、トマス・ホッブズの『リヴァイアサン』(一六五一年)の口絵であろう。ホッブズは、国家を旧約聖書の「ヨブ記」に登場する怪獣リヴァイアサンになぞらえたわけだが、この口絵におけるリヴァイアサンは、冠をいただき、右手には王者の剣、左手には司教の錫杖をかざした人間の姿をしている。地上権力と教会権力を束ねるリヴァイアサンは威厳にみちた顔をしているが、その頸から胸は、よく見ると人間の姿をした鱗にびっしりと覆われている。国家を人間の姿として描き、さらにその体を無数の人間の固まりとして描いた点に、ホッブズの政治社会の構想が象徴されていることはいうまでもない。

しかしながら、西洋政治思想史において、ホッブズの『リヴァイアサン』に劣らず有名なのは、ソールズベリのジョンの『ポリクラティクス』(一一五九年)の第五巻における、国家を人体の比喩において語った例であろう(John of Salisbury 1909)(8)。もちろん、ジョンの例が中世における唯一のものではないにせよ、その具体的な描写や、そのねらいや意図という点において、まさに中世における代表例と呼ぶことができる。

ここでジョンは、プルタルコスに依拠しつつ、「国家(res publica)は一種の身体(corpus)である」と述べている。その頭(caput)の位置にあるのが君主であり、足にあたるのが農民と職人である。ちなみに、心臓は元老院、眼と耳と舌は属州の裁判官と長官、手は役人と兵士、脇腹は君主の側近、胃と腸は財務官と記録官に対応するという。しかしながら、このように人間の身体の比喩において国家を語ることで、ジョンはいったい何を主張したかったのであろうか。

君主から農民へとつながる国家の階層秩序が、頭から足に至る人体の構造と比較されていることはいうまでもない。が、ケアリ・ニーダーマンの議論を紹介しつつ、柴田平三郎は、ジョンの政治体の比喩がそれまでの解剖学的なモデルとは異なっており、むしろ生理学的なモデルにおいて理解されるべきものであると指摘する。すなわち、この比喩のポイントは、人体の各器官の差異と独自性を際立てることよりも、人体の各器官が共通の目的に向かって協働していることを強調する点にあるというのである(柴田 二〇〇二：二五二頁)。

健康な体が、各器官それぞれの機能を通じた全体的調和の働きによって維持されるのと同様に、国家もその共通善を維持・実現するためには、各構成員の義務と役割の全体的協調が必要である。大切なのは、各構成員の関係が単なる支配・被支配の階層的な関係にあるのではないということである。むしろ、各器官は全体として相互依存の関係にあり、どれ一つが機能不全に陥っても全体の不調につながる。政治的有機体の各部分が、自らの役割を理解し、それを果たしていくときにこそ、健全な国家が実現する。もちろん、人体の各器官の機能が異なるように、国家の構成員の間にも支配するものと支配されるものとの関係は確固として存在する。しかしながら、その関係は一方的なものではなく、政治体の健康の回復のためには、機能不全に陥った暴君の放伐も否定されないのである。

ジョンの政治体の比喩には、もう一つ、重要な政治的意味がある。それは聖職者の位置と役割である。ジョンの比喩において、聖職者は、人体のなかでの魂(anima)の位置にあるとされる。この場合、問題となるのは、頭である君主と魂である聖職者の関係である。たしかにジョンは、魂が身体全体を支配するように、国家の魂である聖職者は国家の身体全体を指導するという。ここには、俗権に対する教権の優位の論理がたしかに見てとれる。

しかしながら他方で、魂は身体の上位にあって身体を指導するとしても、厳密にいえば、魂は身体の器官ではない。言い換えれば、世俗の政治体の構成員とはされていない。そうであるとすれば、一個の世俗国家にあって政治的支配を司るのは、あくまでその頭である君主である。君主は神に従うが、地上において神の位置に立ち、人々の服従の対象となるのは君主なのである。人間の各器官が、頭の指示に従うことで健康になるように、国家の各構成員もまた、君主の指示に従うことでその安全を確保するというのが、ジョンの比喩の政治的意味であった。

ちなみにこの後の時代、身体における頭に対する心臓、すなわち君主に対する人民の意志が次第に強調されていく。ある意味で、政治体は中世盛期よりも、近代初期において、いっそう有機的なイメージで捉えられるようになるのである(将基面 二〇〇六：六四―六六頁)。ホッブズの『リヴァイアサン』もまた、そのようなイメージの継承関係の上にある。

いずれにせよ、中世から近代初期にかけて、政治体はさかんに人体の比喩において語られるようになっていく。このことは、キリスト教的伝統において、元来、それ自体の固有の存在意義を認められてこなかった世俗の国家が、その存在を自然なものとして見なされるようになっていったことと無縁ではない。政治体たる国家もまた人間の身体と同じように、各部分の調和・不調和によって、健康になったり不健康になったりする。人体の比喩は、国家の本来あるべき姿という意味で、規範的な意味合いをもったのである。

政治体としての国家は、世俗の時間のなかで存続していく。いわば、国家は時間を超えた存在である。この、時間を超えて存続する国家の表象として、王の身体が果たした役割を明らかにしたのは、言うまでもなくエルンスト・カントーロヴィチの『王の二つの身体』である(Kantorowicz 1957)。カントーロヴィチによれば、王には自然的身体と政治的身体という二つの身体がある。自然的身体は王の死とともに滅びる有限な存在であるのに対し、政治的身体は死ぬことのない神秘的身体である。政治的身体は王の肉体へと受肉するが、個々の王の死を超えて、ある王の身体から別の王の身体へと伝達されていく、いわば超身体である。この超身体こそ、時間を超えて存続する国家や法人格概念を形成する原型となった表象であった。

この超身体の表象は、既に指摘したように、「キリストの身体 corpus Christi」たるキリスト教会からやがて、世俗の国家へと転用されていったものである。この点に関し、ルフォールの弟子[9]、すなわちメルロ＝ポンティの孫弟子とでも言うべき存在であるマルセル・ゴーシェが興味深い議論を展開している(Gauchet 1994)。

「国家理性の鏡に映った国家――フランスとキリスト教世界」と題された論文において、ゴーシェは一六世紀後半における国家理性概念の展開に注目する。通常、もっぱら世俗秩序のキリスト教からの自律という文脈において論じられる国家理性論であるが、ゴーシェによれば、その背後にあったのは、現世における権威の再定義であった。宗教改革によってキリスト教世界の一体性が解体した後、諸国家が新たな権威の中核として台頭していくが、その際、国家はそれ自体が超越的な存在となる必要があった。すなわち、国家は、教会に代わり、新たに天と地、彼岸と此岸、さらに見えるものと見えないものを、媒介する存在として、自らを示す必要があったのである。

言い換えるならば、現世における権威の再配分の結果登場した国家は、けっして純粋に世俗的なものではなく、自らの内に、宗教性を分有していた。国家は、教会に代わって、彼岸と此岸、見えるものと見えないものを媒介することによって、「けっして死ぬことのない」、時間を超えた存在となったのである。その表象となったのが、「王の二つの身体」であり、人体の比喩において語られる国家という政治体であった。この時期、政治的秩序と宗教的秩序とが分離していくが、その過程にあって、国家が独自なかたちで宗教的なものを自らの内に取り込んで行ったということが重要である[10]。政治の宗教革命、あるいは宗教の政治革命とでも呼ぶべきものが一六世紀の末に起きたこと、その中核になったのが身体のイメージであったということを確認した上で、いよいよ、ルフォール自身の政治哲学を見ていくことにしたい。

三　ルフォールの政治哲学

ルフォールの政治哲学は、彼独自の歴史論を前提にしている。すなわち、彼の政治哲学は時間を超えた抽象的な原理ではなく、あくまで歴史の展開を前提としたものである。しかしながら、かといって、ルフォールの想定する歴史とは、ヘーゲル的、あるいはマルクス主義的な歴史の理念とはまったく異質である。ルフォールが対話を試みるのはむしろ、マルセル・モースからピエール・クラストルに至る人類学者であり、カントーロヴィチら歴史家であった。ルフォールは、人類学者や歴史家との対話を通じて、さらに自らの生きた、全体主義の時代経験によって象徴される二〇世紀との対決を通じて、その独自の近代の民主主義革命の概念へとたどりついた。その意味で、彼にとってのデモクラシーとは、選挙、複数政党制、議会主義などの制度に還元されるものではなく、徹頭徹尾、歴史的な現象であった。

民主主義を歴史的な現象として捉えようとするルフォールにとって、その導き手となった思想家はトクヴィルである。「(近代民主主義という言葉で)私が指し示そうとするのは、歴史的に決まった政治的諸制度の体系という以上に、トクヴィルが「民主主義革命」と呼んだ、長期的に持続する過程である」(Lefort 1981: 170–171)。トクヴィルは、この過程をアメリカとフランスで見てとり、その原動力を「諸条件の平等」に見出したが、ルフォールはこのトクヴィルの洞察から学びつつ、それをさらに発展させていった。

ルフォールは、トクヴィルが「諸条件の平等」の両義性を見抜き、伝統的な拘束から自由になった諸個人が、階層的秩序と権威の構造を破壊することで、むしろ民主的時代に固有な新たな隷属へと陥る危険性を指摘したことを高く評価する。また、新たな民主主義社会が、自らの立脚すべき秩序の基礎を欠いていることに対するトクヴィルの警鐘を受け継ぐことになる。これに対し、ルフォールが新たに付け加えたのは、まさに「身体」という視座であった。

ルフォールは、近代民主主義革命の中核にあるものを、象徴的秩序における変動であるとする。すなわち、「身体(corps)としての社会という表象との断絶」(Lefort 1981: 1)こそが、近代の民主的社会を、それ以前の社会と隔てる決定的なポイントだというのである。アンシャン・レジームの社会において、その統一性を表象していたのは、王の身体であった。可死的であると同時に不可死的であり、個人的であると同時に集団的な王の二重の身体の下、無数の社団(corps)が有機的に構成されることで、アンシャン・レジームの社会は成り立っていた。またそのような無数の社団は、個人のアイデンティティの規準を提供した。その意味で、王に体現された権力は社会に身体を与え、その構成原理を示すという点において、一つの有効な知のモデルを提供したといえるだろう。

これに対し、近代民主主義革命の結果生まれた新たな社会においては、このような身体イメージはもはや不可能になっていく。なぜか。それは、民主的社会において、かつて君主の身体において統一されていた、「権力(pouvoir)」・「権利(droit)」・「知(savoir)」が解体され、それぞれが根源的な不確定性にさらされるからである。結果として、まず「権力」と「権利」の分離により、権利の源泉は権力ではなく、人民を構成する市民間の相互承認であるとされる。結果として、権力者の恣意に対して、権利の名の下の抵抗も可能になる。また「権力」と「知」の分離の結果、何人も当然に知の裁判官たる地位を占めることはできなくなり、真偽、正当・不当の判定は公的空間にゆだねられるようになる。さらに、「権利」と「知」の分離は、知の多数派形成による、権利の内容・範囲をめぐる絶えざる再定義を余儀なくさせた。

ここでとくに注目すべきは、民主主義社会における「権力」のしめる新たな位置である。「君主政においては、権力は君主の人格に体現されていた。(中略)君主は人間と神々との間の仲介者だった。(中略)君主は、同時に死すべきものにして不死のものとして、王国の発生原理と秩序をその身体に凝縮していた。君主の権力は、世界の外にある絶対的な中心への連絡となると同時に、その人格において王国の統一性の保証人かつ代理人となった」(Lefort 1986: 27, 邦訳四七―四八頁、ただし訳を一部変更)。

これに対し、王の身体を失った民主主義社会において、「権力の場(lieu de pouvoir)」は空虚になる。すなわち、いかなる個人も集団も、かつて君主がしめていた地位をしめることはできなくなる。たしかに定期的に行われる選挙によって、特定の個人あるいは政党が、統治の任にあたることになるだろう。しかしながら、彼らは任期が終われば、その地位を逐われる。けっして、かつての王のように、その身体をもって政治体の統一性を体現することはできないのである。逆にいえば、民主主義社会とは、その社会の統一性を表象する「権力の場」が空虚な社会であり、「脱身体化(désincorporation)」された社会なのである。

いかなる個人や集団も「権力の場」を占有することを拒絶する社会、超越的な秩序の根拠が不在であり、それゆえに絶えざる異議申し立てが可能な社会、それが近代民主主義革命の結果生まれる社会である。かつて人間の身体の比喩において語られた政治体において、各部分は全体の共通善を実現すべく協調することを期待されていたとすれば、民主主義社会にはそのような共通善は不在であり、むしろ絶えざる政治的対立と分断のなかから、固有のダイナミズムが導き出されることが期待されるのである。

これに対しては、民主主義社会において「権力の場」は空虚ではない、なぜなら人民主権の理念の下、人民の意志はつねに議会制を通じて代表＝表象され続けるからである、という反論がなされるかもしれない。しかしながら、たしかに人民の意志は議会制を通じて代表＝表象されるとしても、いかなる個人や集団も、自らが人民の意志の真にして唯一の体現者であると主張することはできない。人民の意志は、無限の解釈に開かれているからである。その意味で、人民主権に確定的なイメージは欠けているのである。同様に、「国家」、「社会」、「人民」、「国民」もまた、民主主義社会において完全に定義することができない。

ルフォールは、このような民主主義社会の理解を前提に、自らの全体主義論を展開する。ルフォールにとって、全体主義とは近代民主主義革命を前提に出現する現象にほかならず、その本質を理解しようとするならば、民主主義との関係を再考することが不可欠となる。

全体主義の社会もまた、民主主義社会と同じく、超越的な秩序の基礎をもたない、純粋に人間的な社会である。だが、民主主義社会が、だからこそ「権力の場」を空虚なままにし、絶えざる異議申し立てから自らを動かすダイナミズムを生み出していくとすれば、全体主義社会はむしろ、真の人民主権を実現すべく、あらゆる対立を否定し、同質的で透明な社会を打ち立てようとする。ある意味で、全体主義社会は、民主主義社会における「権力の場」の空虚への反動なのである。

「権力の場」が空虚であることの不確実性や不安定性に絶えられなくなった結果、「権力の場」の空虚を「単一なる人民(peuple-Un)」の表象によって埋めあわせようとする結果、全体主義の社会は実現する。社会は同質的で透明であるがゆえに、その利益を実現する権力もまた単一のものになる(pouvoir-Un)。この単一なる権力を体現するのが全能の「党(Parti)」であり、この「党」の独裁の下、新たなる専制が生じるのである。

そうだとすれば、このような全体主義社会において、「身体」のイメージがよみがえるのは偶然ではない。「この視点からすれば、レーニンの時代においてすら、身体の比喩がさかんであったことは、注目に値する。人民の敵に対するキャンペーンは、社会的予防の名の下になされる。身体の一体性は寄生物の排除にかかっているからである」(Lefort 1981: 101–102, 強調は原文)。

全体主義とは、いわば、「脱身体化」したはずの民主主義社会に再び身体をもたらし、空虚なはずの「権力の場」を「単一なる人民」によって充足しようとする試みであった。しかしながら、根源的な不確実性にさらされた民主主義革命以後の社会において、その一体性を保障する「確実性の指標」はもはや存在しえない。空虚な「権力の場」を実体的に埋めることは不可能なのである。その意味で、全体主義は失敗を運命づけられていた。実際、同質的で透明な社会を実現することのできない全体主義は、代わりに、「党」の方針に対する逸脱者、反逆者をたえず排除することで、かろうじて自らの一体性を演出し続けるしかなかった。

民主主義社会は、自らの「権力の場」が空虚であることを承認し、むしろそのことによって絶えざる異議申し立てを許容する社会である。内部の対立や分断を認め、むしろそのような対立や分断こそを自らの構成原理とする社会でもある。そうだとすれば、全体主義とは、民主主義革命を前提として出現するものの、同時に、このような民主主義社会のダイナミズムの自己否定にほかならなかった。二〇世紀とは、このような全体主義の出現と失敗の不可避性を示した時代であったといえるだろう。

四　現代政治哲学へのメルロ＝ポンティの寄与

ここでもう一度、メルロ＝ポンティの現象学が、ルフォールの政治哲学に与えた影響を考えてみたい。ちなみにルフォールは、「民主主義という問題」(『政治的なものについての試論』所収)という論文のなかで、自らの「政治的なもの」の考察が、「政治科学(la science politique)」の視点と手を切ることを必要とすると述べている(Lefort 1986：20, 邦訳四二頁、ただし訳を一部変更)。すなわち、「政治科学」が要請するのは「客観化の意志」、すなわち対象である社会の外部の視点から、その社会の構造や関係を中立的に把握しようとする意志であるが、そこで前提とされる、社会と切り離された中立的な視点という想定はルフォールの採用するところではなかった。

ルフォールの見るところ、社会は、観察主体に先行して、観察主体と切り離されて存在するものではない。ある社会がいかなるものであるか、その社会がどのように分節化されているかは、身体を含む人間の生全体の分節化次第によって変わってくる。あるいはむしろ両者は一体にして不可分である。その意味で、まず必要なのは「社会的なるものの現象学(une phénoménologie du social)」、すなわち我々にとって、社会とはいかなるものとして現れているかということの根源的な反省なのである。このようなルフォールの議論に、主体と客体の二分法を否定し、身体を、世界が現れる場、世界経験のための媒介として捉えたメルロ＝ポンティの思考法を見てとることはたやすいだろう。

伝統的に「政治哲学」は、ある社会の「かたち」と別の社会の「かたち」がどのように違うか、各々の社会の混成原理の違いは何かを考えてきた学問である。なかでもとくに、「自由な体制」と「専制体制」の違いを、何よりも重視してきた。「社会的なるものの現象学」を目指すルフォールは、このような意味での「政治哲学」の再興を主張し、「政治科学」の視点と手を切ることを主張するのである。

このことを考えるならば、ルフォールにおける「政治的なもの」とは、きわめて興味深い概念である。ルフォールは、フランスにおいていち早くハンナ・アーレントの重要性を主張した政治哲学家であるが、(11)ルフォールのいう「政治的なもの」とは、アーレントのいう「政治的なもの」と微妙に交錯しつつも、メルロ＝ポンティとの関係において理解するのがよりふさわしい概念であると思われる。

ルフォールは、通常の意味における、いわゆる「政治(la politique)」と、「政治的なもの(le politique)」とを区別する。「政治」が、経済、法律などと並んで、近代社会を構成する一領域であるのに対し、「政治的なもの」とは、その社会を分節化する構成原理そのものであり、その社会における人々の共存の「かたち」そのものを指し示すものである。その意味で、「政治」は科学的な知の対象となるが、「政治的なもの」は、社会のどこにも位置を確定することのできない、思考によってのみ把握可能な存在である。

かくして、マルクス主義から出発したルフォールは、最終的な立場として、「政治的なもの」の把握をもっとも重要視するに至る。すなわち、社会を把握するための出発点とすべきは、生産関係よりはむしろ、このような意味において捉えられた「政治的なもの」であると考えるようになったのである。さらにいえば、このような「政治的なもの」の把握こそが、我々が自らの属する社会を変革していくための第一歩であると主張する。ここに、メルロ＝ポンティに由来する現象学的思考が、政治哲学へともっとも接近する瞬間を見出すことが可能であろう。

政治哲学者の小野紀明は次のように指摘している。

> メルロ＝ポンティにとって、この意味を形成していくプロセス、すなわち世界を分節化し、そこに有意味な秩序を構成していくプロセスこそがすぐれて政治的な営みである。そしてそのプロセスが展開される場が歴史である。従って、歴史哲学とは政治哲学に等しい。（中略）人間は、世界内存在として自己が所属する歴史的世界を満たしている既成の意味の体系を否応無く引き受けざるをえないと同時に、自らその意味を変え、新たな意味を創造していく主体的自由を有しているのである。従って、歴史的世界はけっして閉じた体系ではない（小野　一九九四：六二頁、強調は原文）。

このようなルフォールの政治哲学が、メルロ＝ポンティの未完の政治哲学を継承することは、いまや明らかであろう。メルロ＝ポンティは「制度(institution)化」の概念をもって、社会に内蔵され蓄積された意味生成の装置に関与し、さらに作り替えていく間主観的な実践の可能性を論じたが、この「制度化」こそが、政治のダイナミズムを生み出していくのである[12]。

本章の視点からすれば、このようなルフォールの政治哲学において「社会的なものの肉(chair du social)」という表現はきわめて重要である。すでに指摘したように、トクヴィルによる平等化の両義性の把握を高く評価したルフォールは、そのようなトクヴィルの知的営みを称して、「社会的なものの肉における、一種の発掘作業」(Lefort 1986：24, 邦訳四五頁、ただし訳を一部変更)と呼ぶ。平等化は諸個人を伝統的な拘束から解放するが、同時に民主的時代に固有な新たな隷属へと陥らせる危険性を秘めている。トクヴィルは、このような両義性を読み解くなかで、民主主義社会の諸現象がいかに現れてくるかを把握していこうとしたが、ルフォールはこのようなトクヴィルの知的営みのうちに「肉」の契機を見出すのである。すなわち、平等化の両義性によって生み出される、民主主義社会の多様な側面こそが、「肉」なのである。

メルロ＝ポンティにおいて「肉」の概念は、「身体」概念につきまとう質料的な契機を含まない、見るものが見られるものであり、感じるものが感じられるものであるという、反転可能性（「可逆性」）によって生み出される世界の厚みや奥行きを意味する。

ちなみにルフォールは文字通り「可逆性――政治的自由と個人の自由」（『政治的なものについての試論』所収）という論文において、トクヴィルがいうところの「自由の術」、すなわち結社の自由をはじめとする、民主主義社会において政治活動を創出していく技術に言及し、これを「政治的自由」と呼んでいる。この「政治的自由」の営みこそが、「脱身体化」の進んだ民主主義社会において社会的紐帯を回復し、自由な政治空間を生み出す唯一の道であるというのである。

と同時に、ルフォールは、そのような政治空間においてこそ、個人の自由も回復するという。いわば、「政治的自由」と「個人の自由」の間には「可逆性」が見出せると論じるのである（Lefort 1981：215–236）。「個人の自由」と「政治的自由」とを切り離し、両者の「不可逆性」を強調する近代自由主義の伝統に対し、ルフォールは、「個人の自由」と「政治的自由」が一体不可分であり、諸個人の「自由の術」から民主主義社会の「肉」たる政治空間の厚みや奥行きを創出しようとする。

ルフォールは、メルロ＝ポンティをして「身体の思想から肉の思想へと移行」させた同じ必然性が、「歴史の不確定性と社会という存在の不確定性を再発見させる」(Lefort 1986: 32, 邦訳五〇－五一頁)という。もはや身体によって象徴されることのない民主主義社会において、平等化のもたらす両義的な諸現象を読み解き、さらに政治的自由の実践によって、政治空間を構成する意味作用を作り替えていくこと、ここにメルロ＝ポンティに由来する、ルフォールの政治哲学のエッセンスが見出される。そして、それは、メルロ＝ポンティの現代政治哲学に対する最大の寄与にほかならないのである。

客観化の意志に貫かれた政治科学が、人々の生活実感から乖離し、「自らの生きる社会はどのような社会なのか」というもっとも根源的な問いに答えられなくなっている今日、メルロ＝ポンティの哲学的思考によって鍛えられた、新たな政治哲学の発展こそが期待されている。

（1）例えば、金田耕一は次のように述べる。「晩年メルロ＝ポンティは、シャサブルの質問に答えて、『見えるものと見えないもの』の後の政治哲学について書く予定があることを仄めかしている(中略)。いくつかの研究がこの書かれざる政治哲学について触れているものの、いずれも試論の域を出ていないのは、それがもはや「メルロ＝ポンティの政治哲学研究」といった限定された主題と方法を越えたアプローチを必要とするからである。むしろわれわれは、C・ルフォールやC・カストリアディスの思想のうちに、その発展を見るべきであろう」(金田　一九九六：二六一－二六二頁)。

（2）*Magazine littéraire*, N. 380, Octobre 1999, pp. 29–34.

（3）現代フランスの政治哲学のさまざまな潮流と、その関係については、宇野(二〇〇四)を参照。

（4）一例をあげると、フェリーとルノーは、その著作をカストリアディスにささげている(Ferry et Renaut

1987)。

（5）カストリアディスについては、現在、「リキッド・モダニティ」論で独自の社会学・社会哲学を展開しているジークムント・バウマンへの影響が重要である。

（6）本章と同様の視点において、メルロ＝ポンティにおける「身体」と「肉」の思想を、政治体との関わりにおいて考察したものとして、松葉(二〇〇八)を参照。

（7）国家を人間の身体になぞらえる伝統については、Hale(1971)や甚野(一九九二)の第三章「人体としての国家」が詳しい。また、将基面(二〇〇六)も参考になる。

（8）ソールズベリのジョンによる国家と人体の比較については、柴田(二〇〇二)の第六章「〈国家という身体〉」、および第七章「〈血の滴る剣〉」を参照。以下の議論は、ジョンの政治思想の骨格が、人体との対比で観念された国家のイメージのなかで形成されたとする同書に多くを負うものである。

（9）マルセル・ゴーシェは、カーン大学時代にルフォールに出会い、その指導を受けている。

（10）このようなゴーシェの政治神学論の全貌は、Gauchet(1985)を参照。

（11）Lefort(1981)所収の"Hannah Arendt et la question du politique"を参照。

（12）この「制度(化)」の概念のより直接的な反響は、カストリアディスの主著のタイトル『想念が社会を創る(*L'institution imaginaire de la société*)』にうかがえる。

第二章　平等と自由の相克／相乗

一　「平等＝自由」のフランス的系譜

平等と自由の関係をどのように理解すべきだろうか。両者はいずれも現代社会のもっとも基本的な理念でありながら、必ずしもつねに「平等かつ自由」という調和的な関係にあるとは限らない。むしろ「平等か、あるいは、自由か」というような対立関係において捉えられることが少なくない。

例えば、しばしば自由度と平等度を縦軸と横軸にとり、両者がともに低水準の社会から、両者がともに高度に実現された社会への移行を論じる議論がある。その場合、まず自由度が高まり遅れて平等を達成した社会(しばしば、議会制が早くから確立したものの、階級社会が存続した英国がその例とされる)と、むしろ平等化が先行して自由化が遅れた社会(同じく権威主義体制の下で参加や平等化の進んだドイツがその例とされる)とが対照される(このような類型論の一種として Dahl 1971)。このような類型化が行われる背景には、平等化の進展が必ずしも自由化をもたらさなかったという、二〇世紀前半の民主政治の現実がある。平等化と自由化には矛盾し合う場合があり、したがって互いに独立した変数として扱うべきであると考えられたのである。

その後の冷戦期においても、個人主義と競争を重視する自由主義体制と、平等を政府による統制によって実現しようとする社会主義体制との間で、いわゆる体制選択論が展開されたが、ここでも自由と平等の対立が前提とされた。さらに現在でも、自由権がまず何よりも国家による干渉に対して主張されるのに対し、平等の実現が国家による再配分を通じて実現されるという緊張関係においても、両者の相克が見られる。

現代正義論においても、自由と平等の関係が依然として重要な意味をもっていると井上達夫は指摘する（井上 一九九九）。例えば、同じく反功利主義的な権利論を展開するロバート・ノージックとロナルド・ドゥオーキンであるが、ノージックが「古典的な自由権的諸権利を基礎にして、最小限国家を唱道する」のに対し、ドゥオーキンは「平等な尊敬と配慮への権利という、抽象的な人格権を基本原理にして、ニュー・ディール以降の福祉国家を擁護して」いる。その意味で両者の対立はいわば、「自由尊重派（libertarians）」と「平等尊重派（egalitarians）」の対立として性格づけることができると井上は指摘する（井上 一九九九：八六頁）。

とはいえ、現代社会の目指すべき方向として、「平等なき自由」や「自由なき平等」を掲げることがもはや成り立ちえない以上、平等と自由を切り離して論じるわけにはいかないこともたしかである。後で論じるように、一九世紀フランスの政治思想家アレクシ・ド・トクヴィルは、社会のなかの一部の人間が特権として自由を享受するという「自由の貴族的（中世的）概念」に対し、すべての人間が等しく自らの運命を決定できる「自由の民主的（近代的）概念」を対置し、前者から後者への移行を歴史の必然と見なした（Tocqueville 1952: 29, 邦訳六六－六七頁）。すなわち、「平等なき自由」は、民主的社会においてもはや存立しえないとしたのである。

他方でトクヴィルは、平等化は歴史の必然であるとしても、なお人間社会には、すべての個人が等しく自由になる可能性と、すべての個人が等しく隷属する可能性とが残されていると指摘したが、これを「自由なき平等」への警告として理解することができるだろう。その意味で、「平等なき自由」がもはや成り立ち得ない現代社会において、重要なのはいかにして「自由なき平等」を回避して、平等と自由の両立をはかるかにある。現代のあらゆる政治哲学、法哲学の課題もまた、平等と自由をいかに両立させるか、それも単なる妥協や折衷ではなく、原理的なレベルでいかに両者を調整するかにかかっている。

本章では、このうちとくに、フランス語圏におけるいくつかの取り組みについて検討する。しかしながら、その理由は、日頃英語圏の議論が紹介されるのに比べて、フランス語圏での議論が取り上げられることが少ない（それは事実なのだが）から、というわけではない。むしろ、フランスにおいて、平等と自由の問題に対し、独特な視角から光が当てられていることに注目すべきであろう。この「独特な視角」を端的に示しているのが、現代フランスの政治哲学者エティエンヌ・バリバールの「平等＝自由（égaliberté）」という概念である。この概念は、「平等（égalité）」と「自由（liberté）」を結合した、彼自身の造語であるが、ここには平等と自由の不可分性に対する独特のこだわりが示されている。

もちろん、平等と自由の不可分性は、バリバールだけが主張していることではない。例えば、ジョン・ロールズの『正義論』における正義の第一原理もまた「平等な自由の原理」であり、「平等＝自由」と「平等な自由の原理」の類似性については、バリバール自身認めるところである。とはいえ、「平等＝自由」の独自性は、平等と自由を言葉の上でも一体化してしまったことにある（英語でいえば、さしずめ equaliberty にあたるだろう)。

バリバールに言わせれば、自由は平等を条件づけ、平等は自由を条件づけることで、両者は近代という歴史のなかで弁証法的に発展してきた。いわば、本来は異質であった平等と自由は、互いに結びつくことではじめて歴史のなかで具体化してきたのである。「自由の(事実上の)歴史的諸条件は、平等の(事実上の)歴史的諸条件とまったく同じである」(Balibar 1992, 邦訳六〇頁、強調は原文)。しかしながら、すでに確認したように、平等と自由はむしろ緊張関係を伴って歴史的に展開してきたのが事実だとすれば、バリバールのこの指摘は、いったい何を意味しているのだろうか。

バリバールは自らの「平等＝自由」には、先例があるという。すなわちトクヴィルの『アメリカのデモクラシー』の第二巻(一八四〇年)である。同書の第二部第一章において、トクヴィルは、「人々は誰もがまったく平等であるがゆえに完全に自由であり、また、まったく平等であるがゆえに誰もが完全に自由」であるという、「自由と平等が接触し、渾然一体となる極点」(Tocqueville 1961: 101, 邦訳(上)一六七―一六八頁)なるものに言及しているが、これこそが「平等＝自由」の理念を示しているというのである。

平等と自由が完全に一体になるというバリバールやトクヴィルの議論に、過度に抽象的な、いささか神秘主義的とさえいえるような性格を感じる人もいるかもしれない。しかしながら、彼らによれば、このことはけっして抽象的な理念を示しているのではない。「平等＝自由」とは、けっして完全に実現されることはなかったとしても、つねに歴史のなかで追求され具体化されてきた、いわば、歴史を貫く原動力であった。逆にいえば、近代の歴史のダイナミズムは「平等＝自由」という視角においてはじめて理解可能となる。

しかしそれではなぜ、このように独特な議論がフランスにおいて展開したのだろうか。その背景にあったのは、言うまでもなくフランス革命であろう。フランス革命は、一方においてフランス絶対王権を打倒した革命であり、いわば、絶対主義に対し自由を高らかに唱えた革命であった。他方、フランス革命は、貴族の特権に対する異議申し立てでもあった。旧体制における不平等を告発し、特権ではなく人権を理念として追求したという意味で、フランス革命は平等の革命という側面をもっていた。その意味でフランス革命の最大の意義は、「自由の革命」と「平等の革命」を一体のものとして実現しようとした点にある。

このことは『人権宣言』(一七八九年)の表題にも示されているとバリバールはいう。すなわち、『人権宣言』の正式の表題は『人間および市民の権利の宣言』であるが、ここには「人間の権利」、すなわち人権と、「市民の権利」、すなわち市民権とが並べられている。この併記の思想的意味については、これまでもいろいろと論じられてきたが、バリバールはここに、両者を区別した上で、あえて同一のものと見なすという政治的・思想的意図を見出す。もしこの宣言がただ単にフランス人の自由と諸権利を唱えるものであったならば、「フランス人の権利の宣言」とすれば十分であったろう(実際、保守主義者たちはそのように主張した)。しかしながら、そこに人権という言葉を挿入することで、『人権宣言』は独自の意味をもつことになった。すなわち新たな政治社会において、その構成員たる市民の自由や権利は、特定の所属や資格によるのではなく、すべての人に等しく認められる権利に由来することになる。すなわち、人権は市民権に等しく、自由は平等に等しい。この意味で、両者の同一性を政治的に宣言したのが『人権宣言』であったとバリバールはいう。「『人権宣言』が実際述べているのは、平等は自由と同一である、つまり、平等は自由と等しいということであり、その逆もしかり、ということである」(Balibar 1992, 邦訳五九頁、強調は原文)。

フランス革命に導かれ、平等と自由の不可分性を、歴史のなかで実現していく課題として捉えたフランス政治哲学の展開を、以下、トクヴィルとバリバール、さらにフランスで活躍したギリシア出身の思想家コルネリュウス・カストリアディスの思想を分析することで、検討していきたい。

二　トクヴィル――平等と自由の極限的一致を求めて

トクヴィルは「平等の思想家」にして、「自由の思想家」である。当たり前のようであるが、ここから出発しよう。若きフランス貴族であったトクヴィルは、アメリカの地で「諸条件の平等(境遇の平等)」を発見する。この平等こそ、アメリカ社会を貫く「根源的事実」であり、あらゆる法律や習俗はそこから発しているとトクヴィルはいう。さらにトクヴィルはこの平等化の趨勢をデモクラシーと呼び、デモクラシー社会の到来を神の「摂理」であるとさえした。なぜならこの動きは、「普遍的」であり、「持続的」であり、人間の力を超えていたからである。トクヴィルの見るところ、この平等化の趨勢はアメリカにおいてもっとも純粋なかたちで現象しているが、ヨーロッパもまた同じ道を歩んでいる。

他方、トクヴィルは、既に指摘したように、平等社会にはなお二つの可能性が残されていると強調する。一つは人々が等しく絶対的権力に隷従すること、もう一つは人々が他の個人と平等な資格において人民主権を構成する可能性である。平等化は必然であるとしても、なお等しく隷従するか、等しく自由であるかの選択肢は残されているのである。トクヴィルはこの自由こそが、人間にとってもっとも高貴な価値であることを疑わなかった。その意味で、トクヴィルにとって完全な平等と完全な自由とが一致することを、民主的社会の一つの極限的理想としたのである。

しかしながら、『アメリカのデモクラシー』をていねいに読んでいくならば、そこに書かれているのが、むしろこのような理想がいかにあやういかの分析であることがわかる。その点からいえば、トクヴィルは、平等と自由の本質的な矛盾と乖離こそを主題とした思想家であるとさえ思えてくるだろう。

『アメリカのデモクラシー』第一巻を冒頭から読んでいくならば、その第一部第一章は「北アメリカの地形」と題されている。すなわち、アメリカにおいて平等化が可能になったのは、新大陸における広大な土地の存在であったことが、まず示される。続く第二章は「出発点」、すなわち、この地に入植するイギリス系アメリカ人たちの歴史的出発点が論じられる。トクヴィルが注目するのは、彼らが宗教的自由を求めて新大陸に来た人々であり、教育と財産のある中産階級に属する人々であったという事実であった。さらに第三章は「イギリス系アメリカ人の社会状態」、すなわちニュー・イングランドの地に導入された均等配分を旨とする相続法と、その影響が論じられる。

この最初の三章の最後で、トクヴィルは、政治的平等には全員が等しく自由である場合と、等しく隷属する場合の二つがあり、その中間の道を見出すことは難しいとした上で、次のように指摘する。「社会状態の平等な国民が本来自由を軽んじるわけではない。むしろ彼らはこれを本能的に好む。だが自由は彼らの欲求の主要で永続的な対象ではない。彼らが変わらぬ熱意をもって愛するのは平等である」(Tocqueville 1951：53，邦訳(上)八七―八八頁)。たしかに、イギリス系アメリカ人は、この重大な選択に際して、絶対権力への隷従を免れたとトクヴィルはいう。しかしながら、トクヴィルが繰り返し強調するのはむしろ、平等な国民が自由を選択することの難しさであり、イギリス系アメリカ人にしても、彼らが幸福な選択を行うことができたのは、特殊な状況や起源のゆえであったというのである。

ここには『アメリカのデモクラシー』を貫くパラドクスがある。トクヴィルは、アメリカという実例を通じて、平等化社会の姿一般を描き出そうとしている。しかしながら、とくにその第一巻において顕著なのはむしろ、アメリカ社会の地理的・歴史的な特殊性であり、自治や結社の習慣、宗教や習俗の問題を含め、アメリカにおいて平等と自由が結びつきえたのは、その特殊性ゆえであったと言わんばかりである。いわば、トクヴィルは平等と自由とが結びつきが、いかに偶然性に依存しているかを縷々論じているのである。

トクヴィルの見るところ、たしかに極限的には平等と自由とが一体化することを想定できるとしても、現実には両者はつねに区別されなければならない。経済的・社会的には平等が進んでも、その平等が政治の世界には浸透しないこともあるし、まったく政治的自由を欠いた平等社会さえありうるからである。その点からいえば、トクヴィルにとって、平等と自由とはまったく異なる水準の問題であり、平等が一つの社会状態であるとしても、自由は必ずしも特定の社会状態と結びつかないのである。

このようなトクヴィルの理論的営為を、どのように評価したらいいのだろうか。ある意味でいえば、トクヴィルのねらいは、意図的に平等と自由の理論的水準を区別した上で、両者の統合を、形而上学的な課題としてではなく、むしろアメリカという具体的な歴史社会の実践として描き出そうとした点にあったのではなかろうか。

既に指摘したように、フランス革命は「自由の革命」であると同時に、「平等の革命」であった。あるいはむしろ、両者を一体のものとして、同時に実現しようとしたのが、フランス革命であった。フランス革命の歴史的意義とその後のフランス社会がたどった苦難もまたこれに由来する。絶対王権を打倒して政治的自由を確立するという課題を、特権社会を否定し平等を実現するという課題と不可分のものとして考えたフランス革命において、人権の保障と人民主権の確立という理念もまた一体であった。しかしながら、人民主権の追求はジャコバン独裁をもたらし、その恐怖政治は個人の自由を極限まで脅かすことになった。自由と平等、人権と人民主権を同時に実現しようとしたフランス革命は、むしろ両者の間の鋭い緊張関係を浮き彫りにしてしまったのである。

有名なバンジャマン・コンスタンの『古代人の自由と近代人の自由』(一八一九年)もまた、このフランス革命の理念の破綻を問題にするものであった(Constant 1997)。政治参加としての古代人の自由と、私的生活の平穏な享受としての近代人の自由は異質であり、君主主権か人民主権かという主権の所在という問題と、個人の自由を主権に対していかに保障するかという主権の範囲という問題は、まったく別の次元にある。両者の混同こそがフランス革命後の不幸をもたらしたというコンスタンの告発は、以後のフランス政治哲学に対し、大きな影響を及ぼすことになる。

その意味からいえば、トクヴィルの理論的営為は、平等と自由の相克、人民主権と個人の人権の間の緊張関係というコンスタン的な問題意識を受け継ぎつつも、両者を単に異なる次元の問題として区別するにとどまらず、むしろ特定の歴史環境において両者が合一する可能性を示唆したものといえるであろう。たしかにニュー・イングランドにおける実践は、多分に特殊な事情に依存しているとしても、平等と自由とが両立したその実例は、なおも両者を一体のものとして追求する可能性を示唆している。そうだとすれば、両者を同時に実現しようとするフランス革命の理念は完全に放棄されるべきではない。

ここに、フランスにおける「平等＝自由」を志向する、独特な思想的系譜が生まれることになる。平等と自由の関係は、理論的にも実践的にもけっして調和的ではない。そうだとしても、両者はあくまで一体のものとして捉えられなければならないし、その課題は個別具体的な歴史社会において模索されなければならない。それこそがフランス革命の理念をもっとも生産的に継承することにつながるはずである。このような問題意識を継承する思想的系譜は、二〇世紀においてさらなる展開を示すことになる。

三　カストリアディス――「自律」社会における平等と自由

「人間は自由なものとして、あるいは不自由なものとして生まれたのではないし、平等なものとして、あるいは不平等なものとして生まれたのでもない。公正で自律的な社会において、人間が（我々自身が）自由かつ平等であることを我々が望んだのである」(Castoriadis 1978: 412, 邦訳三六二頁、強調は原文)。社会を根源的に規定する想像力と、「自律的社会」の構想で知られる哲学者、コルネリュウス・カストリアディスの言葉である。

これは当然、「人間は自由なものとして生まれた、しかもいたるところで鎖につながれている」という、ジャン＝ジャック・ルソーの有名な『社会契約論』の冒頭の一文に対応している。本来、自然状態において自由に生まれたはずの人間が、いかにして文明社会における隷属状態に置かれたのか。『人間不平等起源論』で人々の不平等の社会的起源を探ったルソーが、あらためて真に人間の自由と平等の実現する社会を構想したのが『社会契約論』である。その冒頭の一文を、ルソーは「人間は自由なものとして生まれた」で始めた。この一文を、人間の本来的な自由を自然権に基礎づけて主張したルソーによる、反撃の宣言文として読むことができるだろう。

これに対しカストリアディスは、「人間は自由なものとして、あるいは不自由なものとして生まれたのではない」という。これはルソーの否定なのだろうか。人間の本来的な自由を否定し、自由に向けての反撃の可能性を否定したのだろうか。

いや、そうではあるまい。二〇世紀において、ソ連の官僚制やマルクス主義の主流派に対し、クロード・ルフォールらとともに『社会主義か野蛮か』なる雑誌を刊行、独自の「自律」社会の構想を掲げ続けたカストリアディスは、まさに自由と平等の実現を目指して戦った革命家であった(1)。ただ、その力点は「人間が自由かつ平等であること」を形而上学的、超越的な規範、あるいは理念として掲げることではなく、「人間は自由かつ平等であるべきだ」という意志を、政治的に表明することにあった。

人間は自由かつ平等であるべきだが、自由や平等の内容は、形而上学的、超越的な規範によってア・プリオリに決定されるのではない。歴史の必然的な法則によって決定されてもいない。社会とは、共同の自己発見、自己創出の産物にほかならないが、本質的なことは、自らを自由で平等であると認めた人々が、自由と平等のあり方を、自由で平等な方法で自己決定していくことである。ここにカストリアディスの「自律的社会」の構想がはっきりと示されている(2)。

カストリアディスは、社会をより自由で平等なものへと変革していく営みにはっきりとコミットしながら、自由や平等を形而上学や超越的な規範として正当化することは明確に拒んでいる。このことはいったい何を意味しているのだろうか。「平等や自由の要求は、人をみな平等に創りたもうた神の意志に基づくものだとか、自然に照らして人はみな平等であるという事実に基づくものだとか、理性の要求に基づくものだという議論は、もはやほとんど聞かれません」(Castoriadis 1986: 388, 邦訳三七五頁)。このように説くカストリアディスは、平等をもはや「神」、「自然」、「理性」によって根拠づけることはできないという。このような根拠づけや正当化は、それ自体両義的であるばかりでなく(ときに「神」は不平等をも正当化する)、歴史のなかで作用してきた「自律」のはたらきから目を背けてしまうことになるというのである。

カストリアディスの見るところ、社会とは自己創造であり、自らの制度をたえず自己創出しつつ、作り替えてきた。ところが伝統的な存在論は、このような自己創造の結果を形而上学的な規範に変えてしまうことで、このことを隠蔽してきた。「平等および自由、すなわち人間の自律を、社会外の根拠に依拠させようとする試みは、本質的に矛盾している。それは他律の表明そのものなのです」(Castoriadis 1986: 393, 邦訳三八一頁、強調は原文)。自律(autonomie)とは、自らの法や規範(nomos)を、自らの力によって決定し、必要があれば変えていくことである。それなのに、「神」、「自然」、「理性」といった規範が社会外から与えられるとすれば、それは「他律」以外の何ものでもない。「自律」のためには、社会の既成の制度やルールの正当性について自覚的な問い直しが必要であり、それがあってはじめて、熟慮された明晰な共同活動としての「政治」も可能になる。もし制度やルールの根拠が「神」、「自然」、「理性」に求められるならば、これに異議を唱え問題化し、修正したり廃棄したりすることもできなくなるであろう。

その意味でいえば、自律的社会とは、社会の自己創造を外から規制する超越的な規範の消失した社会であり、その制度やルールが絶えず問い直しに対して開かれている社会である。しかしながら、自律的社会とは、単に超越的な規範の消失した社会として、消極的にのみ規定されるものではない。むしろ自律的社会を自律的たらしめるのは、「平等であり自由であろう」とする政治的意志である。カストリアディスはこの意志を分析していく。

この意志――これを「自律への意志」と呼ぶことができるが――は、次のように言い表される。「すべての人々が自律的であること、つまりすべての人々が、個人的にも集団的にも、自らを管理するすべを身につけることであり、しかも自らを管理する能力を培うことができるのは、共通の問題や共通の事柄の運営に、同等の資格で平等に参加することによってのみである」(Castoriadis 1986: 393, 邦訳三八一頁、強調は原文)。このうち、とくにその後半については、論理の必然ではなく、むしろ「経験的」要素が含まれているが、その上でなお、このような選択が古代ギリシアで、そして近代ヨーロッパでなされたのだとカストリアディスはいう。

このような確認をした上でカストリアディスは、平等を、自由と等しく、科学的命題でも哲学的命題でもないとあらためて指摘する。それは、政治的共同体としての社会の創出にかかわる理念であり、そこに決定的な解答や解決策は存在しないのである。むしろ、この理念によって開かれた絶えざる議論と抗争が、歴史のなかで自律的社会の内実を決定していった。

このような議論を展開する際に、つねにカストリアディスが強調するのが、自律の運動において、個人の自律と社会の自律とが不可分であるということである。自律的な個人がいることではじめて社会の自律が可能になるし、自律的な社会においてのみ個人の自律も可能になる。ここに、個人の人権保障と人民主権の実現を不可分なものとし、同時に実現すべきであると考えたフランス革命からの思想的連続性を見出すことは容易であろう。個人の自律と社会の自律とは、けっして論理必然的な関係にはないが、これをあえて結びつけることこそを本質的と見なしたのである。

平等と自由がけっして論争を免れるものではないことを積極的に承認した上で、むしろ平等と自由の内実をめぐるたえざる論争と抗争こそが歴史を生み出すこと、しかもその決定があくまで自由で平等な方法でなされなければならないことを主張したのが、カストリアディスである。彼のこのようなメッセージを、我々はどのように受け止めるべきか。

一言でいえば、カストリアディスの発言は、平等と自由を形而上学的、超越的な規範として擁護できなくなった時代に、これをあえて政治的実践において擁護するものである。その際にむしろ、超越的規範の消失を、損失として捉えるのではなく、むしろ自己創造の契機として意味づけ、そのためにも、平等と自由を「自律」の理念の下に統合し、唯一残った理念として動的に捉えるというのが、カストリアディスの独創であったといえよう。

このようなカストリアディスの構想を、近代の「大きな物語」、とくに、マルクス主義的な解放への幻滅が広がる時代にあって、唯一残された平等と自由という理念を、具体的な歴史過程における実践を通じて実現していこうとするプログラムとして理解することもできる。その意味で、二〇世紀において、とくにマルクス主義との関わりにおいて、フランス革命以来の平等と自由の相克／相乗の思想的系譜を継いだのが彼であったといえるのではなかろうか。

四　バリバール――「平等＝自由」の理論家

このようなカストリアディスの議論を継承したのが、バリバールである。もちろん、マルクス主義非主流派としてソビエト共産党批判を展開、『社会主義か野蛮か』を創刊して独自の路線を確立したカストリアディスと、あくまでマルクス主義の立場を維持しつつ、これを独自の構造主義的読解によって革新しようとしたアルチュセールの弟子にして共著者であったバリバールとでは、置かれた政治的、思想的立場が異なる。しかしながら、本章が主題とする「平等＝自由」の思想的系譜という視座に立つとき、両者の間にはむしろきわめて近接した問題意識を見出すことができるだろう。

とくに、主として一九八〇年代後半以後、バリバールは精力的に市民権、デモクラシーの問題を論じるようになる。このことは元来、法や権利の諸問題を「ブルジョワ的」の名の下、階級対立や生産関係の変革に従属する問題として軽視してきたマルクス主義の流れを大きく変革するものであった。

既に指摘したように、バリバールが出発するのは『人権宣言』である。バリバールもまた、この『人権宣言』が本質的に曖昧なテキストであったことを承認する。すなわち、問題とされているのは、人間の権利か市民の権利か、重視されているのは平等なのか自由なのか等々、このテキストにはたしかに二重性が存在する(Balibar 1989，邦訳五三頁)。しかしながら、これらの二重性に対し、バリバールは、ここで論じられているのがまったく新しい市民概念であり、それは「たんに他のすべての人間と平等であるがゆえに自由な人間である」(Balibar 1989, 邦訳五五頁)と定義されるような市民権概念であったと切り返す。

古典古代のスパルタやローマにおいては、自由は世襲的な社会的地位に近く、市民の平等もこのような意味での自由に基づいていた。それゆえに、自由たることに伴われる条件が平等にも付きまとった。奴隷や外国人に市民権が与えられることはけっしてなかったのである。これに対し、『人権宣言』が示したのは、その逆、すなわち「自由に基づく平等」ではなく、「平等に基づく自由」であった。人は他の人と平等な限りにおいてのみ自由である。もし誰か一人でも市民でないならば、誰も市民ではない。逆に、特定の人間にのみ権利を追加するならば、そのことは他のすべての人間にとっての権利の廃止を意味する。『人権宣言』は、まさにこのような、まったく新しい市民の概念を宣言したものであったとバリバールは主張する。

この新たな市民権概念において本質的であったのは、自由が平等に立脚しているのであって、その逆ではないということであった。人は他の人と平等であるがゆえに自由である。このことは、たしかに現実のフランス革命において直ちに深刻な諸問題をまきおこした。ルソーはすべての個人が等しく主権者であると同時に被治者であるとしたが、この相関が少しでも揺らいだときに、いわゆる「能動的市民」と「受動的市民」の区別が生まれる。また、市民権の平等は所有権による資格に基礎づけられるのか、あるいはそれに優先されるべきなのかをめぐる論争は、その後の選挙権をめぐる新たな抗争の幕開けともなった。しかしながら、このような新たな対立や抗争が可能になったのも、まさに「平等に基づく自由」という新たな市民概念があったからこそであり、この概念が明確に打ち立てられることなしに、その後の女性の市民権、労働者の市民権、そしてさらには植民地人の権利への要求がなされることもなかったであろう。この意味において、『人権宣言』における新しい市民権概念の提起は画期的であった。

このように、バリバールは『人権宣言』の曖昧さを、むしろ二重の同一視、すなわち人権と市民権の同一視と、平等と自由の同一視の政治的宣言として理解する。このうち、人権と市民権については、『人権宣言』の一七カ条の内容が、（普遍的で不可譲、社会制度から独立して存在し、それゆえ仮想的な）人権と、（実定的であり、制定され、限定的ではあるが、しかし実効的な）市民権との区別を示すものだという解釈がしばしばなされてきた。その上で、人権が市民権を基礎づけるとされたのである。これに対しバリバールは、『人権宣言』の条文を読むならば、その目的はむしろ人権と市民権の内容の隔たりが存在しないことを示すことにあったことがわかるという。すなわち、市民権を基礎づけるいかなる神学的、超自然的基礎、あるいは人間本性論も存在しないのであり、市民権はただ相互に平等な諸個人の相互承認によってのみ正当化される。その意味で、市民であるためには、ただ人間であるだけで十分であることを示したのが、この宣言であったというのがバリバールの結論である。

次に、平等と自由である。ちなみに『人権宣言』第二条では「人の消滅することのない自然権」として「自由・所有・安全および圧政への抵抗」があげられている。ここには平等があげられていないが、バリバールによれば、第一条の「人は、自由かつ権利において平等なものとして生まれ、かつ生存する」、および第六条の「法は一般意志の表明である」「すべての市民はその作成に参加できる」「法はすべての者に同一でなければならない」「すべての市民は法の目からは平等である」などの文言により、平等の重要性は明らかである。すなわち第二条における権利の列挙を踏まえ、「平等を、その他すべてを効果的に結合する原理や権利とすることによって、意味を逆転している」(Balibar 1989：132，邦訳五八頁)ことこそ、そのねらいだというのである。

しかしながら、この場合、バリバールは、平等と自由に何らかの共通の本性があるとする本質主義の立場を拒絶する。同様に、どのような自由とどのような平等が同一であるのか、あるいはどのような限界においてそれらは同一なのか、といった問いを、バリバールは躓きの石であるとする。彼がむしろ重要だと考えるのは、両者の外延が一致するという事実である。すなわち、歴史的、経験的に示された、不平等なくして自由の制限や抑圧はなく、逆に自由の制限や抑圧のない不平等も存在しないという事実、一方が否定されるとき、必ずや他方も否定されるという事実こそが、「平等＝自由」の概念を支えてきたとバリバールはいう。「自由の革命」と「平等の革命」を同時に実現しようとしたフランス革命が、歴史的・実験的に証明したのは、まさにこの事実であった。

もちろん、このことが本当に「証明」されたかどうかは、本章冒頭に言及したように、実はかなり微妙である。自由化と平等化は、歴史においてつねに相伴って進んできたわけではない。しかしながら、究極的には、平等が抑圧されるときけっして自由は安泰たりえず、また自由なき平等も長続きしないというのが、バリバールの信念であった。

ただ、その際にバリバールが、平等と自由の内容を本質主義的に正当化するのではなく、むしろ現実における平等と自由をめぐる闘争を重視してきたことに注意しなければならない。その点において、バリバールはまさにカストリアディスの継承者であった。また、この平等と自由をめぐる闘争こそが、政治の自律性を作り出すという点においても、両者の間には重要な連続性が存在する。「平等な自由の内容を形づくり、それを具現する諸権利は、定義上、個人的諸権利であり、諸人格の諸権利である。しかし、それらは恩恵的に授与されるべきものではなく、勝ち取られねばならないものであり、ただ集団的にのみ勝ち取られるものなのだ。それらの権利の本質は、諸個人が互いに授与しあう、保証しあう権利だということにある。われわれはこうして、人民の自己決定から政治そのものの自律性に到達する」(Balibar 1997: 22, 邦訳七五頁)。この「政治の自律性」において、「平等＝自由」の概念は、「市民権の歴史的弁証法」の導きの糸となり、「平等な人間の自由な共同体」という理想が永遠にこの弁証法の一つの極をなす(Balibar 1998: 54, 邦訳六九頁)。ここに、平等と自由の極限的一致に向けての個別的な歴史社会の模索に着目したトクヴィル以来の議論の、一つの到達点を見ることができるだろう。

五　意味するもの

以上検討してきた、平等と自由の相克／相乗についての、フランスにおける独特な議論の系譜について、ここで整理しておきたい。

1．平等と自由はたしかに理論的にも政治的にも、つねに調和的な関係にあるとは限らない。むしろ、歴史の経験がわれわれに示すのは、両者が抜き差しならない関係に立った数々の事例である。しかしながら、ただ単に両者を分離して捉えることは、けっして生産的な結論に至らない。むしろ、両者が理論的にも政治的にも異なる次元にあるということを承認しつつ、また両者の間につねに緊張関係が潜むことを承認しつつ、なお、具体的な歴史社会の実践における、両者の強固な結びつきこそが重要である。

平等が抑圧されるときけっして自由は安泰たりえず、また自由なき平等も長続きしない。したがって、平等を守るための戦いと、自由を守るための戦いの外延は、必ず一致するはずである。あるいは一致させなければならない。この決意こそが、政治社会の中核にあるべきであり、そのことは論理的に証明されることではなく、経験的に学ばれるべきことである。

2．平等と自由の本質を定義することはできない。歴史的に見るならば、人間の平等と自由を正当化してきたのは、たしかに「神」であり、「自然」であり、「理性」であった。しかしながら、今日、これらによる平等や自由の正当化は、単に不可能であるばかりでなく、有害ですらある。なぜならば、歴史のなかで発展してきたのは、人間の「自律」、すなわち自らの規範を自らの力で創出し、社会の外から与えられる規範に従わないという能力の発展だったからである。実際、人類の歴史のなかで、たえず平等と自由の中身が争われてきた。当初、特定の人間にのみ認められた自由はやがて、「自分も同じ人間だ」と主張する人々にも認められていった。このことを政治的に宣言したのが『人権宣言』である。この宣言がひとたびなされるやいなや、やがて労働者の権利、女性の権利、植民地人の権利などが、次々に主張されていった。また自由や権利の内容についても、近年の環境権や情報権、さらには自らのエスニックなアイデンティティの承認を求める権利に至るまで、歴史のなかで次々に新たな内実が盛り込まれてきた。その意味で、本質的なことは、平等や自由の本質を抽象的に確定することではなく、自らを自由で平等であると認めた人々が、自由と平等のあり方を、自由で平等な方法で自己決定していくことである。

3．平等と自由の一致を模索するのは、近代社会の根源的な理念である。しかしながら、その際に、自由が平等に立脚していたのであり、その逆ではないということに注目すべきである。平等と自由の一致については、たしかに古代スパルタやローマなどにおいても模索された理念であった。しかしながら、古代における一致は、特定の所属や資格と結びついた自由の上に、平等が基礎づけられることで可能になった。その意味で、自由であることの条件が、平等をも規定したのであり、平等と自由の一致は無条件のものではなかった。

これに対し、近代の政治、なかんずく『人権宣言』によって宣言された理念は、すべての市民は、ただ人間であることによってのみ、その権利を認められ、他の市民と平等である限りでその自由を認められる、ということであった。この場合、自由は平等に立脚している。また、平等と自由の一致は無条件のものであった。もちろん、ここに示された市民権と人権の一致、平等と自由の一致とは、つねに究極の理念たるにとどまり、けっして完全に実現されることはなかった。しかしながら、このような理念があってこそ、やがて、自由を否定されていた人間に、同じ人間としての自由が認められ、それまで権利とみなされていなかった権利が、相互承認を経て新たな権利とされてきたことも事実である。ここに、平等と自由の弁証法が生まれ、近代社会を突き動かす原動力となってきたのである。

このような独自の見解には、たしかにフランス革命を始めとする、フランス固有の歴史的経験の刻印が明らかであるとはいえ、そのメッセージ自体は人類社会に普遍的に共有可能なものである。むしろグローバルに平等と自由が問題とされる時代に、ますますその重要性が高まっているといえよう。

（1）　両者の政治哲学について、詳しくは宇野（二〇〇四）を参照。

（2）　カストリアディスの思想については、佐々木（一九九〇）、佐々木（一九九八）、佐々木（二〇〇一）も参照。

第三章　保守主義と人権

一　はじめに

何ごとかの本質を探るにあたって、その敵対者の視点に立つことが有効な場合がある。もちろん、その敵対者には敵対者なりのバイアスがあり、その発言をすべて正当であると認めるわけにはいかない。とはいえ、対立が生じる背景にはそれなりの理由があるはずであり、その理由を考えることは、出発点となるものごとの本質のある一面を照射することにつながるだろう。ここで念頭にあるのは、人権論の歴史的な批判者であり敵対者であった保守主義である。言うまでもなく、保守主義の祖とされるエドマンド・バークやジョゼフ・ド・メーストルらは、フランス革命との対立を通じて、とくに人権概念に対する容赦ない批判者となった。

とはいえ、本章は保守主義による人権批判を再検討することだけを目的とするものではない。それだけならば、ある意味で、すでに十分な検討がなされているともいえるからである。あえて今日、保守主義の視点から人権を見直すことに意味があるとすれば、保守主義自身が現在、問い直しの渦中にあり、結果として保守主義による人権批判の意味もまた問い直されているからにほかならない。

保守主義とは本来、何ごとかを「保守する(conserve)」ものである。とはいえ、カール・マンハイムの古典的な研究が示すように、保守主義とは変化一般を嫌悪するものではない(Mannheim 1927, 邦訳一九頁)。このような心的特性はむしろ伝統主義と呼ばれるべきものであり、広く人類一般に非歴史的に見られる。これに対し、保守主義とは近代になってはじめて誕生したものである。フランス革命後のダイナミックな歴史の展開を前に、何らかの保守すべき価値が危機にさらされているという明確な歴史認識の上に、この価値を自覚的に選択し、保守しようとしたのが保守主義である。このような意味での保守主義が成立したのは、一九世紀前半になってのことであった(宇野 二〇〇二：二〇頁)。

この場合、保守主義はしばしば進歩主義と対比される。すなわち、進歩主義が抽象的な理念に基づき現実の世界を改造しようとし、未来に対して理想主義的な期待をもつのに対し、保守主義はむしろ具体的・経験的なものを重視し、過去からの連続性を強調して部分的改良を好む。このような理解は、今日なお一般的なものであるといえるだろう。その意味からすれば、保守主義とは、進歩主義との対抗関係上において、はじめてその意義が明らかになるはずである。

ところが今日、合理主義的な進歩の理念の終焉が説かれて久しい。そうだとすれば、保守主義と進歩主義の対立図式そのものが無効になるのだろうか。「歴史の終焉」が語られる現在、近代の進歩主義は終焉し、結果として、進歩主義との対抗から推進力を得てきた保守主義もまた、その存在証明を失いつつあるのだろうか。

実際問題として、バークらの古典的な保守主義思想家は、人権という抽象的な理念に基づく社会改造に敵対するにあたって、このような作為と対比されるべき「第二の自然」として、歴史的な共同体や社会組織(しばしば有機体的なモデルによってイメージされる)を強調した。このような「自然な」共同体や社会組織の連続性があってこそ、作為的な改革の不自然さや、それがもたらす断絶を批判することも可能になったのである。しかしながら、今日、そのような共同体や社会組織の存在を当然には前提できなくなっている。伝統そのものが問い直しを免れないのであり、伝統をもはや伝統的な仕方で擁護できないという意味で、ギデンズらの指摘するように、現代はポスト伝統社会に突入しているのかもしれない(Beck, Giddens, and Lash 1994)。

このように保守主義の意味が問い直されている今日、その人権批判もまた、違った角度から再検討されるべきあろう。すなわち、保守主義の保守主義たる理由が流動化する今日、保守主義からの人権批判を、「進歩」と「保守」の対抗図式を越えて再解釈する余地があるはずである。本章はこのような視点から、一九世紀における伝統的な人権批判と、二〇世紀終わりになって(主としてフランスにおいて)新たに展開された人権批判を取り上げるものである。両者に通底しているものと断層をともに明らかにすることは、人権に対する批判を歴史的な射程において捉えることを可能にするであろう。このような検討を通じて、最終的には、人権論がさらなる深みと理論的革新の契機を得る可能性を模索したい。

二　人権批判の系譜(1)——古典的批判

バークの批判

あらためて確認するまでもなく、人権概念は一七世紀から一八世紀にかけての西洋社会においてその理論的枠組みが構築され、とくに一八世紀終わりの米仏の二つの革命によって実践的にも決定的な前進をとげた。アメリカの独立諸邦の憲法には人権条項が含まれ、合衆国憲法についても、議論を経た後あらためて修正条項として人権のカタログが挿入された。フランスにおいても、いわゆる『人権宣言』(正確には『人間および市民の権利の宣言』)が一七八九年に採択され、以後、世界的な影響力をもつことになる。このような動きに対して、最初に批判を加えたのが、いわゆる保守主義の思想家たちであった。あるいはむしろ、このような批判を通じて保守主義なる思想と運動が形成されたといえるかもしれない。そこでまず、その代表者といえるエドマンド・バークの人権批判について確認しておきたい。ある意味で、彼の批判こそが、その後の保守主義による人権批判の基調となったからである。

よく知られているように、フランス革命前の政治家バークの姿勢は、リベラルな改革派とでも呼ぶべきものであり、アメリカ独立問題に際しても、植民地人の主張を擁護する側にまわっている。アイルランド出身のバークは、ホイッグ党の代議士として活躍し、ジョージ三世の専制を批判しつつ、北米植民地を含んだ大英帝国全体のバランスを重視しながら、漸進的な体制の変革に尽力した。しかしながら、フランス革命の勃発に際して、バークは英国内においてフランス革命を支持する急進派を厳しく批判することになる。とくに彼が注目したのがフランス革命のもつ抽象性であり、その焦点となったのが人権の概念であった。

革命直後の一七九〇年に公刊した『フランス革命の省察』におけるバークの人権批判を一言で要約すれば、人間の権利とは「曖昧で思弁的な権利」(Burke 1993: 32, 邦訳四二頁)であり、このような権利を主張する政治理論とは「形而上学的」(Burke 1993: 62, 邦訳七九頁)なものにほかならない、ということに尽きるだろう。彼の信ずるところによれば、人間の自由や権利は抽象的な個人の属性ではないし、自然状態というような形而上学的原理から導かれるものでもない。それはあくまで、時間的・空間的な制約をもった歴史的な国民共同体を前提に、祖先から子孫へと継承されてきたものである。その意味で、バークにとって、およそ自由かつ平等な人間が生まれながらにもつ権利など認められるはずもなく、彼にとって認められるのは「人間の権利」ではなく、あくまで「イギリス人の権利」であった(1)。

権利とはすべて歴史的に獲得されたものであり、「時効取得的(prescriptive)」である。このように考えるバークは、およそ時間を超えた人間の権利をうたう『人権宣言』に対し、正面から異議を唱えた。さらにいえば、権利とは歴史的に獲得し、時効にかかるものである以上、権利を保持しようとするならば、現在から将来にかけての不断の努力が必要である。その意味で、バークの保守主義はただ単に伝統の維持にこだわるものではなく、時代の変化のなかでの部分的修正を求めるものである。「伝統を守るためには、自らが変わらなければならない」という信念こそが、以後の保守主義のモットーとなっていった。

逆に、そのようなバークの眼には、人権というような抽象的な普遍的原理に依拠するフランス革命は、危険極まりないものに映った。バークにいわせれば、フランス人もまたイギリスの国制にならってフランス古来の国制を思い出し、フランス人の歴史的な権利から出発すればよかったのである。あえて一切の過去を否定し、人間の権利という形而上学的原理によってあらゆる制度を一から作り直そうとしたことは、教会財産の没収や、機械的な地方制度の再編とあいまって、あらゆる秩序を不安定化させ、無政府状態の危険をもたらしたとバークは考えた。

このようなバークの人権批判は、すでに指摘したように、以後の保守主義の議論に決定的な刻印を残した。今日なお、そこから知的影響を汲み取る人は少なくない。一例をあげれば、経済学者の村上泰亮は「進歩主義の黄昏」(上巻)を副題とする『反古典の政治経済学』において、進歩主義の終焉後にもなお保守と進歩の対立は続くとし、両者の新たなる再定義を試みている(村上 一九九二：二六頁)。すなわち、村上は進歩主義を「超越論型の反省」、保守主義を「解釈学型の反省」と読み替えた上で、前者を「ひたすらに高次の法則や理念を追求しようとする姿勢」、後者を「常に具体的な生活世界やその歴史に照合しようとする姿勢」と説明している。

ある意味で村上は、人間が自らを含む世界を捉え直そうとするにあたっての根源的な姿勢の違いとして、進歩主義と保守主義を位置づけ直そうとしたといえるだろう。ここで興味深いのは、村上が、合理主義的な進歩の思想が主導権をとった時代の終焉とともに、今後はむしろ解釈学型の反省を旨とする保守主義が主導的な立場につくと予測している点である。このような村上の予測があたっているかはともかくとしても、合理主義的な進歩の思想が終わった後も、保守主義の役割はけっして減じることはないという村上の見通しは着目するに値する。そしてその場合、人権論は、人間の具体的な属性や関係性を抽象化するものとされ、「高次の理念」に基づく政治体制の全面的変革の危うさを批判する際の、まさに標的とされていることにあらためて注目する必要があるだろう。

しかしながら、他方で、バークの人権批判を歴史的に相対化することもまた可能である。すなわち、彼の身分制を含む階層社会へのこだわりや「騎士道」への憧憬がもはやアナクロニズムにほかならないことは別としても、はたして人権が彼のいうほど国民共同体を「超越」するものであったかについては、おおいに疑問が残るからである。ハンナ・アーレントが強調するように、一九世紀から二〇世紀にかけて、人権はもっぱら国民共同体に属する国民の権利として実現されてきたのであり、国民共同体を離れた個人には人間としての最低限の権利さえ否定されたのが現実である(Arendt 1955: 465-484, 邦訳２ 二七〇―二九〇頁)。人権とはけっして国民共同体を破壊するものではなく、むしろあまりに国民共同体の枠内に取り込まれ過ぎてきたとさえいえるかもしれない。すでに触れたように、フランス『人権宣言』においては、「人間の権利」と「市民の権利」とが併記されていたが、現実の歴史を見れば、前者が後者に回収されることで、現実の歴史が進んできたのである。その意味でいえば今日、政治的共同体の一員であることを越えて、生まれながらに人間のもつ権利というものの重要性を、あらためて確認する必要さえあると主張することも可能であろう。

カトリック教会の批判

次に検討するのはカトリック教会である。人権に対する批判者としてカトリック教会を取り上げるのは、今日の視点からすれば、やや意外に思われるかもしれない。というのも、繰り返し人権こそがキリスト教の理念の中核にあると説いた教皇ヨハネ・パウロ二世をはじめ、現在のカトリック教会は人権問題に対し、むしろ積極的にその実現に向けて努力しているように思われるからである。

しかしながら、歴史的にみるならば、カトリック教会は人権に対するもっとも強力な批判勢力の一つであり、しかもその批判は実は二〇世紀まで続いている。カトリック教会が人権の最たるものである思想・信条の自由を最終的に承認したのは、第二次バチカン公会議においてのことである。難航した議論の末に、ようやく「信教の自由に関する宣言」が採択されたのは、一九六五年であった。それではなぜ、カトリック教会は信教の自由に対して、かくも抵抗を示したのであろうか。

このことに関して、現代フランスの政治哲学者ピエール・マナンは、人権の理念によって、真理が自由に従属させられることへの懸念があったと指摘している(Manent 2001: 166)。というのも、カトリック教会の立場からすれば優越すべきは神の真理であり、自由の意味も、あくまで真理にたどり着くことにあったからである。カトリック教会こそがその真理を保管しているのであり、人間の第一の努めはこれを発見することにある。その意味でいえば、人間の権利は「真理の権利」、あるいは「神の権利」に対置されるべきであった。その場合、たしかに人間は神によって自由意志を与えられており、その意味で、自由な意志によって真理へと到達することが求められる。自由な意志による選択なくして、真理は意味をもたないからである。とはいえ、それはあくまで客観的な真理の実在を前提とするのであり、自由な選択それ自体を価値とするものではない。

このように、自由という理念が、客観的な真理の実在を前提とすること、言い換えれば、自由論がある種の目的論と密接に結びついていることは、カトリック教会のみならず、およそ西洋思想史を通じての大きな特徴であったといえる。それゆえにこそ、西洋思想史において、「自由」という言葉に、ほとんど絶対的ともいえる倫理的力が付与されたのである(半澤 二〇〇三：六一頁)。しかしこのような伝統も、近代が進むにつれて変質していく。とくに二〇世紀後半はその大きな転機であり、ある意味で、自由論から目的論が排除され、むしろ目的論の拒絶こそが自由主義の共通の了解事項となっていったのである。自由論になおも善の追求が含まれるとしても、何が善の内容であるかについては、多くの論者は中立的な姿勢をとるようになる。このような変化は、バチカン公会議におけるカトリック教会の動きとも無縁ではないであろう。しかしながら、そこにもやはり真理と自由の間の緊張関係が残り、真理に重きを置くか、あるいは自由に重きを置くかで、立場の違いをもたらしたのである。

この点に関して興味深いのは、現代北米を代表する政治理論家の一人であり、コミュニタリアニズムや多文化主義論で知られるチャールズ・テイラーである。たしかにテイラーは「普遍的人権の肯定」をリベラルな近代政治文化の特色として評価する。しかしながら、彼は「権利の完全性」を基礎づける「排他的な人間至上主義」はかえって人権を危機に陥らせるとも指摘している。というのも、もし「排他的な人間至上主義」に立つことによって、人間の生命を超えるものを否定するならば、逆に人間の生命に意味を与えることもできなくなってしまうからである。「生命の内在的否定」は、ニヒリズムやファシズムを生み出したのであり、これを克服するためにも、人間を超えたもの、超越的なものへの信仰が不可欠であるとテイラーは論ずる(Taylor 1999)。

近年、『カトリック的近代?』、『世俗化の時代』、『今日の宗教の諸相』など、宗教を主題とした著作を次々に発表しているテイラーであるが、自らのカトリックとしての信仰を振り返りつつ、普遍的人権を肯定するためにも、コミットメントを通じて超越的のものの存在を知ることの重要性を説いている点が注目に値する。人権を支えるためには人間を超えた超越的な存在の認識が不可欠であるとするテイラーは、自由論と目的論の結びつきを重視するカトリック教会的な問題意識を、もっとも現代的なかたちで継承しているといえるだろう。超越性への回路を失い、自由を自己目的化することは、人権論にとっても自己破滅的であるとする点で、テイラーにおいては依然として、人権論に対するカトリック教会の一定の留保が維持されていることに注目すべきである。

マルクスの批判

保守主義と人権を考える本章でマルクスの人権批判を取り上げることについても、あるいは違和感を覚える読者もいるだろう。しかしながら、以下に検討する『ユダヤ人問題によせて』における若きマルクスによる人権批判は、少なくともその論理において、むしろ同時代の保守主義者たちと多くを共有していたことに注目すべきである。もちろん、マルクスが保守主義的であったといいたいわけではない。同じく人権論を批判的な視点から検討したといっても、それが左右の正反対の立場からのものであったことを無視するわけにはいかないからである。ただ、保守と進歩、あるいは右と左といった二項対立の自明性が揺らいでいる今日、人権問題に関して、保守主義とマルクスとの間に何らかの共有するものがあったということ、それ自体が一つの意味をもつ。とくに、第三節で検討する現代フランスの人権論争においては、両者の議論が独特なかたちで結合している。その意味からも、マルクスの人権批判をここで確認しておくことには意義があるだろう。

マルクスのこの本は、ブルーノ・バウアーの著作『ユダヤ人問題』を批判するために書かれたものである。この著作のなかでバウアーは、キリスト教国家におけるユダヤ人の置かれた状況を分析し、その差別や排除を取り除くための方策を模索する。これに対し、マルクスはバウアーの結論を問題視する。すなわち、ユダヤ人が政治的に解放されたいと望むならば、自らがまず宗教から解放されなければならないというバウアーに対し、マルクスは国家と宗教の関係を正しく理解していないと批判するのである。マルクスにとって、国家が宗教から解放されることと、宗教が宗教として存続することは矛盾せず、国家が国教を否定し自らを宗教から切り離すことで、個人は私的に信仰を保ち続けることが可能になると考えられた。

しかしながら、以上の議論はここでの関心とは直接関係ない。むしろ重要なのは、マルクスの議論がそこから、政治的国家と市民社会の関係をめぐる議論へと展開していることである。このような宗教問題に示されているように、近代国家において人間は、宗教から解放された自由な国家の市民であると同時に、個人的には信仰厚い人間であり続けることが可能である。とはいえ、このことは言い換えれば、人間が国家と市民社会との間で切り裂かれることも意味する。すなわち、人間は国家の構成員としての生活と、市民社会の構成員としての生活という意味で、二重生活を余儀なくされるのである。

興味深いことに、ここでマルクスはフランス語のシトワイアン(citoyen)とブルジョワ(bourgeois)という言葉を持ち出している。彼によれば、個人は国家においてはシトワイアンであるが、市民社会ではブルジョワである。宗教にかかわるのは、もっぱら市民社会における私的個人、すなわちブルジョワの資格においてである。個人はシトワイアンとして普遍的関心を追求する一方で、ブルジョワとして宗教をはじめとする公的関心とは切り離された私的関心を追求することになる。マルクスはこの分裂に注目したのである。

注目すべきは、マルクスがこのような分裂との関連において、人権を理解しようとしている点である。すでに指摘したように、『人権宣言』の正式名称は『人間および市民の権利の宣言』であるが、ここにある「人間の権利」と「市民の権利」の併記をどのように理解するかに関して、マルクスは独特な見解を示すことになる。すなわち、マルクスによれば、両者をあえて併記したことの意味は、個人がシトワイアンとブルジョワの間で、すなわち国家と市民社会の間で切り裂かれていることを明示したことにある。「人間の権利すなわち人権は、そのものとしては、市民の権利すなわち市民権と区別される。市民から区別された人間とは誰なのか？　市民社会の成員にほかならない。（中略）いわゆる人権、つまり市民の権利から区別された人間の権利は、市民社会の成員の権利、つまり利己的人間の権利、人間および共同体から切り離された人間の権利にほかならない」(Marx 1961: 364, 邦訳四一―四二頁、強調は原文、ただし訳を一部変更)。

マルクスによれば、あえて市民権と区別されて主張される人権とは、他の人間との結びつきを失い、自らの私的利益に閉じ込められた利己的人間の権利である。「自由とは、他人の権利を害しないことはすべてなしうることにある」という『人権宣言』の第四条を引き合いに出すマルクスはさらに、このような自由を「孤立して自分の中に閉じこもっているモナドとしての人間の自由」とも呼んでいる。その上でマルクスは、「自由という人権は、人間と人間との結合に基づくものではなく、むしろ人間と人間との分離に基づいている。それは、このような分離の権利であり、局限された個人の権利、自己に局限された個人の権利である」と結論づけている(Marx 1961: 364, 邦訳四三―四四頁、強調は原文)。

もちろんマルクスの批判の主眼は、そのような利己主義的人間に基礎を置く社会の批判であり、彼が希求するのは疎外された状況を乗り越えるための真の人間的解放であった。とはいえ、人権を利己主義と結びつけ、そのような人権の強調が人と人とを切り離し、互いを孤立させるものであるという批判は、それ自体として見てみれば、同時代の多くの保守主義者と共通するものであった。マルクスにとって、近代ブルジョワ社会とそれと不可分のデモクラシーは、人と人とを切り離し、何よりもまず個人の排他的な所有権に基礎を置くものであったのである。

このようなマルクスの人権批判は、現代の多くの政治理論家にとっての関心の的となっている。後で述べるように、クロード・ルフォールは、人権を人と人を分離させる権利ではなく、結びつける権利として理解しようとしているし、エティエンヌ・バリバールはそもそも「人間の権利」と「市民の権利」を別個のものとして捉えたこと自体が間違いであり、『人権宣言』の画期性はむしろ、両者の不可分性を強調した点にあるとしている(Balibar 1992: 131, 邦訳五八頁)。

いずれにせよ、マルクスの人権批判は、人権という理念が近代社会において人間と人間とを結びつけ統合しようとする一方で、人々を切り離しそのような状態を固定化する機能をもつのではないか、という疑念を示すものであった。このような批判は、保守主義からマルクス主義まで、幅広い政治的ベクトルをもつ諸勢力によって共有されたことを忘れるわけにはいかない。

このように一九世紀における人権批判を振り返れば、(1)人権という超越的な理念に基づいて社会を改造することの危うさ、(2)人権の強調によって客観的な善の目的論が空洞化してしまう可能性、そして、(3)人権が人と人の分離を正当化し固定化する危険性に向けられていたと総括できるだろう。

三　人権批判の系譜(2)——現代的批判

一九八〇年代における人権論の再燃

すでに指摘したように、人権への批判はけっして一九世紀中に終焉したわけではなく、議論の多くは二〇世紀にまで持ち越された。しかしながら、少なくとも西洋諸国をみる限り、一九七〇年代にはようやく人権はあまねく承認される理念になり、その限りで人権論に決着がついたかに見えた。

しかしながら、この時期、あらためて人権への関心を喚起する事件が起きる。すなわち、ソ連における厳しい人権侵害の実態を告発したソルジェニーツィンの『収容所群島』が、本国では発表されなかったものの、フランスにおいて一九七三年から七五年にかけて発売され、以後各国で翻訳が進むことになったのである。このことは人権がけっして過去の問題にはなっていないことを明らかにし、続く一九八〇年における人権論再燃の伏線となった。とくにこの場合、共産主義国における人権侵害ということから、共産主義と人権、マルクス主義と人権の関係に、あらためて注目が集まることになったことが重要である。

この時期、フランスにおいて、人権論は興味深い展開をみせることになる。この背景を考えるためには、一九八〇年代初頭における政治状況を思い起こす必要があるだろう。一九七九年、イギリス総選挙での保守党の勝利を受け、サッチャーが政権についた。続く一九八〇年には、アメリカでも共和党のロナルド・レーガンが大統領に当選する。いずれも労働党や民主党を破ってのものであり、福祉国家による「大きな政府」を批判し、市場原理を重視しての政権獲得であった。また両政権は新自由主義と同時に、国家の権威の復活を目指しており、まさに新保守主義の時代の到来を告げるものであった。

これに対しフランスではむしろ、一九八一年にミッテランの社会党政権が成立する。この左翼政権の下、産業の国有化をはじめ社会主義的な政策実験が行われるが、実験は政権発足後ほぼ一年の間にすべて失敗に終わり、放棄されてしまう。ある意味で、多くの期待を受けて成立した左翼政権がたちまち挫折し、左翼に対する幻滅が急速に広まっていったわけである。英米圏と比べても、遅くまで左右の対立構造がはっきりしていたフランスだけに、この幻滅は、知の動向にも少なからぬ影響を及ぼしていった。

いわば、冷戦体制の終焉、ソ連・東欧体制の崩壊より一〇年も前に、フランスでは、社会主義、なかんずくマルクス主義に対する幻滅が広がるなかで、どのように議論を立て直していくかが、真剣に問われたのである。知識人に対する左派の影響の大きかったフランスゆえに、問題は深刻であった。このような問題意識が共有されるなかで、これまでの左右の軸では捉えきれない、混沌とした知的状況が生じてくる。一九八〇年代のフランスにおいて、人権論があらためて論じられるようになったのも、このような知的状況においてであった。

これと比べるならば、英米圏においては、新保守優位の時代が続くなか、ラッセル・カークらによってバークの保守思想の再評価が進んだ(Kirk 1953)。ただし、こと人権論に関していうならば、バークの古典的な人権批判の再確認を越えるものは少なく、人権批判の新たなる展開には乏しいといわざるをえない。というわけで、以下、フランスにおける人権論の動向を見てみたい。

ルフォールの人権論

フランスにおける人権論の口火を切ったのは、クロード・ルフォールである。(2) ルフォールは、早くからメルロ＝ポンティの若き友人として知られ、後に『見えるものと見えないもの』にまとめられる彼の遺稿を委ねられた人物として知られている。その意味では、ルフォールは、彼の師の現象学の継承者であると同時に、サルトルとマルクス主義をめぐる論争を行うなど、マルクス主義との両義的な政治的関係も引き継いだといえるだろう。

ルフォールはやがて、「社会主義か野蛮か」というグループのメンバーとして活躍することになる。「社会主義か野蛮か」は、フランスの国際主義共産党の反主流派から生まれたグループである。ルフォールは、やはり後に政治哲学者として知られることになるコルネリュウス・カストリアディスとともに、この「社会主義か野蛮か」を主導し、同名の機関誌において活発な言論活動を繰り広げた。ルフォールは後にアカデミズムへと活動の舞台を移したが、彼がソ連の官僚支配を批判し、その人権抑圧を批判することになるのも、このような政治活動と無縁でないはずである。

マルクス主義の内部から出発したルフォールであるが、彼の関心はやがて、マルクス主義の議論では「ブルジョワ的観念」として、むしろ批判的な視点から捉えられる傾向の強かった近代デモクラシーや人権の再評価に向かっていく。その過程でルフォールは、マルクス主義との緊張関係において、自らの独特な政治理論を打ち立てることになった。このようなルフォールの政治理論のうち、とくに政治と人権の関係についての考察を、ここで見ておきたい。

ルフォールが俎上に載せるのは、すでに示した『ユダヤ人問題によせて』における、マルクスの人権批判である。ソ連の生み出した「全体主義」を激しく批判するルフォールは、全体主義体制において、個人がかつてないほど他者や集団から切り離され、孤立していたと指摘する(Lefort 1981：53)。全体主義は市民社会を破壊し、その自律性を奪ったが、このことは、人間と人間の間のあらゆる関係を断絶させることによって可能になったのである。この点に関して、マルクスに責任がないわけではないとルフォールはいう。というのも、マルクスによる言論の自由の低い評価は、言論の自由がまさに「諸関係の自由（la liberté des rapports）」であり、コミュニケーションの自由であることを見損なった結果であったからである。ある意味で、マルクスは人権や法についてのブルジョワ的解釈を退けることで、むしろ人権や法の観念の基盤それ自体を掘り崩してしまったのであるというのが、ルフォールの批判である。

これに対しルフォールは、人権とは単に個人の私的領域を守るための個人的な権利ではなく、政治の重要な構成要素であると主張した。すなわち、自由主義的な理解では、人権とは公権力が介入できない個人の私的空間を守るためのものとされ、対するに、左翼的な理解においても、ここまで見てきたように人権は個人的なものと見なされてきた。しかしながら、ルフォールはむしろ、人権とは政治的な権利であり、その本質は人と人との間に関係を創出することにあるとする。つまり何が人権か、誰がその人権を享受するのかについての議論から始まり、その理念が実現されるプロセスにおいても、人権は人と人とを結びつけ、政治のダイナミズムを生み出す。社会を変えていくとき、人権という理念は一つの原動力になりうるのである。人権を強調することは、シトワイアンとブルジョワの分裂をもたらすのではなく、コミュニケーションの自由を介した公共空間を通じて、権力との間の緊張ある対抗関係を生み出す可能性をもっている。ルフォールの見るところ、人権とはもっぱら個人を守るばかりでなく、市民社会の制度化のためにも有効に機能しうるものであった。マルクスのいうような「モナドの自由」ではなく、まさに「諸関係の自由」として人権を論じることこそ、ルフォールのねらいであった。ある意味で、ルフォールは人権の政治的な機能を強調したといえるだろう。

ゴーシェによる人権批判

しかしながら、一九八〇年代のフランスにおける人権論の再燃も、もし人権を歴史的に再評価するにとどまったならば、議論の影響の広がりはけっして大きなものにはならなかったろう。しかしながら、ルフォールによる人権の政治的機能の擁護は、直ちに反論に直面する。しかも、皮肉なことに、このようなルフォールに挑戦したのは、出身からいえばルフォールの弟子にあたるマルセル・ゴーシェであった(3)。

ゴーシェは、ルフォールの人権論「人権と政治」が一九八〇年に『リーブル』誌に掲載された直後に、『デバ』誌に「人権は政治ではない」という論文を執筆している。この論文でゴーシェは、人権論の復活に対し次のような疑問を提起している。

これまでフランスでは、マルクス主義の影響下に、権利を現実の階級支配を隠蔽する形式的なフィクションとして脱神秘化して捉える傾向が強く、その傾向は構造主義の反ヒューマニズムにも継承されてきた(アルチュセール、ラカン、フーコー)。ところが、一九八〇年代になって、東側における人権への動きに触発され、フランスにおいても人権論が再燃する。これに対しゴーシェは、東側ではともかく、フランスにおいてあらためて人権を神聖視するのは、むしろより大きな問題を覆い隠す機能を果たしているのではないかと問い直す。すなわち、ここまで見てきたことからも明らかなように、人権論の復活とは左翼の分裂とコインの表裏をなすものであり、人権を反全体主義の文脈で強調することは、あらためて「距離(écart)」、「他性(altérité)」、「拒否(refus)」のみを政治の課題とすることにつながるのではないか、とゴーシェは指摘する(Gauchet 2001: 9)。ここには、人権とは、人々を切り離し、孤立させる権利ではないかというマルクスの議論の残響が間違いなく聞こえる。

ゴーシェはこの二〇年後、同じく『デバ』誌に「人権が政治になったとき」という論文を寄せている。このことは、彼の問題意識の継続性を示すものであると同時に、少なくとも彼の眼に、この二〇年間に問題状況は変わらず、あるいはより深刻になっていると映っていることを示している。(4)

この論文でゴーシェは、あらためて過去二〇年間における最大の政治的出来事として、「人権の聖化」をあげている(Gauchet 2001: 326)。彼が歴史的に総括するところでは、一九八〇年代における人権論の復活は、反全体主義的な左翼内部の論争であり、古典的な生産手段の国有化にこだわる公式の左翼に対し、社会運動や市民社会の活性化に活路を求める「第二の左翼」が主張したものであった。彼らは社会運動や市民社会の活性化の原理として人権に注目したのであり、東側の恣意的権力に対して人権が有したポテンシャルに期待が集まった。しかしながら、ゴーシェはこのような人権論の復興はふたたび袋小路に陥り、人権の強調はむしろ逆の効果をもったという。すなわち人権を強調することは、個人に行動の自由をもたらすとしても、共同で討議し、決定する能力の向上にはつながらず、むしろ人権を政治にすることは、集団的な無力をもたらしたというのである(Gauchet 2001: 330)。

ゴーシェの見るところ、一九四五年以後は自由民主主義の黄金時代であった。代議制が安定し民主的国家の正当性を支えると同時に、計画化・組織化は未来への人々のくらしを保障し、両者があいまって社会的連帯への信頼の基盤を提供した。しかしながら、七〇年以降、最初は経済的なものとして現れた危機はやがて、政治社会全体の危機へとつながり、自由民主主義の内部の内的均衡を崩すことになった。

経済のグローバル化を受けて、国家の再配分機能は不全を起こし、計画化・組織化によって未来に働きかける能力への信頼は決定的に損なわれてしまったのである。結果として、過去一世紀以上にわたって政治的イデオロギーの中核を担った諸言説のうち、「革命」や「進歩」などへの不信が高まり、社会正義という理念も、階級の輪郭の曖昧化とともに支えを失っていった。いわば、社会の公共空間における認識論的あるいは規範的な空虚が生じてしまったのであり、残された唯一の理念として人権が浮上したのも、このような背景があってのことだった。

このようなゴーシェの議論が興味深いのは、彼の人権批判が、伝統的な保守の立場からなされたものではなく、むしろマルクスの議論へと立ち戻るものであり、かつ公式的な左翼と同時に、新左翼などの「第二の左翼」もまた行き詰まったという危機感から出発している点である。人権が人々を分離し孤立させるという指摘や、人々の共存を可能にし、社会の未来を切り開いていくにあたって人権が有効な羅針盤となりうるかということへの疑念など、ゴーシェの人権批判は、その一つひとつを取り上げてみれば、まさに歴史的に保守主義が提起してきた論点ばかりである。

しかしながら、伝統的な保守主義が、抽象的な人権理念に基づく急進的改革を批判する際に歴史的な共同体や社会組織を対置したのに対し、ゴーシェが人権を批判する場合、そのような「帰るべき場所」はもはや存在しない。ゴーシェの歴史観からすれば、一八世紀の終わり以降、伝統的な宗教の超越性が失われたことを前提に、宗教に代わって社会集団を正当化してきたのが諸イデオロギーであった。現代とは、そのような諸イデオロギーへの信頼が最終的に失われ、過去への復帰も、未来への変革も、ともに現在における政治的行動の支えとならなくなってしまった時代である。そのような時代にあって、人権のみがデモクラシー社会の排他的な真理となっているが、そのことは他の指導的理念の弱体化を意味するばかりで、残された人権の理念のみで社会統合と未来への信頼を生み出すには困難が大きいというのが、ゴーシェの結論である。

その意味では、ゴーシェは人権を否定しているのでも、軽視しているのでもない。むしろ、人権が唯一残された政治的理念であることを認めた上で、しかし、それだけでは不十分であると主張しているに過ぎない。近代の政治を支えた理念として、「権利」以外に、「政治」と「歴史／社会」があるというゴーシェは、この三つの新たな組み合わせの可能性を模索することを課題として論文を終えている。

四　おわりに

以上のように、保守主義による人権批判は、歴史的に変わらない部分と、微妙に趣旨が変化している部分とがある。かつてのような「保守」と「進歩」、「右」と「左」という対立図式が相対化され、歴史を単線的な発展として捉える理解が後退した今日、保守主義を単に急進的な改革に反対するものとして捉えることはもはや難しくなっている。保守主義とはむしろ、現実の社会秩序の捉え方、とくに人権のような抽象的な理念に基づく社会秩序のあり方に対する批判的、あるいは懐疑的な捉え方として、よりよく理解できるであろう。ただし、これまでの保守主義にとって、真に社会秩序の基礎となるはずだった「第二の自然」としての伝統的な共同体や社会組織も、今日ではもはや当然には前提にできなくなっている。その意味で、保守主義もまたより自己反省的な性格を強めている。さらに稀少になった秩序の資源に対してのより慎重な姿勢こそが、保守主義的思考の特徴となっていくであろう。

しかしながら、保守主義の本質的な部分においては、歴史を通じてそれほど変化を見せていないともいえる。このことは保守主義の人権批判において明らかであり、多くの理論家の口を通じて、人権という理念が人と人とを結びつけるよりは、むしろ切り離す機能をもつのではないかという懸念が表明されてきた。また、人権という理念は、多様な社会的属性を剝いだ抽象的な個人像に立脚し、かつ自らを自己目的化することを通じて、社会に存在すべき客観的な善の秩序を破壊し、結果として自分自身の基礎を掘り崩すのではないかという批判も繰り返し説かれてきた。

その意味でいえば、今後、人権を理念的にも、また実践的にも、よりよく実現していこうとするならば、むしろ保守主義的な思考との対話が有益であろう。この対話を通じて、人権が人と人をつなぐ役割を果たしうることを論証し、さらに、人権という理念を支えるのは何なのか、議論を続けていくことが大切である。

もはや人権を全否定することは、保守主義にとっても不可能となっている。保守主義が保守主義としての自らの役割をよりよく果たすためにも、人権という理念と正面から向き合い、その足らざる部分を補うことを自らの目的とすることが期待されよう。

（1）　この点に関しては、ド・メーストルの「私はこれまでフランス人、イタリア人、ロシア人などに会ったことがある。モンテスキューのおかげでペルシャ人という存在も知っている。だが、人間というものには会ったことがない」(Maistre 1989：145)という有名な言葉が想起される。

（2）ルフォールの経歴は、本文中に示した通りである。アカデミックなキャリアとしてはカーン大学で社会学を講じ、後に社会科学高等研究院に転じている。社会科学高等研究院では歴史家のフランソワ・フュレとともにレイモン・アロン政治研究センターの中心となり、フランス・リベラリズムやトクヴィル研究の復興に大きな寄与をなしている。

（3）ゴーシェはカーン大学でルフォールの下で学び、後にルフォールとともに『リーブル』誌に参加、さらに社会科学高等研究院レイモン・アロン政治研究センターで活躍することになる。その意味で、彼の軌跡は完全にルフォールのものと重なっている。

（4）ゴーシェは、この二〇年を隔てて書かれた二つの論文を最初と最後にもってくることで、一冊の論文集を構成しており、そのタイトルを『自らに抗するデモクラシー』(Gauchet 2001)としている。

第四章　政治哲学問題としての欧州統合

一　はじめに

一九五〇年代のはじめ、二つの世界大戦によって荒廃したヨーロッパにまかれた一つの小さな種は、二一世紀になって、見る人によっては畏れの念を抱かせるほどの成長を見せることになった。二八カ国、人口五億人を統合する拡大EUの実現である。

大戦の原因となった仏独間の歴史的対立を乗り越えるため、石炭と鉄鉱の共同管理を提案したシューマン・プランは、現在から振り返れば欧州統合への輝かしい第一歩ということになるだろうが、その出発点においては、ささやかな、きわめて限定的な試みであった(平島 二〇〇四：四二頁)。しかしながら、この出発以来、小さな共同体は度重なる停滞期を乗り越え、次第に参加国を増やし、取り扱う領域を拡大させてきた。

この欧州統合の大きな特徴の一つは、いきなり超国家的な連邦を目指すというような、大きな青写真を描いて体系的に制度を構想することを最初から断念し、実現可能な特定領域から徐々に共通政策の範囲を拡大し、それにあわせて柔軟に――というよりもむしろ、つねに矛盾と混乱をかかえつつ――制度とルールを築き上げていったことにある。その意味で、欧州統合はけっして理念先行のプロジェクトではない。むしろ現実の統合の進展に対し、理論化はつねに遅れてなされてきたといえる。しかしながら、重要なのは、このような青写真なしの、歴史に前例のない大実験に対し、遅れながらとはいえ、それを意味づけ、理解しようという試みがなされてきたことである。

生まれつつあるのは、連邦国家なのか、あるいは国際組織なのか。おそらく、そのどちらでもあるまい。性急にこれまでの思考枠組みに基づくカテゴリーに分類するよりも、とりあえず「かつてない独特なもの」(sui generis)と呼びながら、じっくりと息の長い射程でこの実験を理解していくという姿勢が、ヨーロッパの実務家・理論家の間に見受けられる。本章はこのような姿勢を共有しつつ、欧州統合を政治哲学の視点から考察していきたい。

言うまでもなく、近年の欧州統合の加速の背景にあるのは、冷戦の終了後、経済がグローバル化し、資本や物資のみならず人間が国境を越えて移動していくという現実である。このような状況に対応しつつ、アメリカやアジア諸国に対抗すべく、ヨーロッパは統合の拡大という戦略を選んだ。したがって、欧州統合を、そのような二〇世紀末以来の状況変化の中で理解する必要があることは間違いない。しかしながら、本章は、欧州統合をより長い時間を視野に入れて捉えてみたい。それも、第二次世界大戦、あるいは二〇世紀という以上に長い時間の射程において。政治哲学的の視点というときに念頭にあるのは、このような時間的感覚である。

あえてヨーロッパ的な思考法とでも呼ぶべきものがあるとすれば、それは現実の問題を捉えるにあたって、過去の経験と議論を参照し、そこから何らかの視座を得て、再度今日的課題を意味づけていこうとする点にある。強固な知の継承性によって特徴づけられるヨーロッパ的な思考法において、新たな現実を理解するために現行の知的枠組みが不十分な場合、まったく新しい概念を創出するよりは、むしろ過去の知的在庫を探り、そこから再利用できるものがないかを検討する。一例をあげれば、従来の国民国家観やそれに基づく国際的秩序が変容するなかで、今日しばしば帝国に言及がなされる。議論の口火を切ったイタリアの政治哲学者アントニオ・ネグリとその共同執筆者マイケル・ハートによれば、彼らのいう帝国とは、いわゆる帝国主義論における帝国とは異なるという(Negri and Hardt 2000)。もちろん、それは古代的な帝国とも違う。あえていえば、ヨーロッパの伝統的な国制論における一つのモデルとしての帝国を、今日的状況の中でもう一度捉え直そうとする試みとして理解できよう。帝国というモデルは、古代ローマ帝国の記憶と結びつくことによって、同じく古代ギリシアのポリスや共和政ローマの記憶と結びついた都市国家モデルと並び、長くヨーロッパの政治学の伝統において名誉ある地位を占めてきた。たしかに、現実の近代ヨーロッパの歴史、とくに西欧の歴史においてその主役となったのは、帝国でも都市国家でもない、国民国家というモデルであった(Manent 1987: 19, 邦訳一七頁)。しかしながら、むしろそれゆえに、国民国家モデルの動揺が語られる今日、国民国家モデルが優越的になる以前に有力であった帝国というモデルに注目が集まることに不思議はない。拡大欧州はそれ自体一つの帝国、もしくは準帝国となっていくのか。あるいはアメリカ主導の帝国に代わる、まったく異なる秩序構想となるのか。(1) この問題は後ほど考えるとしても、ここでは、帝国への関心に象徴される、国制論の復活とでも呼ぶべき現象が見られることとのみ指摘しておきたい(宇野 二〇〇四)。今日新しいヨーロッパの秩序を理解するべく、「補完性(subsidiarity)」の原則が指摘されるが、この原則も、関連してしばしばアルトジウスらの思想家への言及がなされるように、国民国家以前のヨーロッパの多様な秩序構想と結びついている。そこには、過去の経験と議論から、使えるものは何でも使おうとする、ヨーロッパの知的な迫力さえ感じとれる。

話は国制論にとどまらない。欧州統合に関わる一つの論点として、しばしば強調されるのは、いわゆる「デモクラシーの赤字」として語られる、民主的正統性の問題である。たしかに、代議制を通じての被治者による政府の有効なコントロールとしてデモクラシーを理解する限り、さらには「ヨーロッパの人民(デモス)」による自己統治としてデモクラシーを理解するかぎり、はたして五億人の拡大欧州にデモクラシーは可能なのか、疑問である。その権限が強化されたとはいっても、欧州議会がＥＵにおけるすべての政策決定の制度的な正統性の根拠となっていないことは明らかである。ＥＵにおけるガバナンスは、加盟国その他の公的機関や、労使の団体や専門家などさまざまな社会的パートナーから成るネットワークによってなされており、また「コミトロジー」など各種委員会における実質的な議論の過程への参加の道も残されており、そのかぎりで、単純に「デモクラシーの赤字」と呼ぶのは正しくない。とはいえ、はたしてヨーロッパレベルのデモクラシーが可能なのか、なお疑問は残る。

しかしながら、ここでも視野を拡大することで、問題の位相を変えることができる。すなわち、そもそも国民国家の時代においてすら、デモクラシーは本当に実現していたのだろうか。近代においてデモクラシーは、もっぱら国民国家と結びつけて理解されてきたが、はたしてデモクラシーと国民国家の結びつきは、必然的なものなのであろうか。国民国家は、デモクラシーにとって本当に最適の舞台なのか。というのも、デモクラシーの実現のためには一定の政治体の存在が不可欠であるが、デモクラシーが実際にどのような政治体において実現されうるかは、けっして自明ではないからである。近代デモクラシーが現実には「国民」という理念と結びつき、国民国家を舞台に展開してきたとすれば、それはいったいなぜだったのか。そもそもデモクラシーとは何かという問題を含め、過去の経験と知識に照らして、デモクラシーについて考え直す余地がありそうである。デモクラシーと国民国家の結びつきは、近代西欧の経験から導き出されたモデルであり、これまで西欧からそれ以外の地域へと拡大されて適用されてきたとすれば、今日そのモデルの原型を作り出した当のヨーロッパで、再度モデルの根本的な見直しが行われているのである。

ところで、本章におけるここまでの議論に対しては、きわめて普遍的な理論的諸問題に対して、あまりにもヨーロッパの歴史的経験やそれに固有な思考法を強調しすぎなのではないかという疑問が投げかけられるかもしれない。しかしながら、このような疑問に対しては、欧州統合の現実から性急に一般的なモデルを引き出すのは――かつて国民国家を唯一絶対のモデルと考えたのと同様に――問題であり、むしろ実際に進んでいる統合のどの部分がヨーロッパ固有の要因に基づき、どの部分が一般的な射程をもつのか、慎重に区別することこそが、まず必要なのではないかと答えたい。政治哲学問題として欧州統合を考えていくと、必ずといっていいほど、何が〈ヨーロッパ〉的かという問題に行き着く(2)。

今日、旧東欧諸国のみならず、トルコをはじめ、伝統的にヨーロッパと見なされてこなかった諸国へのEUの拡大も、現実の検討課題となっている。あらためて〈ヨーロッパ〉とは何か、〈ヨーロッパ〉の境界線はどこにあるのか、真剣に論じられるようになっている。この問題は、単に具体的な加盟条件を決定するためばかりでなく、およそ統合の理念は何であるのかを定めるために不可避である。

したがって、本章ではまず第二節において、デモクラシーを始めとする政治哲学問題として欧州統合を検討した後、第三節においては、欧州統合をもたらしたヨーロッパの歴史的固有性、そこから導き出される〈ヨーロッパ〉という理念について、考えてみたい。

二　デモクラシーと欧州統合

デモクラシーと国民国家

欧州統合とデモクラシーとの関係については、正反対の二つの意見が見受けられる。一方の側は、統一欧州はあまりに巨大であり、「ヨーロッパの人民」による民主的実践というよりはむしろ、ブリュッセルやストラスブールの欧州官僚や一部の政治家たちの寡占的な支配によって主導されるであろうと危惧する。他方の側は、欧州統合は、二度の世界大戦をもたらした国民国家による争いを克服するものであり、国民の観念から自由になったデモクラシーを実現する絶好の機会であるとする。あまりに対照的な二つの見解をどのように捉えればいいのだろうか。

まず第一の側の議論を見てみよう。この側に立てば、ＥＵを構成する諸国民の間には、言語を始めとする様々な違いがあることが問題である。各国民にはそれぞれの固有の文化と伝統がある。また、人権やデモクラシー等をめぐる基本的価値はともかく、具体的な政治の進め方や優先順位に関しては大きな違いがある。したがって「ヨーロッパの人民」や「ヨーロッパ公共空間」といっても、今のところ抽象的理念に過ぎない。現実にはそのような実体は存在せず、それに基盤を置くとされる「ヨーロッパのデモクラシー」もまた机上の空論に過ぎない。この点は二〇〇年前のアメリカ独立期と比較してみても明らかである。アメリカの連邦を構成した諸邦の間には、現在のヨーロッパと比べて、はるかに大きな同質性が存在した。独立戦争をともに戦った経験、共通の言語、イギリスに由来する分権と自治の伝統、キリスト教に由来する道徳的価値観などである(Siedentop 2001: 9–14)。これと比べて現在のヨーロッパはどうであろうか。当然言語も異なれば、政治的伝統も異なる。このように異質な人々によって、はたして共同の民主的実践は可能なのであろうか。

またサイズの問題も大きい。デモクラシーとサイズの問題については、これまでもいろいろと議論されてきた。デモクラシーにとって最適のサイズはどのように決定されるのだろうか。しばしば、古代都市国家の公共の広場における一般市民の直接参加によるデモクラシーは、近代の領域国家では不可能であり、直接参加に代わる代議制の導入こそが近代デモクラシーの最大の特徴であるとされる。とはいえ、このような「常識」は、比較的新しいものである。一八世紀の「常識」では、モンテスキューやルソーが強調するように、民主政と貴族政とを含む「共和政」は小国のみに適した政治形態であり、大国にふさわしいのは「王政」であるとされていた。「共和政」の「原理」は「徳」であるが、市民に私的利益よりも公的利益を優先するよう求める「徳」は、平等と同質性の高い小国においてのみ可能であるとされたからである。アメリカ合衆国という巨大な共和国の設立とは、このような「常識」に対する挑戦であり、結果的に生まれた連邦制は、後にアレクシ・ド・トクヴィルによって、「政治学の傑作」とみなされるに至った(Tocqueville 1951: 159, 邦訳(上)三〇四頁)。今日では歴史の所与として当然視されているアメリカ合衆国における連邦制の採用も、その当初においては、理論的模索と実践的妥協の産物にほかならなかった。現代における統一欧州がはたして真にデモクラシーの名にふさわしい政治体となりうるか。サイズの巨大さのみならず、その構成上の複雑さが、大きな疑問を生み出している。「デモクラシーの赤字」が論じられる所以である。

次に第二の側の主張を見てみよう。この側の出発点にあるのもまた、一つの現状認識である。この認識によれば、冷戦の終了後、国家の枠組みは急激な再編成の中に放り込まれている。また国境を越えて展開する資本・生産・流通や労働の再組織化にあわせて、権力の作用や介入領域も国家横断的になっている。実際問題としてEUは、公的な主権の承認や理論的正当化のないままに、その権限と介入領域を拡大させつつある。要するに、これまでの国民国家の境界を越えた権力体が生じている。だとしたら、このような現実に対応すべき国家横断的なデモクラシー、国家横断的な市民の創出が要請されるのは、ある意味で当然のことである。そのような視座に立てば、市民を国家的主体と同一視してきたこれまでの発想自体が問題であり、国家横断的な政治主体としての市民の理念を生み出さなければならない、ということになる。

ここで、このような議論を展開する論者の一人として、エティエンヌ・バリバールの議論を取り上げてみたい(Balibar 1997; 1998; 2001)。彼の欧州統合に対する期待の背景にあるのは、国民国家の現状に対する厳しい分析である。彼によれば、一方で経済の領域においては、グローバル化によって国民国家の自律性は決定的に失われつつあるが、他方において、むしろそれゆえにナショナルなアイデンティティへの欲求が高まり、それが反動的なナショナリズムや人種主義の形をとって現われてきている。ナショナルな形式が唯一の政治的単位でなくなった時代に、搾取や貧富の差はなくならないとき、むしろ集団的な差異の欲求が人種主義の高まりという現象を生み出すというのである。一方で国民国家が機能不全に陥り、他方でそれを補償するかのように、反動的なナショナリズムや人種主義が昂進するなか、国民国家を相対化しつつ、個人の政治的共同体への新しい帰属の仕方を創造するための場としてEUを捉えるというのが、バリバールの見通しであるように思われる。

このような視座に立つバリバールにとって、建設されるべき「ヨーロッパ公共空間」は、所与の文化的・歴史的なアイデンティティに依拠するものであってはならない。ヨーロッパ市民権の課題とはまさしく、歴史的共同体への帰属と市民権の関係について、またエトノスとデモスの関係について、新しい構想を生み出すことにある。したがって彼にとって、ヨーロッパのアイデンティティは、そこに世界各地域からのグループが結集している点にあり、言語についても、特定の一言語を特権化するのではなく、様々な言語の交錯・翻訳こそが「ヨーロッパの言語」になるべきであるとしている。

このように見てくると、第一の見方に立つ人は、デモクラシーと国民国家との強い結びつきを信じ、それゆえに、言語や政治文化に関して一定の同質性を持った国民という単位こそ、デモクラシーの実践にとって不可欠であるとするのに対し、第二の見方に立つ人は、むしろそのような同質性を相対化することを可能にする枠組みこそ、現代のデモクラシーの実践にとって重要であると考えているとまとめることができよう。デモクラシーと国民国家との結びつきにこだわる人は、往々にしてヨーロッパレベルでのデモクラシーの可能性について否定的であり、その逆に、両者の結びつきを偶然的であると考え、むしろデモクラシーの実現にとって「国民」という理念がもつ否定的側面に敏感な人は、ヨーロッパでのデモクラシーに期待を託しているのである。

この点に関して、ＥＵを主導するイギリス・フランス・ドイツの間における議論の違いが興味深い。これまで欧州統合に最も積極的であり、統一欧州を可能なかぎり連邦制に近いものとして構想する傾向をもつのがドイツである。その代表的知識人は言うまでもなく、ユルゲン・ハーバーマスであり、「憲法愛国主義」を説くハーバーマスは、ヨーロッパ諸国民がその国境を越えて、新しい民主的な公共空間を建設することを主張し、将来的には「ヨーロッパの人民」から成る連邦制を視野に入れるべきであるとする(3)。

これに対し、フランスでの議論は微妙である。ドイツと並び欧州統合の両輪の役割を果たしてきたフランスであるが、その世論は統合の拡大についての懐疑を隠さない。フランス共和主義の伝統にとって、人民主権とデモクラシーを実現する場は、フランス共和国であった。したがって、このフランス共和国の消滅はもちろんのこと、その相対化ですら、躊躇の原因となりうる。はたして統一欧州でデモクラシーは可能なのか。あくまでフランス共和国の主権にこだわる議論には、イデオロギーの左右を越えて支持が集まる。

さらに、ドーヴァーを挟んでの相互不信も見逃せない。イギリスの知識人の間には、フランス官僚制に対する根強い警戒感がある。イギリスとフランスとの間には、コモン・ローとローマ法の伝統の違いに始まり、地方分権と中央集権、さらには自治の重視と行政権の主導に至るまで、ぬぐいがたい政治文化の違いがある。このまま欧州統合が進めば、力をもつのはフランス官僚制の文化であり、統一欧州にはアングロサクソン的な政治文化の生き残る可能性は低いのではないかというのがイギリス知識人に顕著に見られる疑念である。

新しくEUに加盟した中東欧諸国において、さらに思いは分裂する。これらの諸国において、豊かな欧州に加わることへの期待は大きいものの、巨大な欧州の中で自国がその周辺部に追いやられ、従属的な地位に固定されるのではないかという疑念も強い。このような疑念によってむしろ自国へのナショナルな帰属意識が高まる可能性も否定できない。

欧州統合は、デモクラシーと国民国家の結びつきが絶対のものであるかどうか、というけっして新しくない問題を、新たな形で問い直す契機となっているのである。

デモクラシーとは何か

このような、ヨーロッパレベルでのデモクラシーの可能性をめぐる論争には、なかなか決着がつかない。ピエール・マナンによれば、その理由の一つは、この論争の双方が、それぞれにデモクラシーのイメージを持っており、そのいずれのイメージも、それなりにデモクラシーの一側面をいいあてているからである(Manent 2001: 104)。

デモクラシーには、つねに両義性が存在する。デモクラシーとは、一方で諸個人の権利の実現であり、他方で集団的な自治・自律である。デモクラシーとはまさに、集団的な自治の実現を通じて、諸個人の権利のより良き保障を目指したものであり、両側面は不可分であるとされる。しかしながら、両側面は不可分であるにせよ、異質なものであることは間違いない。デモクラシーの第一の側面が人間の個人としての権利に関わるとすれば、第二の側面は人間の市民としての役割に関わっている。この点からいえば、欧州統合によって、諸個人の国境を越えた活動の可能性が開かれ、自由な旅行・修学・雇用の機会が増大することが期待されるという意味で、諸個人の権利は促進される。しかしながら、市民として、民主的な世論を形成し、それによって権力をコントロールする可能性はむしろ低下するかもしれない。両義性を内在させるデモクラシーが、個人としての側面と市民としての側面の間に、これまで何とか均衡を成り立たせてきたとすれば、欧州統合を機に、この均衡が大きく揺らぐ可能性がある。

このようなマナンの議論を、デモクラシーの歴史を振り返ることで、さらに検討してみたい。周知のように、古代ギリシアのポリスにおいて花開いたデモクラシーは、人口と領土の小規模性という、きわめて特殊な条件に依拠したものであった。このような条件を前提に、全市民が直接民会に参加して公的意思決定を行うと同時に、平等な市民が交互に支配し支配されるという理念(アリストテレス)に基づき、一部の例外を除いてあらゆる公職が抽選によって配分された。これが可能になったのも、市民の間の平等性・同質性がきわめて高かったからであり、それに基づく市民の一体感こそが、古代のデモクラシーの原動力であった。しかしながら、このような市民の一体感と表裏をなすように、市民と非市民との間には厳しい区別があったことを忘れるわけにはいかない。市民は父親を市民にもつ成人男性に限られた結果、女性、子供、外国人、奴隷は市民から排除された。その背景には、古代ギリシアにおけるデモクラシーが戦争とともに発展したという事実がある。戦士として祖国のために戦うという義務こそ、市民としての政治参加拡大の要求を正当化したのである。実際、古代アテナイにおける市民の地位は、戦争ごとに拡大されていった。したがって、最終的に父親を市民にもつすべての成人男性にまで市民の範囲は拡大したものの、市民であるということは、一つの特権的な社会的地位であり続けた。

このように、古代のデモクラシーとは何よりも平等な市民による政治参加、集団的な自治であった。

その際に、市民であることは一つの社会的地位であり、その地位も血縁という客観的な社会的属性と結びついていた。また、市民がポリスのために尽くすのであり、諸個人のためにポリスがあるわけではないということが当然視されていた。古代ギリシアには諸個人の権利という理念は存在しなかったとまではいえないにせよ、デモクラシーとは、諸個人の権利の保障を目的としたものではなかった。

これに対し、近代のデモクラシーはその性格を異にする。近代においてデモクラシーの理念が復活したのは、人口においても領土においても、古代の都市国家とはまったく異質なヨーロッパの領域国家においてであった。この領域国家は、キリスト教によって統一された中世の普遍的世界の解体後に生まれたものであり、市民の同質性や一体感を当然の前提とすることはできなかった。それどころか、宗教改革に端を発する宗教内乱によって内部に深く亀裂をはらむことになった近代西欧の領域国家は、やがて秩序の基礎を諸個人の同意に求めるようになる。秩序が当然に存在するのではなく、むしろ諸個人の同意によってはじめて政治体が成立するという社会契約の理念が生まれたのである。この理念によれば、政治体のために諸個人がいるのではなく、むしろ諸個人がその権利を保障してもらうために、政治体を作り出すとされる。現実の政治参加が進むのは、はるかに後のことであるにせよ、近代のデモクラシーには、その当初から、諸個人の権利の保障という理念が深く刻み込まれていた。したがって、諸個人にとって市民であるということは、地位であるという前に、一つの政治体の構成員となることに同意する契約であった(Balibar 1998：53–57，邦訳六八－七三頁)。

ただし近代のデモクラシーにおいては、諸個人が市民として全面的に政治参加することは、そもそも期待されていない。諸個人にとって、経済活動、家庭生活、余暇等は、市民としての活動と同等の、あるいはそれ以上の意味をもつものであり、したがって諸個人はパートタイムでしか市民にならない。政治的決定への参加としての古代人の自由と、私的権利の平穏な享受としての近代人の自由という、バンジャマン・コンスタンの有名な区別が、このことを雄弁に語っている(Constant 1997)。コンスタンはもちろん、政治参加の意味を軽視しているわけではない。むしろ市民の政治参加を通じてこそ、近代的自由は守られるということを、彼は重視している。しかしながら、ここにおいて価値の序列が明らかに転換し、市民としての活動が、手段的な価値しかもたなくなっていることは明らかである。代議制の採用も、単に領域国家において、現実問題として全市民の集会が困難であるというだけでなく、諸個人にとって、市民としての活動の価値が低下した結果ともいえる。このように、近代のデモクラシーは、個々の人間に、個人としての側面と、市民としての側面とを不可避的にもたせるが、二つの側面がつねに整合的であったり、均衡のとれたものであることを保証するものではなかった。

このように近代のデモクラシーは、内部に緊張をはらむものである。諸個人の権利の保障と集団的な自治・自律というデモクラシーの二つの課題の間の緊張は、個々の人間のレベルにおいては、個人としての側面と市民としての側面の間の緊張というかたちで現われている。これまで、このような緊張を緩和し、デモクラシーとしてのリアリティを実現してきたのは、国民国家という枠組みであった。国民国家とは、中世の普遍的世界の解体後に生まれた近代の領域国家の内部に、「国民」という表象を媒介に、一定の同質性を創出するための装置であった。このような装置こそ、共同体としての意識をもたない諸個人に自治や自律という理念への献身を促したのである。

しかしながら、EUは、このような国民国家の枠組みを否応なく相対化し、諸個人が国境を越えて自由に移動し経済活動を行っていくための、開かれた空間を生み出すものである。もし、デモクラシーにおける集団的自治・自律の側面を重視するならば、どうしても、その構成員を確定し、その内部と外部との間に明確な線を引き、その上で内部に一定の同質性を確保することが必要となる。言い換えれば、一つの政治体が前提とされる。この点からすれば、欧州統合が進むほど、一つの政治体としての凝集力は弱まらざるをえない。

もちろん、一つの政治体であることをやめ、近代デモクラシーにおける集団的自治・自律の側面には目をつむるというのも、一つの選択ではある。その場合、ＥＵとは一定のルールの下、諸個人が国境を越えて自由に移動し、さまざまな活動を行っていく開かれた空間ということになろう。次々に拡大していくことで、当然にＥＵ内部での社会的・経済的多様性は高まり、同質性は低まるが、諸個人にとっての可能性はむしろ広がる。だとしたら、このようなＥＵにおいて、「デモクラシーの赤字」を嘆く必要はないと考えることも不可能ではない。

ただし、現実のＥＵは無限定なものではなく、加盟国の国境線の外周が、ＥＵの〈国境〉となっている。また、安全保障や治安、あるいは経済的理由からＥＵにも〈国境〉は必要である。しかしながら、このような〈国境〉は、加盟国の増大に合わせて、どんどんと変わっていくものである。したがって、ＥＵの〈国境〉は、国民国家の国境とはまったく別のものである。

しかし、それでは、ＥＵはデモクラシーの集団的自治・自律の側面を本当に放棄しようとしているのだろうか。以下、現在さかんに論じられている帝国との関連において、この問題をもう一度考えていきたい。

EUと帝国

冒頭で指摘したように、近年、冷戦終了後の世界を理解するにあたって、帝国という概念への言及が急激に増加している。この場合、帝国とは唯一の超大国となったアメリカ合衆国主導の世界秩序、とくにその単独行動主義的傾向を指すことが多いが、議論の火つけ役になったネグリとハートにおいては、帝国とはコミュニケーション・テクノロジーの発達によって一体化した世界での秩序と支配を意味するものであり、必ずしもアメリカの覇権とは一致しないとされる(Negri and Hardt 2000)。ここでは、ネグリらの議論に深く立ち入らないが、近代の主権国家にとって、領土は人民と主権と並ぶ本質的構成要素であったのに対し、今日では様々な経済活動が国境を越えて展開し、軍事的介入も国境を越えてなされているということは間違いない。軍事と警察の区別は曖昧になり(「世界の警察」としてのアメリカ)、内と外という区別も相対化されつつある。その意味で帝国というモデルの有効性は次第に増しているように思われる。いずれにせよ、資本主義がグローバル化する中で生じる、国民国家の枠組みでは説明できない政治的現象を捉えるために、帝国というモデルが要請されていることは間違いない。ここでの議論のポイントは、経済や文化のグローバリゼーションが進むなかで、政治秩序はどのような質的な変化を見せるのか、という点にある(遠藤 二〇〇五：三頁、森 二〇〇四：二九頁)。経済的変化が必然的に一定の政治秩序の出現を決定するのではないとしたら、いったいどのような政治秩序が現状においてありうるか、にわかに政治秩序のあり方への関心が高まっている。「国制論の復活」が語られる所以である。

問題は、EUと帝国との関係である。しばしばEUは、アメリカ型の帝国に代わる、あるいは対抗するそれとは異質な新しい秩序構想の代表として捉えられる。とくにアメリカとの対立意識が高まり、それとの対抗上において強い自己意識をもつようになってきたフランスにおいて、このような捉え方は顕著であるように思われる。[4] しかしながら、話はそう単純ではない。帝国という概念が、国民国家という枠組みでは説明できない新たな秩序を説明するために要請されたものである以上、同じく国民国家的枠組みを乗り越えるとされるEUの秩序像が、はたして帝国とどのような関係をもつのかは、簡単にはいえないからである。相互に重なり合わないように権力的に空間を囲い込み、境界線によって内と外とを隔てあう主権国家が、その内部においては構成員を国民として同一化させることによって成り立つ国民国家的な秩序は、はたしてどのように変化していくのか。その変化の質的区別として、EUと帝国は、どこまで共通性があり、どこで異質なのか。慎重に検討する必要がある。

しかしながら、議論をいそぐ前に、帝国とはそもそも何なのか、ヨーロッパ政治思想史の文脈において、いま一度確認しておきたい。既に指摘したように、帝国は、都市国家モデルと並び、長くヨーロッパの政治学の伝統において名誉ある地位を占めてきた国制モデルである。都市国家モデルが公的な空間のなかで市民が公共の事柄を審議し、決定するという理念に支えられてきたとすれば、帝国は唯一の権力の下に既知の全世界を統合するという理念に支えられ、人間本性の普遍性に対応する政治形態とされてきた。都市国家と帝国は二つの輝かしい国制モデルであったが、現実の近代ヨーロッパ史において発展したのは、このいずれでもない——都市国家ほどには特殊的でなく、帝国ほどには普遍的でない——王政という政治形態であった。諸王政が競い合いながら、やがて主権国家として発展していくことで、ヨーロッパは複数の主権国家から成る国際的秩序となっていった。いわば近代ヨーロッパ秩序は、唯一の権力の下に既知の全世界が統合されるという帝国の理念を否定することで成立したのである。いわゆる「バランス・オブ・パワー」論も、他の諸国を圧倒するような一つの強大国の出現を阻み、あくまで複数の大国間の勢力均衡を目指す秩序構想であるという意味で、帝国を否定して生まれた近代ヨーロッパの秩序原理に忠実なものであったといえよう。そしてヨーロッパから発展した国際法秩序は、国民国家モデルとともにヨーロッパ以外の地域にも拡大し、やがて世界は相互に排他的な領土性をもつ主権国家群によって埋め尽くされた。結果として、世界とは複数の主権国家から成るという発想を疑う余地は近年になるまで、ほとんどなかった。

帝国主義は、ネグリらが指摘するように複数の強国による植民地競争という意味であくまで国民国家の延長線上にあった(Negri and Hardt 2000)。また二〇世紀までの残った帝国、すなわちドイツ帝国、オーストリア・ハンガリー帝国、ロシア帝国、そしてオスマン・トルコ帝国は、既知の全世界を一つの権力の下に統合するという古典的な意味での帝国というよりはむしろ、古い政治体制を清算できず国民国家になり切れない存在であった。したがって、古い国制モデルとしての帝国は、もはやとうに過去のものになり、国民国家化は不可逆のプロセスに見えた。

また現代では、たしかに国連を始めとする国際組織や、国境を越えて活動する多国籍企業やＮＧＯやＮＰＯの役割が大きくなり、その限りで主権国家体制の相対化はすでに語られ始めている。とはいえ、国際組織はあくまで複数の主権国家の存在を前提にしており、国境を越えて活動する組織も、国境そのものを否定するわけではなかった。

これに対して、近年になってようやく、このような複数の主権国家から成る世界というイメージを真に揺るがす状況が出現し始めている。主権国家体制が空間を囲い込み、内部と外部とを国境によって区別することによって成り立つものであったとすれば、帝国とは、内部と外部が融合し、もはや外部の存在しない一体化した世界において現われるものである。経済のグローバル化が進む現在の世界において、はたして帝国と呼ぶほどまでに主権国家体制が空洞化したかどうかは、議論の残るところであるが、少なくとも主権国家体制が前提にした内部／外部の区別があやしくなっていることは間違いない。

さて、議論をＥＵと帝国との関係に戻そう。以上のような議論からすれば、ＥＵと帝国的な秩序とが異質なことは間違いない。現在までのところ、ＥＵはともかくも〈国境〉をもっているし、ＥＵの市民権は、加盟国の国籍に基づいている。その意味で、ＥＵはあくまで内部／外部の区別という論理に依拠しているからである。そもそもＥＵとは、アメリカやアジアに対するヨーロッパの生き残りの戦略という側面が強くあり、その意味で、ＥＵには外部があるし、むしろ外部への対抗上内部の統合を進めている。したがって、仮に世界が帝国的な状況に近づいているとしても、ＥＵはその帝国の内部において一定の地位を確立することを目指すものでこそあれ、自らが帝国となることは視野に入れていないということができよう。

このことと関連して、帝国的な市民権のあり方を考えてみたい。これまでの主権国家体制においては、バリバールの指摘するように、市民権は主権国家における国籍とほとんど同一視されてきた（Balibar 1998：46, 邦訳五九頁）。市民権をもつということは、いずれかの主権国家の国籍を有することと同義とされ、逆に国籍と切り離した形で市民権を論じる余地は少なかった。しかしながら、もし仮に帝国的な市民権というものがありうるとすれば、それは古代ローマの市民権のあり方が参考になるであろう。というのも、古代ローマは古代ギリシアのポリスと異なり、市民としての地位と権利を、被征服地域の市民にも開放していったからである。ローマの拡大の一つの原動力は、次々に併合した地域の市民をローマの市民に加えるという、開放的な市民権のあり方に見出せる。巨大化するローマの市民権とは、ローマの公的な意思決定に参加することというよりは、むしろローマの支配下に、一定の民事的諸権利を享受することに主眼があった。それゆえに、ローマの市民権は無限に拡大していくことが可能だったのである。

このような帝国の市民権をEU市民権と比較してみると興味深い。既に指摘したように、EUの拡大は、民主的な世論を形成し、それによって権力をコントロールする市民の力を低下させるかもしれないが、個人としての権利についていては、むしろその可能性を広げるものである。その意味でEU市民権は、公的意思決定への参加という側面より、一定の諸権利の享受という側面に主眼のある、古代ローマの市民権と似ているといえなくもない。しかしながら、EUの市民権が、あくまで加盟国の国籍に依拠したものであり続ける以上、近代国民国家の論理の延長線上にあり、無限に拡大していくものではないという点においては、はっきりと帝国の市民権とは異なっている。

それでは、EUは国民国家と帝国の中間にあるものなのか。EUが国民国家的な枠組みを越える試みである以上、帝国的な秩序のあり方と何らかの共通点をもつことは明らかであるが、EUはなお国民国家的な論理の延長線上にある。そうだとすれば、国民国家以上、帝国未満としてのみ、EUを規定すれば足りるのか。おそらく、そうではないだろう。むしろEUは、より積極的に、帝国とは異質な価値を志向しているというべきではないか。というのも、「デモクラシーの赤字」がつねに語られるように、拡大欧州はつねにデモクラシーの論理、とくにその集団的な自治・自律という側面にこだわりをもっているからである。ＥＵが帝国的な開放的体制ではなく、一定の境界線を持っているのは、あくまで一つの政治体であろうとしているからである。デモクラシーが集団的な自治・自律であるためには、一定の政治体を、すなわち構成員が限定された集団を前提とせざるをえない。国民国家が、このような政治体を「国民」の理念に基づいて構成しようとしたのに対し、ＥＵは「国民」理念を相対化しつつ、なおも一つの政治体たろうとしている。したがってＥＵの試みとは、「国民」理念を越えて、デモクラシーの可能性を模索するものであるといえるかもしれない。

ただし問題は残る。次々に拡大を繰り返していく統一欧州が一つの政治体であろうとするかぎり、なんらかの内的紐帯を必要とする。真に一つの政治体であるためには、「共通の事柄(res publica)」が不可欠である。しかし、統一欧州にはいったいいかなる「共通の事柄」があるのだろうか。それが定まらない限り、〈ヨーロッパ〉の境界線も不確定なままである。このように考えてくると、どうしても〈ヨーロッパ〉とは何かという問題と向き合わざるをえなくなる。節をあらためて、この問題を検討してみたい。

三　〈ヨーロッパ〉とは何か

ヨーロッパの歴史的固有性

今後ＥＵは真に一つの政治体になりうるか。はたして「ヨーロッパのデモクラシー」は可能なのか。その鍵は、〈ヨーロッパ〉とは何かという問いにかかっている。もちろんヨーロッパとは地理的な概念である。しかしながら、はたしてトルコはヨーロッパの一部なのか。ロシアはどうなのか、ヨーロッパの境界線を厳密に確定することはつねに難しい。ヨーロッパとはけっして自明な単位ではないのである。これらの問題に決着をつけるためにも、〈ヨーロッパ〉とは何かという問題に答えざるをえない。

まず、ヨーロッパという単位はいつ成立したのだろうかという問いから出発しよう。古代ローマ帝国は地中海を内海とし、地中海世界とでも呼ぶべき統一世界を形成した。ところが、東西ローマ帝国の分裂の結果、統一世界は分裂し、とくに西ローマ帝国はゲルマン人の侵入により早々に崩壊して政治的統一を失った。さらにイスラム勢力が地中海の制海権を握ることで孤立した内陸地域が、結果的にヨーロッパという独自の世界の母胎となったのである。イスラムの侵入をトゥール・ポワチエ間の戦いで辛うじて食い止めたカロリング朝のフランク王国から出た、シャルルマーニュ(カール大帝)がローマ教皇によって戴冠された時点(八〇〇年)に、ヨーロッパ世界の始まりを見出すことは、アンリ・ピレンヌの『ヨーロッパ世界の誕生』をはじめ(Pirenne 1937)、一つの共通見解となっている。

しかしながら、シャルルマーニュによる統一を例外として、以後ヨーロッパ世界が一つの政治的単位に統合されることはなかった。ヨーロッパの歴史は、分裂と統合の歴史であった(Pomian 1990)。ヨーロッパはつねに複数の政治体の集合体であり続けたのである。それにもかかわらず、ヨーロッパは一つの単位として意識され続けた。この点に関しては、ローマ・カトリック教会の果たした役割が大きい。すなわちローマ・カトリック教会の組織と、教会を頂点とする「キリストの体」という表象が、つねに政治的に分裂し続けたヨーロッパを一つの世界として維持し続けることに大きく寄与したのである。このような宗教的・精神的な次元における統一性と、世俗的な次元における多様性こそ、以後のヨーロッパの秩序モデルの原型となった。

このような歴史的経緯の重要性は軽視されるべきではない。一例をあげれば、丸山眞男は日本の開国について論じるにあたって、次のように指摘している(丸山 一九九五：六—七頁)。ヨーロッパにおいては、ローマ教会や神聖ローマ帝国に由来する普遍的な社会という前提があり、主権国家の成立もその普遍的な国際社会との緊張関係においてなされた。これに対し、日本は国際社会の中からではなく、むしろそのなかに引き入れられることによって、近代国家としてのスタートを切った。すなわち、伝統的に日本は、自らをその一部とする世界の存在を強く意識することがなかったが、幕末になって急に外からの圧力によって開国を余儀なくされた。このことが、日本の国際社会のイメージを大きく規定することになった。要するに、ヨーロッパは最初から一つの世界であり、個別の国家もまたその世界を前提に、それとの関係において自らを意識していったのと比べると、日本にはそのような世界像が伝統的に稀薄であり、近代になって外からの圧力があって初めて世界を強く意識するようになったというわけである。

逆にいえば、その歴史の出発点から一つの普遍的世界として成立し、その中で個別の国家が自己意識を形成した点こそがヨーロッパ史の特徴であり、このような特徴は世界のどこにでも見られるものではない。中世普遍論争から近世のライプニッツを経てヘーゲルに至るまで、哲学の主題がつねに普遍と個別との関係であったことも、このようなヨーロッパの特性と無縁ではないだろう。

しかしながら、重要なのは、ヨーロッパにおける近代はむしろ、このような普遍的世界の崩壊から始まったことである。カトリック教会の普遍性が宗教改革によって損なわれた後、ヨーロッパ史を動かす原動力になったのは、既に指摘したように王政であった。帝国でも都市国家でもない、いわばその中間形態であった王政こそが、次第に自らの正統性を獲得し、世俗的世界の自立を達成したのである。一九世紀フランスの政治家であり思想家であったフランソワ・ギゾーは『ヨーロッパ文明史』において、ヨーロッパにおける歴史の発展の原因は、それが単一の原理によって支配されなかったことにあるとしている(Guizot 1828)。似たような規模の複数の政治社会が並立し、競い合ったことこそ、ヨーロッパ発展の原因となったというのである。

このようにヨーロッパの歴史を振り返ったとき、欧州統合のもつ意味と、その固有の性格があらためて浮き彫りになる。ヨーロッパは一つの世界としてスタートし、その後複数の主権国家に分裂し、そのような主権国家から成る均衡システムへと発展していった。言い換えれば、イギリスやフランスやドイツという個々の国家間の結びつきが増大した結果、ヨーロッパというより大きな単位が成立したのではなく、その逆にヨーロッパという単位が、その歴史過程のなかで、より小さな単位に分化していったのである。その意味で、現在起こっている事態は、歴史の流れが反転して、もともとあったヨーロッパという単位に回帰しようとしているようにも見える。

しかしながら、より根源的に考えるならば、それは単なる逆転ではないことは明らかである。なぜなら、新しく形成されつつあるのはもはや世界としてのヨーロッパではなく、世界の一構成要素としての、一つの政治的・経済的・社会的統一体としてのヨーロッパだからである。ヨーロッパは二〇世紀になってアメリカに覇権を奪われ、さらに二〇世紀も終盤に近づき、アメリカと日本に対する自らの相対的な地盤沈下を強く意識することになった。八〇年代に欧州統合が加速したのは、このような危機感を背景にしており、今日ＥＵとは、アメリカや中国をはじめとする他の世界の諸勢力と対抗するためのものであり、その限りにおいて閉じられた一つの政治体への道を歩みつつある。このことは、ヨーロッパの歴史において初めての経験といわなければならない。かつて世界であったヨーロッパが、今日世界の一部、一つの政治体になろうとしている。

このことは、EUの事例をもって、今後の国際統合のモデルケースとすることに、一定の留保をつけるものである。なぜなら、ヨーロッパにおいては、その最初から統合へのベクトルと分裂のベクトルが拮抗しあい、今日の欧州統合への動きも、このようなヨーロッパ史固有のダイナミズムの今日的展開として理解できるからである。歴史家のクシシトフ・ポミアンは、EC(当時)の進展を、宗教的統一が失われた後の、文芸的公共性の成立、サロンやフリーメーソンなどに続く、「第三のヨーロッパ統合」と呼んでいる。

重要なのは、今後、このようなヨーロッパの歴史的ダイナミズムが、どのように展開していくかということである。これまでダイナミズムを生み出してきた、ヨーロッパの内なる多元性は失われてしまうのか。それとも、新しいヨーロッパは、このような多元性を否定することなく、むしろ多元性を包み込むようにして緩やかな統一体を形成するのか。このようなヨーロッパ史のダイナミズムが、EUの未来のあり方を規定していくはずである。

二〇〇四年の拡大により、EUには中東欧諸国が加わった。今後カトリック、プロテスタント地域を越えて、ギリシア正教地域の統合も日程に上ってくる。しかしながら、同じヨーロッパといっても、その西と東とでは、かなり異なる歴史的経験を経てきた。早い時期に西ローマ帝国が滅亡し、以後政治的統一を実現することなく、カトリック教会がその統一を維持するのに大きな役割を果たした西欧は、宗教的分裂を機に国民国家体制へと向っていった。これに対し東方では、長く続いた東ローマ帝国（ビザンツ帝国）の後も、あるいはオスマン・トルコ、あるいはオーストリア・ハンガリーなど、諸帝国の角逐の場となり、最後まで西欧的な意味での国民国家体制には行き着かなかった。このような違いは、今後どのような意味をもってくるのか。そして、さらにEUが拡大することになれば、歴史的に、かつて一度もヨーロッパの一部とされてこなかった地域もまた、〈ヨーロッパ〉に組み込まれる。そのとき、いったい〈ヨーロッパ〉とは何を意味することになるのだろうか。

理念としての〈ヨーロッパ〉の復活

このように、ヨーロッパという単位は歴史のなかで形成され、発展してきたものである。一九世紀におけるヨーロッパの世界的な勢力の拡大は、ひとたびはヨーロッパこそが世界の中心であるという意識を生み出したが、二〇世紀になり、ヨーロッパから二度の世界大戦が勃発し、覇権がアメリカに移ることで、ヨーロッパは自らの世界の中での地位を厳しく再考せざるをえなくなった。二〇世紀前半には、トインビーやシュペングラーによって、ヨーロッパの没落への危機感が強調されたが、以後のヨーロッパの歴史は、世界の中での一地域としてのヨーロッパを再度定義しなおし、それを守り育てていこうとするものであったといえる。結果として、ヨーロッパは自らの歴史的個性、それに由来する特殊ヨーロッパ的な個性にきわめて自覚的になっていった（増田 一九六七：二五頁）。

しかしながら、このようなヨーロッパの再定義には、長らく大きな障害が存在した。冷戦下の、ヨーロッパの東西分断である。ベルリンの壁を象徴とするように、第二次世界大戦後のヨーロッパは、政治的・経済的・社会的に完全に分断された。ヨーロッパという地域単位よりはむしろ、体制選択こそが優位したのである。元々西側と異なる歴史的発展を経てきたヨーロッパの東半分は、ソ連によって解放され、戦後のヨーロッパ統合の過程から切り離されることになった。九〇年代後半以降の欧州統合の加速は、ソ連と東欧の社会主義体制の崩壊による分断の終焉によるものである。

共産主義はヨーロッパに対して両義的な役割を果たしてきた。共産主義はたしかにヨーロッパを二つのブロックに分断した。しかしながら、他方で共産主義の思想と運動は、ヨーロッパの一つの共通言語の役割をも果たした。すなわち、各国の共産党、知識人、労働運動は、共産主義によって国際的な連帯を実現した。共産主義はヨーロッパとそれ以外の地域を結びつけたばかりでなく、ヨーロッパの内部でも「ユーロコミュニズム」とも呼ぶべき一つの勢力を形成した。

したがって、このような二重の役割を果たした共産主義の後退は、複雑な影響をヨーロッパに与えた。一方で、共産主義という共通言語を失った結果、各国を横断するイデオロギーに基づく連帯は稀薄となった。また旧東欧諸国では、共産主義の後退は、各種の民族主義の台頭と紛争の激化をもたらした。体制の崩壊が、旧東欧諸国における国家の地盤沈下と社会の液状化をもたらしたのである。共産主義後の世界は一方で、より分裂し、より分極化した世界であるといえる。

他方で、共産主義後の社会には、新たな統合への動きも生まれつつある。何よりも、東西ヨーロッパの分断の終焉によって、はじめてヨーロッパという地域単位が前面に出ることとなったことが重要である。体制選択に代わって、〈ヨーロッパ〉が将来の方向性を決める重要なファクターとなったのである。現在ヨーロッパの境界線が大きな議論となっているが、これはイデオロギーに代わる新たな線引きの試みにほかならない。

共産主義の後退の意味は、これにとどまらない。共産主義の後退は、まさに一つの時代の終焉を意味する。フランス革命に始まった一九世紀は、様々な政治的理念に彩られた時代であった。自由、平等、民主主義ばかりでない。人民と国民、科学と進歩、革命と解放等々。これらの理念は社会を見る枠組みを与え、歴史の方向性を説明した。したがって、もし共産主義がこれら諸理念を最も直接的に継承するものであったとするならば、共産主義の終焉は、これら諸理念の終わりをも意味することになる。ベルリンの壁崩壊の後に、フランシス・フクヤマの「歴史の終焉」論文が登場したのも、むしろ共産主義以後における歴史の方向性感覚の喪失の現われであったかもしれない。

欧州統合もまた、このような時代と無関係ではないはずである。ある意味で〈ヨーロッパ〉もまた、共産主義以後の時代における一つの理念なのかもしれない。一方で、〈ヨーロッパ〉が語られるとき、しばしばアメリカ合衆国やそれが代表する市場自由主義との対抗が意識される。そこに含意されるのは、アメリカとは違うものとしてのヨーロッパ、環境問題をはじめネオ・リベラリズムとは異なる価値を志向するものとしてのヨーロッパである。ここには市場という現在の有力な指導的理念に対し、意図的に〈ヨーロッパ〉的なものを対置しようという意図がうかがえる。

他方で〈ヨーロッパ〉は、イスラムをはじめとする世界の他の諸文明との違いも意味する。とくに二〇〇一年九月一一日のアメリカ同時多発テロ事件以降、政教分離や人権等の価値をヨーロッパ固有のものとして、これを擁護しようとする論調も見受けられる。この場合も、〈ヨーロッパ〉は地理的範疇ではなく、一つの理念を意味していることは明らかである。このように、〈ヨーロッパ〉とは、歴史的方向感覚を喪失しつつある時代における、市場や他の諸文明と対抗する、一つの重要な指導的理念であることを忘れてはならない。

しかしながら、それでは真に〈ヨーロッパ〉的な理念とは何であろうか。例えばそれを、キリスト教的諸理念と同一視する立場もありえようし、実際そのように考える人も少なくない。しかしながら、キリスト教の諸理念をもって〈ヨーロッパ〉のアイデンティティとすることは、直ちにいくつかの困難を生み出す。世俗的国家であるとはいえ、その住民の多くがイスラム教徒であるトルコのEU加盟問題のほか、現在のEU諸国にはすでにきわめて多くのムスリム人口が存在している。このようなヨーロッパ諸国においては、キリスト教とイスラム教をことさらに対立的に強調する「文明の衝突」的な見方には、けっして多くの支持が集まらないだろう。それだけではない。既に指摘したように、近代ヨーロッパの歴史は、中世のカトリック教会による統一が失われた結果として展開したものである。宗教の多元化こそがヨーロッパのあり方を規定したのであり、近代国家を支えた主権論にせよ政教分離論にせよ、政治と宗教の関係についての厳しい経験に基づいて形成されたものである。その意味で、今日新しいヨーロッパのデモクラシーを構想するにあたって、キリスト教的諸理念をその内的紐帯とすることには、大きな無理があると言わねばならない。キリスト教を無理に強調すれば、カトリックとプロテスタントのみならず、今後はギリシア正教との間の関係に緊張を生み出すことになりかねない。したがって、キリスト教の影響が潜在的には残ることはありうるとしても、新たな〈ヨーロッパ〉の理念として、前面に掲げることは考えにくい。

宗教的理念ではないとしたら、デモクラシー、人権、政教分離、法の支配といった法的・政治的な諸理念はどうだろうか。もちろん、このような法的・政治的諸理念は、ヨーロッパの独占物ではない。したがって、論理的には、これらの諸理念を掲げ、実現しているすべての国家が、ＥＵに加盟しうるという非現実的な可能性を排除しえない。とはいえ、今日、近代史において自らの果たした役割により反省的・自覚的になっているヨーロッパにとって、これらの諸理念はきわめて重要な意味をもっている。これらの諸理念は近代ヨーロッパが生み出した大きな達成であり、ヨーロッパが世界に今後もアピールしていくべき価値である。このように考える人は少なくない。それでは、これらの理念こそを〈ヨーロッパ〉の理念の本質に位置づけることに問題はないのだろうか。さらに検討してみたい。

理念としての〈ヨーロッパ〉とは何か

問題の糸口として、まず政教分離を取り上げてみたい。難しいのは、政教分離の原則が、あくまで多様な信仰をもつ諸個人の共存のためのものでありながら、実質的には宗教をめぐる特定の見方に基づいており、その考えを共有しない他の宗教を排除する可能性があるということである。ヨーロッパの立場からいえば、政治と宗教を厳密に区別し、政治が個人の外面的世界を、信仰は個人の内面的世界を自らの領域とすることで、多様な信仰ははじめて共存できる。しかしながら、このように理解された宗教は既に特定の前提を受け入れたものであり、この前提を受け入れがたいとする立場もありえる。

政教分離の原則は、中世のキリスト教的普遍世界が、宗教改革によって解体し、信仰をめぐる対立から諸国をまきこむ宗教戦争を引き起こしたことから確立されたものである。宗教的な対立が政治的な対立へと転化することによる破壊的な帰結を散々に経験したからこそ、信仰を個人の内面的事柄として、外面的世界を対象とする政治と峻別し、宗教と政治とを相異なる、交わることのない二つの領域とする合意が形成された。その意味で、この原則は、ヨーロッパの歴史的経験と密接に結びついている。逆にいえば、このような経験を共有しない諸社会にとって、信仰を狭く個人の内面的事柄に限定することは当然の原則とはいいがたい。実際、多くの社会において、信仰は外面的諸実践と不可分なかたちで結びついているし、宗教は個人のみならず共同体の事柄である。

したがって、政教分離原則を過度に強調することは、実質的には選別の機能を果たしうる。すなわち、EUに加盟するにあたって、キリスト教かイスラム教かという選択が前面に出ることはありえないとしても、政教分離か宗教的原則の優位かという選択が意味を持ってしまうことは、おおいにありえるのである。政教分離原則を〈ヨーロッパ〉の理念に加えた場合、このような可能性を否定できない。

ヨーロッパの中でももっともこの原則に忠実であると言えるフランスにおいて、宗教的スカーフをめぐる問題が先鋭化したことは、このような点からいって注目される。フランス共和国の基軸の一つである「世俗性(laïcité)」原則は、公立学校におけるイスラム系子女の宗教的スカーフ着用を厳しく否定する。なぜなら、公立学校は公的な場所であり、個人の私的な信仰を持ち込むべきではないとされるからである。個人の内面における信仰の自由は最大限尊重されるべきであるが、宗教的モチーフに基づく服装や意匠の着用は内面的な信仰とは区別され、共和国の「世俗性」の原則に服すべきである。これは少数派の信仰の抑圧を意図したものではなく、あらゆる信仰をもつものに対して等しく適用される原則なのである。このような考えに基づき、フランスにおいてはついに公立学校における宗教的スカーフ着用を禁止する法律が、英米を含む外国からの激しい批判にもかかわらず、上下両院で圧倒的多数をもって成立した。この事例に関しては、ある程度フランスの特殊事情を考慮に入れるべきであるとしても、(5)厳密に適用された場合に政教分離原則が引き起こす対立の可能性は否定できない。その意味で、政教分離は、特定の宗教を対象にしていないという意味で普遍性をもつ原則であるが、ヨーロッパの特殊な歴史的経験の刻印が押されていることも間違いない。

次に、法の支配についてはどうだろうか。法の支配を、法による統治という意味での法治主義と同一視するならば、それはけっしてヨーロッパ固有のものではない。しかしながら厳密な意味での法の支配、すなわち実定法に優位する上位の規範が存在し、その上位の規範が為政者をも拘束するという思想は、ヨーロッパ固有のものである。少なくとも、実定法とそれに優位する上位の法とを二項対立的に捉え、そのことによって権力批判の契機を導き出す思想は、他に広く見られる考え方ではない。その淵源は、あるいは古代ストア派の自然法思想、ローマの万民法、ゲルマン的な立憲主義などに求められようが、やはり中世ヨーロッパ社会における聖俗の権威の並立、近代における国際法を伴った主権国家体制など、複数の法が並立しつつ、その関係が厳しく問われ続けた現実のヨーロッパの経験こそが、法の支配という理念に独自のリアリティを与えたことは間違いない。したがって、逆にいえば、権威と権力とが一元化し、複数の法の間の緊張関係が意識されることのなかった諸社会においては、このような理念はけっして自明でない。現在、違憲立法審査制など、法の支配を具現化した諸制度は広く世界各国に普及しているが、法の支配がアクチュアルな意味を持った社会は必ずしも多くないはずである。

このように、一見したところ、今日においてはもはや取り立ててヨーロッパ的とはいいにくい、政教分離や法の支配といった諸理念にも、ヨーロッパ的な特性は潜在している。このことの意味は、もちろん両義的である。可能性としては、非ヨーロッパ圏がこれらの諸理念の普遍性の主張への異議を申し立てたり、逆にヨーロッパの側が非ヨーロッパを排除するためにこれらの諸理念を利用することもありえるだろう。しかしながら、現代ヨーロッパにおいては、これらの諸理念をこれまでのように無反省に普遍的と考えるのではなく、むしろ特殊ヨーロッパ的な側面があることを認めた上で、なおもその普遍的意義を追求していこうとする基本的志向が見られる。これらの諸理念の危うい側面を認め、しかしだからといって、これらの諸理念を放棄するのではなく、むしろ現代的な形で再定礎することにこそ、〈ヨーロッパ〉的なものの本質を見出そうというのである。フランスにおけるスカーフ禁止法に見られるように、このような模索が極端な形で現われることもある。しかしながら、これを〈ヨーロッパ〉的なものを探るための苦闘の一環として理解することも不可能ではない。

ヨーロッパとはつねに多元的な世界であった。多様な民族、宗教、文化が併存し、つねに複数の権威、法、制度が競合してきた。一つの原理によって一元的な支配を実現するには、ヨーロッパはあまりに多様であったのである。しかしながら、この多様な諸原理は、ただ多様であるという状態にとどまらなかった。むしろ、多様な諸原理がつねに競合することで、その間の比較と検討がなされ、多様な諸原理を越えた、より上位の視座が要請されたのである。たえず批判的思考による普遍性の模索がなされたのである。このような普遍性と特殊性との間の、弁証法的とも言える緊張をもった関係こそ、ヨーロッパ史を貫いて見出せる思考の特徴であった。

既に指摘したように、ヨーロッパの歴史的固有性は、シャルルマーニュ以来、政治的には一度も統一を経験することなく、にもかかわらず一つの〈ヨーロッパ〉という意識を保持した点に求められる。そのような〈ヨーロッパ〉という意識はきわめて理念的なものであり、最初はカトリック教会によって担われたが、宗教的統一が崩壊した後も失われることはなかった。政治的にはつねに多元的でありながら、精神的には一体性が維持されたために、ヨーロッパ思想の一つの中核は普遍性と特殊性との関係をめぐる考察に向けられることになった。特殊な存在の個別的なあり方にしかるべき位置を与えつつ、それをあくまで普遍性との関わりにおいて意味づけることこそ、ある意味でヨーロッパ的思考のモチーフとなったのである。

ある意味で、政治と宗教、政治と道徳、政治と経済、国家と教会、国家と社会、外面と内面、公と私、自然法と実定法、これらの二項対立の多さこそ、〈ヨーロッパ〉的なものの本質を示しているといえるだろう。〈ヨーロッパ〉とは、つねにその内部に分裂と対立を抱え込みつつ、むしろその分裂と対立を利用して、多元的で開かれた社会原理を模索してきた空間なのである。政教分離にせよ、法の支配にせよ、このような模索の結果、得られた理念である。したがって、その行き過ぎた結果や、ヨーロッパ中心主義的なバイアスへの批判を受け止め、その修正がはかられることはあっても、今後もこれらの理念が完全に放棄されることは考えにくい。むしろ、これらの理念のたえざる問い直しこそ、さらなる〈ヨーロッパ〉的なものの追求において主要な位置を占めていくのではなかろうか。

現在、欧州統合が加速する中で、真に〈ヨーロッパ〉的であるとはどういうことか真剣に問われ始めている。そのような問い直しは、単に地理的・宗教的な意味を越えた理念的意味における〈ヨーロッパ〉を再度問題にするであろう。その場合、ヨーロッパの歴史的特性に基づく、多元的で開かれた社会原理の追求こそが、〈ヨーロッパ〉的なものの中核を形成していくと思われる。欧州統合の進展が、歴史的にヨーロッパを特徴づけてきた多元性を否定するのではなく、むしろ新たな普遍性と特殊性のダイナミズムを活性化するとき、〈ヨーロッパ〉的なものの理念は新たな輝きを得ることであろう。

四　おわりに

第一節で触れたように、欧州統合という巨大な試みは、実験のための実験ではない。必ずしも理論的に体系的であったり、整合的ではないものの、統一欧州は着実に自らのルールを発展させ制度化を進めてきた。統合のベクトルと分裂のベクトル、加盟国内部の利害対立と主導権争い、そしてヨーロッパとヨーロッパ以外との力関係、これらの諸要因の影響下に、欧州統合は少しずつ発展してきた。それは、つねに多元的でありながら、それでも一体性の感覚を失わなかったヨーロッパの歴史の、今日的展開ともいえる。欧州統合は、あくまで長いヨーロッパ史の中でこそ理解されるべきである。

しかしながら、このことは、この欧州統合という実験が、理論的にきわめて興味深いということを否定するものではない。ヨーロッパの世界史的な貢献のなかに、普遍と特殊をめぐる徹底的な哲学的考察と、多様な国制モデルについての政治学的考察があったとすれば、それらは、つねに理念的一体性と現実の政治的多様性との緊張関係によって特徴づけられてきたヨーロッパ史の産物である。そして今日、欧州統合の実験は、新たな知的飛躍を生み出す大きな可能性を秘めている。

その焦点の一つはデモクラシー論にある。欧州統合をめぐって「デモクラシーの赤字」がさかんに論じられていることは、裏から言えば、デモクラシー問題について鋭敏な意識が高まっていることを意味する。問われているのは、これまでもっぱら国民国家という枠組みにおいて語られてきたデモクラシーを、まったく異なる枠組みにおいて論じる可能性である。古代において、人口と領土の小規模性に基づいていたデモクラシーは、近代ヨーロッパにおいて、当初はおよそデモクラシーには相応しくないと思われていた領域国家において再生した。その際に、大きな働きをしたのが「国民」という理念であった。古代都市国家の小規模性をはるかに上回る領域を排他的に支配する近代主権国家は、内と外とを国境によって区別し、その内部に「国民」という同質性を確立しようとした。言語、宗教、文化等において広範な共通性を持った「国民」によって、国家の存在論的基盤を打ち立てようとしたのである。このような国民国家という枠組みの有効性が今日疑われはじめているとすれば、来るべきデモクラシーは「国民」理念と直ちに完全に手を切ることはありえないとしても、それに付け加えるべき新たな仕組みと理念とを求めざるをえない。

そこで問題となるのが、デモクラシーの内なる緊張である。近代のデモクラシーは、一方において諸個人の権利保障の実現を目指しているが、他方で古代デモクラシー以来の集団的な自治・自律という課題を継承している。両側面は必然的に結びつくとはかぎらず、その間にはつねに緊張が存在する。「国民」理念とは、まさにその間の危うい均衡を支え、デモクラシーにリアリティを持たせるためのものであった。しかしながら、今日の拡大欧州において、デモクラシーの内なる緊張は、新たな過程へと突入している。ＥＵは諸個人の権利という意味では大きな期待をもてるものの、集団的自治・自律という意味では深刻な困難を抱えているからである。

とはいえ、ＥＵが目指している方向性は、今日さかんに論じられている帝国のモデルともはっきりと異なってている。帝国モデルは、実態に合わなくなってきている国民国家体制を乗り越え、国境を越えた市民権の実現を目指している。その点に限れば、EUと帝国との間には、明らかな共通性がある。しかしながら、帝国は国境を越えた市民権の代償として、一元的な権力への服従を求める。帝国の秩序に服するかぎり、一定の諸権利が保障されるが、もはや帝国は民主的な自治・自律の単位ではありえない。人々は帝国の支配に口出しをしない限りで、非政治的な、民事的諸権利を保障されるに過ぎない。

これに対し、EUはあくまで集団的自治・自律としてのデモクラシーの側面にこだわっているように思われる。EUはあくまで一つの政治体であろうとしているし、政治体としての意志を民主的に形成していこうという志向を捨てていない。そうだとすれば、問題はいかにしてその政治体の一体性を維持するかである。ある政治体が一つの政治体であり続けるためには、「共通の事柄」が必要である。「国民」という理念にもはや依拠できないとしたら、何が一体性を支えるのであろうか。

今日、世界のいずれの場所においても、多かれ少なかれ国民国家体制は揺らぎ始めている。もしデモクラシーが、一つの政治体として自治・自律を実現していくために必要な、一体性を支えるための「共通な事柄」を、「国民」に求めることが困難になっているとしたら、いったい何に見出せばいいのだろうか。この点に関して、ヨーロッパは独自の有利さをもっている。〈ヨーロッパ〉という理念がそれである。政治的には一度も統一を経験することなく、にもかかわらずヨーロッパはその一体性を失わなかった。政治的にはつねに多元的でありながら、精神的にはつねに求心的であった。それを支えたのが〈ヨーロッパ〉という理念であった。

〈ヨーロッパ〉という理念を最初に支えたのはカトリック教会であったが、宗教的統一が失われた後も、この理念は維持されてきた。何がこの理念を支えたのであろうか。その一つのポイントは、ヨーロッパが帝国を否定することで発展してきたことにある。ヨーロッパにおいて、帝国は古代ローマ帝国の威信と結びつき、既知の世界を一つの権力の下に統合するという、普遍性の理念を体現する重要な国制モデルであった。にもかかわらず、神聖ローマ帝国をはじめ、いかなる「帝国」の試みもヨーロッパ史において成功することができなかった。(6) むしろヨーロッパは帝国を否定するシステムとして発展してきたのである。その結果、ヨーロッパにおいては政治的には主権国家体制と国際法秩序によって特徴づけられるようになったし、理念的には、政教分離、法の支配、多元主義、権力分立など、自らの内部に存在する分裂と対立を利用して、多元的で開かれた社会原理を模索してきた。このような特徴こそが、〈ヨーロッパ〉的なものを形作っている。

今後、欧州統合におけるデモクラシーの実験が、どのような結果を示すか、今の段階で予測することはできない。しかしながら、もしこの実験が稔りある成果を示すとしたら、それはこのような〈ヨーロッパ〉的なものの本質を、現代においてもう一度確認し、発展させることによってではないだろうか。そして、このような実験の成果は、非ヨーロッパ地域における新たな統合に何が必要かという問題に示唆を与えるばかりでなく、同質性ではなく、むしろ非同質性と多元性こそを自らのアイデンティティとする、新たなデモクラシーの可能性についても、何かを教えてくれるはずである。

(1)　結論を先取りすれば、欧州統合は帝国といくぶんの共通点を持ちつつも、本質的にはまったく異なるプロジェクトであるというのが、本章の考えである。

（2）以下、とくに見出されるべきヨーロッパを、地理的概念としてのヨーロッパと区別して〈ヨーロッパ〉と表記する。
（3）このようなハーバーマスの考えを示す一例として、二〇〇〇年にパリで開かれたシンポジウムでの発言が参考になる。*Le Monde*, 28 décembre 2000.
（4）例えばTodd（2002）。またアメリカを帝国とした上で、フランスを「共和国」と位置づける見方も強くなってきている。一例としてJoxe(2002)を参照。
（5）フランスにおける共和主義との関連でこの問題を論じたものとして、宇野(二〇〇四)。
（6）その一因はおそらく、帝国が主張するところの普遍性の理念を、カトリック教会に先取りされてしまったことにある。宗教改革以後、カトリック教会による宗教的統一性は失われたが、そのことによって、ヨーロッパには帝国を可能にするだけの普遍性の理念的資源が決定的に欠けることになった。

第五章　シティズンシップと境界線

一　はじめに

なぜ、いま「市民権」[1]なのか。そして、なぜ「境界線」なのか。本章は、現代フランスにおいて、「市民権」概念をめぐって活発に議論を展開すると同時に、「サン・パピエ（不法滞在者）」と呼ばれる人々との連帯を訴える運動に加わり、「境界線の民主化」を唱えている政治哲学者エティエンヌ・バリバールらの市民権論を振り返るものである。彼らの議論を再検討することで、「市民権」概念がいま、あらためて論じられていることの意味を再考することがその目的である。

このように課題を設定するのは、これまで必ずしも市民権に十分な光が投げかけられてこなかったからである。福祉国家との関わりにおいて、いわゆる「社会的市民権」が論じられてきたことを別とすれば、過去三〇年の間、市民権概念に注目が集まることはけっして多くなかった。その一因に、市民権が国籍と同一視されてきたことがあげられる。市民権が、国籍を保有する個人が有する諸権利と見なされる限り、国民国家体制が揺るがない時代において、あらためて「市民権」を問題にする余地は大きくなかった。

これに対し、現在、グローバリズムが進むなか、国民国家の自明性が失われ、あらためて「主権」、「ネイション」、「共同体」などの概念が問い直されている。国境を越えた人の移動が増大し、人々の権利関係が複雑に交錯する今日、人がおよそ政治的共同体に属することの意味、それに関わる権利や義務の問題が、市民権問題を浮上させているのである。

しかしながら、なぜフランスなのだろうか。そしてなぜ、バリバールなのか。バリバールはかつて、ルイ・アルチュセールの若き理論的パートナーとして、『資本論を読む』の執筆に加わったことで知られているように(Althusser et al. 1965)、マルクス主義との結びつきが強い政治哲学者である。そうであるとすれば、バリバールが現在、フランスの市民権をめぐる議論を主導しているという事実は、現代フランスにおける知の変容を暗示していることになる。

というのも、マルクス主義の伝統においては、議論の中心は生産関係に基づく現実の階級構造の分析に向けられ、人権や市民権のような法的・政治的諸概念は、必ずしも主要な関心の対象とはならなかったからである。むしろ、ブルジョワ社会のイデオロギー装置として見なされがちであったとさえいえる。若きマルクス自身、『ユダヤ人問題によせて』のなかで、人権概念をブルジョワ的人間の権利として批判していることはよく知られている(宇野 二〇〇四：一三〇－一三三頁)。これに対し、現在、バリバールをはじめ、マルクス主義の影響を強く受けた理論家の多くが市民権概念に着目し、そこに現代における論争の焦点を見出しているとすれば、そこには大きな問題関心の変化があるはずである。

このような現代フランスにおける知の状況は、その市民権論をきわめて独特なものにしている。すなわち、同じく市民権論を熱心に論じている現代アメリカの政治哲学が、大枠においてリベラリズムの枠内において議論を展開しているのと対照的に、フランスの場合、マルクス主義者を含む多くの左翼思想家が論争に参入しているのである(宇野 二〇〇四：四九―五一頁)。

このことは、フランスにおける市民権論にどのような影響を及ぼしているのだろうか。フランスにおける市民権論において顕著なのは、普遍主義の視点である。この場合、普遍主義とは、すべての人間を等しく自由で平等な個人と見なし、そのエスニックな帰属を特殊な問題として市民権論から排除する傾向である。このことは、一面において、共和国の下でのあらゆる人種差別、民族差別を否定することを意味するが、他面において、英米においてさかんな、エスニックなアイデンティティを公的にも承認する多文化主義に対して強い抵抗があることをも意味する。人を普遍的な個人と見なさず、むしろ特定のエスニック集団に属するものとして把握することは、フランス語で「共同体主義(コミュノタリスム)」と呼ばれ、強い否定的な含意をもつ。

このようなフランスの普遍主義は、公立学校におけるイスラムの「スカーフ事件」に象徴されるように、現在さまざまな問題を引き起こし、その再検討を迫られている(2)。しかしながら、多文化主義時代において、フランス型の市民権論が、その普遍主義のゆえにむしろ排除の原理となりうることへの反省が進んでいるにもかかわらず、このような普遍主義こそがフランスの共和国の根幹であることを否定する動きはけっして強力ではない。むしろフランスの共和国は普遍主義に立脚しており、それゆえに民族主義の偏狭さから自由であり、「共同体主義」による社会の分断化を免れているという評価が一般的である。ドミニク・シュナペールのような、フランスの伝統的な共和主義を見直す市民権論者にしても、この大枠の内側にとどまっている。

このように、フランスの市民権をめぐる議論が、主として「共同体主義」と「普遍主義」の対立を軸に展開されているとすれば、バリバールら左翼系の理論家たちの議論の焦点は、このような普遍主義に立脚したフランス型市民権論もまた、「共和主義的共同体主義（communautarisme républicain）」もしくは「国家共同体主義（communautarisme national）」（Balibar 2001）であり、普遍主義の名の下に境界線を再強化し、排除の原理に与しているのではないか、と問い直すことにある。仮に普遍主義に立脚しているとしても、フランス共和国という国家レベルでの共同体主義であることには変わりはなく、境界線に基づく排除の原理から自由ではない。そうだとすれば、むしろ必要なのは、共同体と境界線の意味そのものを問い直すことではないか。共同体と境界線の自明性を前提にする限り、排除の暴力を克服することはできないのではないか。これこそ、現代フランス政治哲学において、バリバールらの理論家が提起した問題であり、そこで提示された政治哲学の課題は、共同体の意味を徹底的に問い直すことにほかならない。この課題への対応にこそ、フランスにおける市民権論の独特な理論的貢献の可能性が秘められている。

以下、このようなバリバールらの議論を「共同体なき市民権」と「境界線の民主化」という概念を軸に再検討していく。これらの概念は、あるいは極度にユートピア的なイメージを喚起するかもしれない。しかしながら、彼らの議論は一方で理論的可能性を極限まで推し進めた、あくまで思弁的抽象的性格をもつものであると同時に、ヨーロッパの思想的伝統の自覚的な再摂取に基づくものであるという意味で、けっして単なる夢想にはとどまらない。また彼らの市民権論は、現代においてデモクラシーの運動を再活性化することを目指したものであり、実践的な含意も小さくない。何より、現代において市民権が問い直されていることの意義、そこで争われているものについて、示唆するところが大きいはずである。

二　共同体なき市民権

そこでまず、「共同体なき市民権(une citoyenneté sans communauté)」の概念について、見ていきたい。これはすなわち、仮に共同体がつねに内と外、成員と非成員、「われわれ」と「彼ら」の区別を生み出し、それを固定化するものであるならば、むしろ共同体ぬきで市民権を考えることはできないだろうか、という問いと関わっている。言い換えれば、「われわれが問題にしている問いは、たんにどのような共同体が優先的に設立され、最終的に市民権の地平を形成すべきかではなく、思弁的な共同体概念が何を意味するのか、それが国民国家の危機の時代に何を意味すべきかということである」(Balibar 2001: 11, 邦訳二二七頁、強調は原文)。

現代という時代においては、多元的で、互いに差異を持ち、しばしば対立する諸個人が、絶対的な個人主義や利己主義に陥るのではなく、あくまで差異をもちつつも何ごとかを共有し、対立しつつも一般的な利害を模索することがあくまで重要である。にもかかわらず、その共通分母によって、完全な成員としてそれに参加していない人すべてを排除する危険性は避けなければならない。ほとんど答えのないアポリアに見えるこの難問に答えることが、「共同体なき市民権」概念に期待されている。

この難問に答えるにあたって、バリバールが参照するのが、ジャン=リュック・ナンシーとジャック・ランシエールという二人の哲学者である。主として、ナンシーについては『無為の共同体』、ランシエールについては『不和』という著作を中心に参照することで、バリバールは自らの論を展開していく。

まずナンシーであるが、彼は、デリダの脱構築の方法から影響を受けつつ、バタイユなどの独自の読解を通じて、共同性についての思考を深めてきた思想家である。彼が自らの歴史的課題として引き受けたのは、「共産主義＝コミュニズム」後において、「共同体＝コミュニティ」の問題を徹底的に考えるということであった。ナンシーの見るところ、「共産主義」という語に最終的に込められていたのは、有限な存在である人間にとって、そのような人間の有限性を越えた場所に共同体を見出したい、あるいは再発見したいという願望であった(Nancy 1999)。そうだとすれば、「共産主義」後の時代とは、このような願望が決定的に困難に陥った時代を意味することになる。

このような願望をさかのぼると、ルソーによる「共同体の解体」という問題意識に行き着く。ルソーにとって、社会とは共同的な親密さの喪失ないしは衰退を意味した。そこでの個人の孤独という問題と向き合ったルソーは、あらためて自由な共同体の市民の再生という課題を提示する。このようなルソーによって示された共同体の解体という問題意識は、一方でドイツ・ロマン派に、他方で『精神現象学』におけるヘーゲルへとつながっていった。

これに対し、ナンシーは、この共同体の解体と再生という問題設定の系譜から最終的に自由になり、あらためて、「私たち」や人間存在の複数性を、実体的で排他的な「私たち」に変えることなく論じる可能性を模索する。人と人とがともにあるということを、共同存在の規範的な物神化に陥ることなしに考えることはできないか、というのが彼の問いかけの根幹にある。

この問いかけに答えるために、ナンシーは「合一（コミュニオン）」と「コミュニケーション」とを区別する(Nancy 1999)。語源的には近いこの二つの言葉を厳密に区別することで、ナンシーは彼なりの「共同であること」を模索していくのである。「合一」とは、交わりを意味するラテン語の communio に由来するが、この言葉はキリスト教において、聖餐、もしくは聖餐式、さらには神と信徒、信徒同士の交わりなども意味するようになる。その意味で「合一」が、愛の結びつきや神話的な融合に等しいものを成員間に実現する理念となっていったのに対し、ナンシーの考える「コミュニケーション」は、異なるものが、異なるままでともにあることを意味し、それは実体的な「絆」ではないとされる。

ここでナンシーが参照するのが「死」の問題である。人は他人の死というかたちでしか「死」を経験することはできないし、自分の「死」については、その意味を自分で引き受けることができない。そのような、自分では引き受けることができない「死」を共有することにこそ、共同体の起源があるというバタイユの考えを継承しつつ、ナンシーは自らの「コミュニケーション」、さらには「分有(分割＝共有、パルタージュ)」という共同性の新たなあり方を追究していくのである。ナンシーはこれをさらに、「共有財(コモン・ウェルス)なき分有」とも表現する。

ここには、あくまで共同体の実体化を否定しながら、人と人とがともにあることの可能性を徹底的に探ろうとするナンシーの強固な意志が見受けられる。

次にランシエールの議論を見ていこう。彼はあらためて「政治」の定義を再考することから出発する。その意図は、「政治」を彼が「ポリス」と呼ぶものと区別することにある。ランシエールは「ポリス」を、権力の配分、地位や職業の分配、そしてこれらの分配を正当化するシステムなどが働くプロセスの全体として定義する。これは通常、政治と呼ばれているものに近いだろう。これに対しランシエールは、

「政治」を「ポリス」と区別し、これをデモクラシーとともに成立したものであり、平等を原理とする活動であるとする。民衆《デモス》は、平等の原理の下に、現実にある不平等を告発する。共同体において自らの「分け前(財産や職業)」を持たない民衆が、共同体の「分け前」の配分を要求すること、すなわち「分け前なき者の分け前(part des sans-parts)」が公的に要求されるとき、初めて「政治」が成立するのである。

　ランシエールはこのことを、ティトゥス・リウィウスの『ローマ建国史』における平民反乱を例にとって説明する。それまでのローマの国政において、平民には発言権が認められず、ポリスの秩序において「分け前なき者」とされていた。このような平民はやがて立ち上がり、自らが貴族と議論するための言葉をもつ存在であることを認めさせる。平民が、既存の秩序のあり方に異議申し立てを行い、そのことによってこれまでの秩序のあり方が絶対的なものでも、変更不可能なものでもないことを示したとき、「政治」の営みが始まったのである。したがって、「政治」とは、「分け前なき者の分け前」の要求が「係争」として提起されることにかかっている。

　ところが、ランシエールに言わせれば、これまでの「政治哲学」は、このような民主的な要求を排除し続けた営みにほかならない。「政治哲学」はソクラテスが、「本当に政治をすること」、すなわち政治の真の本質を探ったときに始まった。しかしながら、ソクラテスの刑死を受け、その弟子プラトンによって、現実のアテナイの民主政は、真理に基づかない政治として断罪されることになる。ここに「政治」と「政治哲学」の不幸な関係が始まった。以後、「政治哲学」は、「分け前なき者の分け前」の要求に対し真の共同体の原理を対置したり(プラトン)、「分け前なき者の分け前」の要求を役職の配分の問題にずらしたり(アリストテレス)してきたのである。(3) ある意味で、「政治哲学」は、「政治」の「政治」たるゆえんを直視せず、むしろ他のものに置き換えてしまってきたのである。

ランシエールはこの点に関してさらに、マルクスをも批判の対象にすえる。(4) マルクスによるイデオロギー批判は、現実の民主政が虚偽のものであり、政治の真理は政治そのものにはなく、政治の下や背後にあるとする。マルクスの目には、政治的解放は真の人間解放ではなく、市民権の実現はむしろブルジョワ社会の利己的所有者の現実の隠蔽として映ったのである。マルクスにとってのプロレタリアート階級は、現実の政治運動の担い手であるだけでなく、政治を越えた、階級の解消という課題を担う存在であった。マルクスはある意味でイデオロギー批判とプロレタリア階級論を通じて、政治の虚偽の暴露と、政治そのものの解消を目指したのである。このようなマルクスの方向性は、あくまで「政治」を「分け前なき者の分け前」を要求する不断の運動として捉えるランシエールの取るところではない。

以上の分析を締めくくるにあたって、ランシエールは民主政を「コンセンサス」と対置する。彼にとって「政治」とは、民主政においてそれまで自らの声をもつことを否定された人々による、異議申し立ての営みにほかならない。ランシエールは、神話やイデオロギーの終焉後において、とくに「先進社会の新しい人種差別主義」の台頭の時代において、このような意味での「政治」と民主政の再評価を訴えるのである。

したがってバリバールの「共同体なき市民権」とは、ナンシーの議論を受けて、徹底的に共同体の観念からその実体化の契機を取り去り、その上で、共同体に対する「分け前なき者の分け前」の要求による民主化を強調するものである。言い換えるならば、市民権を、何らかの同一性の神話によって支えられた共同体への帰属に基礎づけるのではなく、むしろ市民権の様々な発展の上に帰属を基礎づける可能性を模索しているのである。

三　境界線の民主化

しかしながら、これまでのいかなる市民権の制度も、現実には、様々な歴史的様相において排除の制度化を伴うものであった。そうだとすれば、求められるのは、「まさに包含と排除の制度的図式(市民権にとっての「境界」制度)を自分自身を越えて担う運動である」(Balibar 2001: 125, 邦訳一五五頁、強調は原文)。

バリバールがフランスの、そしてヨーロッパのレベルにおいてつねに「境界線」の問題を考え続けているのは、現実問題として、フランスの国境や、ヨーロッパの境界線が問題になっているからだけではない。もちろん、バルカン半島の問題、地中海をはさむアラブ諸国との関係は、バリバールにとってつねにきわめて重要な問題であり、この問題について彼は積極的な発言をし続けている。しかしながら、バリバールにとって「境界線」が重要な問題であり続けるのは、彼の見るところ、現代世界において真に揺らいでいるのが、国境をはじめとする「境界線」の観念、そしてその表象そのものだからである。「国境についての表象の基盤にある内部性・外部性という観念が、正真正銘の地震に見舞われている」(Balibar 2001: 20, 邦訳二七頁)のである。

バリバールにとって「境界線」とは、「政治的アイデンティティの制度上の固定点であると同時に、この同じアイデンティティが再び不確かなものになり、重層決定されていることが明らかになり、場合によっては強制的に再定義されなければならないような点」である(Balibar 2001: 59, 邦訳七六頁)。バリバールの見るところ、これまで国民国家は、国家レベルでの社会保障と結びつき、事実上、「国民－社会国家(Etat national-social)」を形成してきた。その結果、国民国家内部においては、社会保障によって生活条件の保障がなされ、不安を国境の外に押し出すことが理想とされてきた。この理想はけっして完全に実現されることはなく、国境の内側においても暴力はなくならなかったが、重要なのは、「境界線」による内と外との間での想像力の分割であり、それによって支えられた内における安全の感覚であった。グローバリズムの進む時代において崩れているのは、まさにこの内と外との分割であり、それに基づくアイデンティティの不安定化がネオ・ナショナリズムの温床となる。国家制度とは、排除規則による、可視的・不可視的な境界規則の形成に依拠するものであり、ナショナリズムはこのような境界規則に基盤を置くことで成立するのである。

しかしながら、バリバールの考察は、より根源的に、このように空間のなかに政治的境界線を引くことで大地を分割し支配するというモデルが、近代ヨーロッパに生まれ、それが世界全体へと拡大されたという近代史そのものの反省へと向かう。

興味深いことに、バリバールは「ヨーロッパ」という名称の政治的意味のもっとも決定的な起源を、一七、一八世紀における国民国家間の「ヨーロッパ的バランス」のシステム構築に見出す。しかもその時期をより正確に確定するとすれば、しばしば指摘される、三十年戦争後のウェストファリア条約締結時ではなく、それよりもう少し後のことであるという。すなわち、「ヨーロッパ」の政治的意味が確定されたのは、ハプスブルク朝に続くフランス・ブルボン王政によるヨーロッパ制覇の企図、すなわち「普遍王政(universal monarchy)」の夢と、これに対抗するイギリスやオランダなどの、諸国家間の形式的平等と均衡を目指す秩序構想とが対立した瞬間であったというのである。その際、オレンジ公ウィレムの宣伝文書において、「ヨーロッパ」という語が、従来の「キリスト教世界」に代わって用いられるようになった。まさにその瞬間に、「ヨーロッパ的バランス」の理念が確定することになったのである(Balibar 2001: 21-22, 邦訳三〇頁)(5)。

このような「ヨーロッパ的バランス」をモデルに空間を分割して統治し、この分割にあわせてアイデンティティを再編成するという方式こそ、ヨーロッパが世界に輸出したものにほかならない。境界線の制度化によって、その境界で区切られた世界のなかに存在する個人の表象が生まれる。各個人は、まさに境界の観念を内面化することで、主体になるのである。その焦点が国民国家の制度化であった。

これに対し、バリバールが、現在の「ヨーロッパ」のなかに見出すのは、「すべての地点で多元的であり、複数の宗教的・文化的・言語的・政治的帰属、複数の歴史読解、世界の他の部分との複数のかかわり方のあいだの、緊張関係の焦点」(Balibar 2001: 20, 邦訳二八頁)である。ポスト・コロニアルな、いわば「民主主義の建築現場」としてヨーロッパを捉えようとするバリバールは、「境界線の民主化」を訴える。これは、境界線が端的に消滅することが想定できないとすれば、必要なのは「境界線」自体を「民衆《デモス》」の統制の下に置くことであるという彼の信念を表現したものである。

「境界線」は制度である。仮に国境という「境界線」の内側において民主政が可能であるとしても、「境界線」そのものは民主的統制の対象とはならない。その意味で、「境界線」は「最も民主的な国家においてすら、市民の地位が再び「臣民」の条件に近づく地点であり、政治参加が警察の統治に取って代わられる地点である」(Balibar 2001: 174, 邦訳二一〇頁)。それでは「境界線」を民主化するにはどうしたらいいのだろうか。

「境界線」の脱神聖化、国家による個人に対する「境界線」の使用の多国間的コントロール、「境界線」を通過する際のさらなる基本的諸権利の尊重などが、バリバールの考えるその方策であるが、これらを可能にするためにも、バリバールは「政治」の再創造を根本的な課題として提示する。

バリバールは「政治の三概念」という論文(6)において、「政治」に含まれる三つの概念を区別している。その第一は「解放」である。「解放」とは、集団としての「民衆《デモス》」が、自然的ないし超越的な権威に従属せずに自己決定を行うことであるが、バリバールにとってのポイントは、この「デモス」が、上からの決定や恩寵ではなく、相互承認によって権利を認められた、自由で平等な市民から構成されるということにある。その意味で「解放」とは集団的な権利獲得のことであり、「解放」の歴史は、この権利を現実のものとするためのたえざる異議申し立ての過程であった。バリバールが、「サン・パピエ(不法滞在者)」と呼ばれる人々との連帯を訴えるのも、まさにこの「解放」の運動のためにほかならない。既存の体制の不正義に対するたえざる異議申し立てのみが、その政治体制の正当性を保障するのである。

「政治」の第二の概念は、「社会の変革」である。マルクスは、『ルイ・ボナパルトのブリュメール一八日』のなかで、「人間は自分自身の歴史を作る。しかも、人間は恣意的に、自分自身で選んだ状況のもとではなく、つねにすでにあたえられ、過去から受け渡された状況のもとで自分自身の歴史を作る」と表現した。そうだとすれば、重要なのは、そのような既存の状況そのものを変革することである。すなわち既存の支配構造や権力関係の変革が、「政治」の課題となる。

第三にバリバールが指摘するのが「開明性(civilité)」である。「市民権(citoyenneté)」と語源を同じくすることの言葉は、バリバールにとって、独特の意味をもつものとして浮かびあがる。バリバールはまず、アイデンティティがけっして個人的なものではないこと、アイデンティティが一つではなく複数であること、しかもアイデンティティとは固定的なものではなくたえざる同一化の過程であることを強調する。その上で、いかなる他者をも排除する、「われわれ」や「自己」のアイデンティティの暴力に対し、様々な同一化や帰属によってもたらされる葛藤を、除去はできなくとも縮減し、政治活動を可能にする条件そのものを作り出すことを「開明性」と呼ぶのである。アイデンティティを消し去るのではなく、そのヒステリックな叫びに距離を置くことを可能にする生活形式やコミュニケーションの形式を拡大し、個人やグループにアイデンティティのなかを移動する手段を与えることが重要であるとバリバールは論じる。

バリバールがグローバリズムの時代の「境界線」の民主化においてとくに重視するのが、この「開明性」の契機である。ネオ・ナショナリズムや新たな人種主義の台頭によって、「政治」の営みが閉塞し、政治空間そのものが消滅することを避けるために、「境界線」による排除規則に依拠する国家を「開明化」することこそ、バリバールの考える「境界線の民主化(une démocratisation des frontières)」の最大の課題なのである。

四　おわりに——未完の市民権

このような「共同体なき市民権」や「境界線の民主化」という課題が、あくまでプログラム的なものにとどまっていることは否定できない。その意味で、市民権が現在の世界において「未完の市民権(imperfect citizenship)」であることを、バリバール自身が認めている。しかしながら、バリバールは同時に、市民権がたえざる再創造の過程にあることを強調する。すなわち、バリバールにとって、市民権とは単に「諸々の諸権利を形式的に定義したり憲法に記載したりすることよりむしろ、最大多数のために諸権利へのアクセスの様々な様態を構築することである」(Balibar 2001: 204, 邦訳二四六頁)。

ここには現在において市民権を考える上での重要な鍵があるように思われる。市民権とは単に抽象的な権利のカタログを意味するだけでなく、それを通じて民主政を活性化し、国民国家以後の時代における新たな政治秩序を構成していくための梃子なのである。連邦的でも国家的でも帝国的でもない、新たなタイプの政治単位の構築のためには、新たな「民衆《デモス》」の確立が不可欠である。政治的に活発に行動する「民衆《デモス》」なくしては、古典古代以来、民主主義の伝統のなかで獲得してきたような意味での市民権(politeia)は存在しないのである。

その場合、歴史的共同体への帰属としての「エトノス」と、市民権の継続的創造としての「デモス」との関係が重要になる。市民権をあらゆる帰属から切り離して定義しようとするフランスの普遍主義を批判するバリバールは、現実のアイデンティティの葛藤を直視した上で、これを「開明性」によって緩和し、「分け前なき者の分け前」を要求する民主政の運動によって、「境界線」による排除を自分自身で乗り越えていくという方向性を示す。バリバールは、市民権を帰属に依拠させるのではなく、むしろ市民権による活動のなかから新たな帰属を生み出そうとする。ここに彼は、新しいかたちでの「エトノス」と「デモス」の接合を見出そうとするのである。

このような議論を展開するにあたって、バリバールがつねに参照するのがハンナ・アーレントの『全体主義の起源』である。アーレントはこの本の第二部の最終章で、「無国籍」と「無権利」の人々の問題を集中的に論じている。アーレントは全体主義を論じるにあたって、その問題意識の中心を、アウシュビッツに象徴される、人間の生存すら脅かされる極端な排除と暴力の状況に置く。言い換えれば、このような排除と暴力こそが全体主義の中心にあり、またこのような全体主義の出現にこそ、二〇世紀という時代経験の本質があるというのである。アーレントは、このような問題意識の上に、まさにこれらの限界例から、新たな公共空間や政治的活動の条件を、また市民権と政治制度全体を基礎付け直そうとした。

その上でアーレントは、国民国家から帝国主義への発展を通じて、「人間の権利（人権）」と「市民の権利（市民権）」の関係が、いかに逆転したかを論じる。「人間の権利」は本来、特定の国の人民主権の枠組みのなかで制度化される「市民の権利」の前提となるべきものである。人権こそ、政治社会に先立つ人間の自然権であり、政治権力を制限づけるものであるという理解こそ、近代の諸革命を導いた原理であった。ところが、二〇世紀の帝国主義と全体主義という経験において露呈してしまったのは、それとはまさに逆の事態であった。すなわち、「人間の権利」が「市民の権利」の前提となり基礎となるのではなく、特定の国の「市民の権利」が認められない「無国籍」の人間は、その最低限の「人間の権利」である生存の権利すら脅かされる、根源的に「無権利」状態に陥いるという事態である。市民権と国籍とが事実上一体化する歴史的文脈のなかで、国籍を奪われた人間は、最も極端な暴力の脅威にさらされた。このような根源的に排除された人間、人間存在の尊厳を保障する物質的条件も承認の形式も剝奪された人々から、政治秩序と市民権の問題を考えようとしたことこそ、アーレントの最大の示唆であったとバリバールは考える(Balibar 2001: 185-189, 邦訳二二二―二二七頁)。

したがって、バリバールにとって「未完の市民権」の果たすべき課題の一つは、「地球上のすべての個人にとって、その個人が市民権を享受し、その結果「人間」でありうるような場所(領土、国家、共同体)が、少なくとも一つなければならない」(Balibar 2001: 204, 邦訳二四六頁、強調は原文)という点にある。また、その際に、「「人権」は「市民権」の手前や上位にあるのではなく、「人権」と「市民権」と同時的であり相即的である」(同上)ことが、その条件となる。ここには、アーレントの問題意識を自分なりに受け止めようとするバリバールの市民権論の焦点が見出せるだろう。

現代において市民権をめぐる議論が再び活性化しているのは、この概念を軸に、共同体や主権、権利の普遍性、市民権と国籍の関係、社会的対立の政治的機能について再検討するためである。このことは、現代における政治哲学の再生と無関係ではありえない(宇野 二〇〇四)。そして何より、市民権概念を通じてデモクラシーの運動を活発化し、新しい未来の政治単位の構築への道のりをつけることこそ、市民権論にゆだねられた最大の使命なのである。バリバールらの市民権が示唆しているのは、まさにこのことであろう。

（1）　本章で「市民権」という場合、主として英語の“citizenship”、フランス語の“citoyenneté”を想定している。これらの言葉は元来、「citizen/citoyen であること」をさす言葉であり、必ずしも「権利」概念に収まり切らない内実を含む。しかしながら、本章では、このような内実を含むものとして「市民権」という訳語を使用する。

（2）その代表例として、ドミニク・シュナペールの一連の仕事をあげることができる(Schnapper 1991；1994)。

（3）ランシエールは、このようなプラトンに代表される立場を「アルシ・ポリティーク」、アリストテレスに代表される立場を「パラ・ポリティーク」と呼ぶ(Rancière 1995a)。

（4）同じくランシエールは、マルクスの立場を「メタ・ポリティーク」と呼ぶ。ランシエールの「政治」の再定義は、いわば「アルシ・ポリティーク」、「パラ・ポリティーク」、「メタ・ポリティーク」に対する「政治」の擁護を意図したものであった。

（5）イギリスの哲学者デヴィッド・ヒュームは、このようなフランスの「普遍王政」に対抗するものとして、「ヨーロッパ的バランス」の下の「ヨーロッパ近代王政」の発展を強調している。

（6）『レ・タン・モデルヌ』誌に初出。後に論文集『大衆恐怖』(Balibar 1997)に収録される。

第Ⅲ部　政治哲学から社会へ

第一章　労働と格差の政治哲学

一　はじめに

本章は「労働」と「格差」について、政治哲学の立場からアプローチすることを目的としている。言うまでもなく、「労働」といい、「格差」といい、政治哲学にとって重要なテーマである。あるいは、重要なテーマのはずである。ここで「はずである」と言い換えたのは、これまでの政治哲学においては、いくつかの重要な例外を除いて、労働や格差というテーマについて必ずしも積極的に論じてこなかった印象があるためである。このような印象がなぜ生じるかについては後述するとして、まずはなぜ労働と格差が政治哲学にとって重要なテーマであるかについて確認しておきたい。

まず労働について言うならば、現代社会において、労働は社会の構成原理のうち、もっとも重要なものの一つである。労働は社会に生産力をもたらすだけでなく、社会的なきずなを創出し、さらには人々に生きがいや自己実現の機会を与える。逆にいうならば、労働に深刻な問題がある場合、単に生産力に影響が生じるばかりでなく、社会的な排除や、人々のアイデンティティ喪失をもたらす危険性がある。

このうち、とくに政治哲学にとって深刻なのは、社会的排除の問題であろう。現代の先進産業諸国においては、等しく長期失業の問題が論じられているが(Beck 1986; Rosanvallon 1995)、労働による社会的地位を失った個人には、もはや頼るべき社会的関係がなく、あらゆる関係性を喪失した状態に陥りやすい。社会的排除が進むなかで、あらゆる関係性を失った個人の状態を、フランスの社会学者のロベール・カステルは『社会問題の変容』の中で「負の個人主義」と呼んでいる(Castel 1995)。このような現代社会における否定的な意味での個人主義の進展(宇野 二〇一〇)は、社会のメンバーシップという政治哲学にとっての古典的な問題を再提起することになるだろう。

このように長期失業が社会的排除をもたらし、最終的には社会のメンバーシップの問題にまで波及するという事態が生じるのも、現代社会が労働にその基盤に置く社会だからである。これに対し、後で詳しく検討するフランスの政治哲学者ドミニク・メーダのように、社会が労働に基盤を置くようになったのは近代における比較的新しい現象であり、せいぜいのところ、ここ二世紀足らずのことであると強調する論者もいる(Méda 1995)。言い換えれば、労働が社会的きずなを構成し、人々の自己実現の回路となるのは、必ずしも人類の歴史を通じて妥当する真理ではなく、歴史的な現象にすぎない。それゆえに、今後も永遠に社会が労働に基礎を置くとは限らず、現代において労働をいかに社会的に位置づけるかについては、あらためて公的な議論の対象となってしかるべきだというのが彼女の主張である。その意味で労働をいかに社会に位置づけるかは、政治哲学の重要課題である。

これに対し、格差は政治哲学にとって、いかなる意味をもつのだろうか。労働が(少なくとも現代)社会の構成原理を占めるものであるがゆえに、政治哲学としてもこれに取り組む必要があるのに対し、格差の問題は、社会の構成員の間に不平等感や不公正感を与えることで、社会の分断をもたらす危険性を秘めているために、政治哲学の重要なテーマとなりうる。

ただし、ここで、そもそも「格差」とは何かが自明でないことに注意しなければならない。ジニ係数などによってはかられる客観的な不平等の指標が重要であることはもちろんだが、それと同じくらい、人々にとって主観的に感じられる不平等の感覚（白波瀬 二〇〇六）も政治哲学にとって無視できない。逆にいえば、どれだけ客観的な指標において格差が存在しても、人々がそれを問題視しないならば、政治的な課題としては浮上してこない可能性がある。貧富の差があることは社会にとっての与件であり、人々の生存や、最低限の生活が脅かされない限り問題とならないという立場も不可能ではない。

そうだとすれば、格差が政治哲学のテーマとなるのは、いかなる場合か。どのような格差が、どの程度まで許されるのか。逆にいえば、いかなる格差は許されるべきではないのか。このような境界線をどこに引くかということこそが、政治哲学の課題であろう。この線引きについての公的な合意があってはじめて、次なる課題として、そのような格差を、いかなる手段によって、どの程度まで是正するかが問われることになる。

格差についても、歴史的な限定が必要である。すなわち、労働の社会的位置づけが近代になって大きく変化したように、格差についても近代社会、とくに国民国家の成立が重要な意味をもっている。一九世紀フランスの政治思想家のアレクシ・ド・トクヴィルが強調しているように、平等化以前の旧体制の社会においては、人々の間の不平等の存在それ自体は問題とならなかった。もちろん、存在する不平等についての不満がなかったわけではない。とはいえ、その場合、人々にとって不当な不平等が問題になったのであり、不平等の存在それ自体は当然視された。むしろそのような不平等に基づく身分制こそが、社会の構成原理にさえなったのである。これに対し、近代の民主主義革命の結果、むしろ平等こそが社会の価値となる。民主主義革命以後にも不平等は残るが、そのような不平等は一つひとつその正当性が問われることになる（宇野 二〇〇七）。

とくに国民国家の場合、その構成員が政治的に等しく自由であるだけでは不十分である。もし経済的・社会的条件において著しい不平等があるならば、それは国民の一体感を損なうことにつながるからである。また社会保障制度を支える社会的連帯の感覚にとっても深刻な問題となる。その意味で、不平等の存在が自明視される旧体制の社会における身分の問題と、平等こそが価値とされる民主的社会、とくに国民国家における階級や格差の問題は、まったく違う意味をもつのである。

このように労働と格差の問題は、政治哲学にとって重要な課題である。しかも、現代社会においては、二つの問題が融合する傾向が著しい。今日、しばしば「ウェルフェアからワークフェアへ」と語られるように、福祉の受給者に対して一定の就労を義務づけることで、福祉の給付を労働の対価とする考え方が存在する。この場合、格差の是正のための福祉給付の原則として、あらためて労働がポイントになっていることに注目しなければならない。他方、非正規労働の拡大は、正規労働者と非正規労働者の間の格差の問題を浮上させた。労働者内部における不均衡の拡大は、労働を社会的に位置づけ、評価する仕組みをいかに再構築するかという問題に行き着かざるをえない。この意味で、労働と格差について、政治哲学の議論を充実させることは緊急の課題である。それにもかかわらず、すでに言及したように、政治哲学の側に、ある種の消極性が見られるとすれば、それはなぜなのか。

二　労働と格差の政治思想史

このことを考えるためにも、政治思想の歴史をごく簡単に振り返っておきたい。この場合、考察の対象となるのは西洋政治思想史に限定される。このことは、筆者の専門による部分もあるが、他方で、現代の政治哲学研究がもっぱら西洋政治思想史を踏まえて展開されているという事情にもよる。このことはとくに労働を扱うときに問題化するが、この点については後述する。

それにしても、現代の労働と格差をめぐる政治哲学を展開するにあたって、なぜ政治思想史を振り返る必要があるのだろうか。その最大の理由は、本章で検討する三人の政治哲学者の労働と格差をめぐる考察の意味を理解するにあたって、それぞれの前提にする政治思想史理解が重要な意味をもってくるからである。すなわち、彼らの政治哲学には、その前提となる政治思想史理解がコインの表裏のように付随しているのであり、しかも、このことは彼らの特殊事情というより、政治哲学研究と政治思想史研究の関係一般においていえることだからである(1)。政治哲学者はすべからく自らの思考の原理を示そうとするが、その場合、まったくのゼロから始めるということはありえない。彼らの思考は歴史的な蓄積を前提に展開されるのであり、過去からの議論の系譜をいかに整理し、選択するかということが、現在の問題に対していかなる原理的考察を加えるかについての指針となるのである。そのためにも、個々の政治哲学者の政治思想史理解を位置づける補助線として、まずは労働と格差をめぐる政治思想史一般をスケッチしてみたい。

労働

まずは古代ギリシア哲学における労働の位置づけである。言うまでもなく、「政治」、「民主政」、「哲学」という言葉自体が古代ギリシアにおいて生まれたものであり、古代ギリシア哲学が後世の政治思想史に与えた影響には圧倒的なものがある。労働についても例外ではない。ただしこの場合、労働についての古代ギリシア特有の偏見もまた、大きな影響を及ぼしたといわざるをえない。

古代ギリシアにおいて、ポリス（都市国家）の構成員としての市民にとって重要な意味をもったのは、まず何よりも、民会に出席して公的な意思決定に参加する政治活動と、自ら武器を担い祖国の防衛に従事する軍事活動であった。このことはポリスがそもそも戦士の小共同体として出発したという歴史的事情によるものであり、自らポリスの防衛の任にあたることと、その意思決定にかかわることとは不可分であると見なされたのである。

対するに生産に関わる労働は主として奴隷に委ねられたように、政治や軍事と比べ、従属的な意味しかもたない活動とみなされた。政治がまさに市民としての活動であり、広場（アゴラ）という公共的な場でなされるのに対し、労働は家長の命令の下、家（オイコス）の内部でなされる活動と見なされた。政治は公的な価値をもつ「自由」な活動であり、市民に誇りの感覚を与えるのに対し、労働は「必要」に迫られてやむなく行う私的活動と位置づけられたのである。このことが、労働を人間の活動において低く位置づける西洋政治思想史の伝統の嚆矢となった。もちろんヘシオドスの『労働と日々』のように、労働を高く評価する事例がないわけではない。しかしながら、その場合でも、労働は黄金時代以降の人間にとっての避けがたいつとめとされ、これをいかに自由と尊厳と両立させるかが、その問題意識となったのである。労働それ自体は、あくまで他者への隷属と結びつきかねないものであり、やむをえず行うものであった。

中世社会においては、しばしば修道院における「祈り、働け」というモットーが指摘される。その意味においては、労働は人間の活動として積極的な意味を与えられたともいえる。しかしながら、この場合の労働とは、修道士が怠惰や誘惑を断ち、本来のつとめである祈りに集中するための手段であった。その限りで、労働は修行としての意味はあるとしても、それ自体としての積極的な意味をもつものではなかった。

これに対し労働の意味が完全に変わったのは、すでに触れたように、近代になってのことである。プロテスタンティズムにおける召命としての職業観念など指摘すべきことは多いが、政治思想家レベルでいえば、何よりも、ジョン・ロックの所有権理論に注目すべきであろう。ここでロックは、神によって人間に等しく与えられた自然物に、人間が自らの労働をつけ加えることで、所有権が生じると主張した。労働を加えることで生まれた所有権こそが各人の固有の領域を形成するのであり、このような所有権は単に権力による侵害から保護されるばかりでなく、そもそも権力は所有権保護のためにこそ設立されたと主張される。彼の政治理論は所有権概念を中核に構成されており、その意味で、まさしく労働が政治を構想するにあたっての鍵となっているのである。

さらに、労働に積極的な意味を付与したのがヘーゲルである。ヘーゲルにとって、人間は外界への働きかけを通じてはじめて自己の本質を実現する存在であった。自らの生み出した物の中に、人間は自分自身を発見するのである。この外界への働きかけこそが労働であり、その意味で、労働は人間の自己実現にとって不可欠な営みとされた。労働によって生み出されるのは物質に限らず、科学や芸術などの精神的営みも含まれる。このようなヘーゲルの労働概念はマルクスによって継承されることになるが、労働における自己疎外を問題にしたマルクスは、人間にとっての自己実現の場であるはずの労働が、そうなっていない現実を厳しく批判したといえるだろう。ここには、労働こそが人間活動においてもっとも重要な意味をもつという理解が前提とされている。

とはいえ、このようなロックからヘーゲル、さらにはマルクスへと至る労働への高い評価は、同時に政治にとって両義性をはらんでいたことも指摘しておかなければならない。たしかに、ロックの所有権理論は政治における労働の重要性を強調したものである。反面、この理論は、ある意味で労働による所有権を政治権力の及ばない、いわば政治の外部に位置づけたともいえる。労働に基づく所有権を政治社会に先立つものとした上で、この所有権によって構成される個人の領域を政治の外部に確保し、これによって政治を制限していこうとしたのである。

さらに、労働による所有権や生産活動一般を政治の外部に位置づけ、これを自律的な領域として概念構成したのが、一八世紀に発展する市民社会論である。アダム・スミスは分業による人々の相互依存の体系によって、自律的に形成される秩序を理論化した。このような理論的営為は経済学の生誕をもたらすと同時に、ヘーゲルを通じて政治学にも影響を与えた。人間の労働と分業によって生み出される自律的な市場秩序は、やがて政治や国家の秩序と明確に区別されるようになる。ヘーゲルにおいてはなお、市民社会は国家による止揚を必要としたが、マルクスにおいてはむしろ、政治は生産関係によって規定される上部構造として理論化された。

このように、人間の活動としての労働は近代において、それ以前とは比較にならないほどの意義を付与されたが、それは同時に、政治の外部に存在する自律的な秩序を形成するものとして位置づけられたことが重要である。その限りにおいて、労働の意味は政治にとってきわめて両義的であった。

格差

格差の問題は政治思想史において、どのように論じられてきたのか。そもそも「格差」をいかに定義づけるかによって話はまったく違ってくる。ここではとりあえず経済的な貧富の差が政治的にいかなる評価を受けてきたのかに話をしぼりたい。

言うまでもなく、貧富の差は古代ギリシア以来、政治を大きく動かす要因であった。「君主政」、「貴族政」、「民主政」といった概念は古代ギリシアにおいて生み出されたものであるが、このような概念化の基準となったのは政治を担う人間の数であり（一人か、少数者か、多数者か）、その場合、しばしば少数者は富裕者と同一視され、多数者は貧困者と同一視された。その限りでは、「民主政」とは「多数の貧困者による支配」にほかならなかった。しかしながら、このように理解された民主政は、他の政体と比べて、けっして高く評価されたわけではない。哲人王支配を理想としたプラトンはいうまでもなく、より民主政に好意的だったアリストテレスにおいても、優れた少数者による補完が不可欠とされた。ただし、度重なる改革において債務奴隷に転落した市民を救済するために債務帳消しが行われたように、市民間の著しい貧富の差がポリスの一体性を損なうという問題意識が存在したことは特筆に値する。

古代ローマにおいても、貧富の差は重要な政治的意味をもった。共和政時代のローマの歴史を振り返れば、それがパトリキとプレブスと呼ばれた、富裕な貴族層と貧しい民衆層との対決の連続であったことがわかるであろう。しかしながら、両者の対決は積極的な意味ももった。十二表法をはじめとする法的諸制度の充実をもたらすとともに、パトリキの拠点となる元老院、プレブスの参加する民会を含む、独特な混合政体の仕組みが発展したのは、両者の激しい抗争の産物であった。ちなみに、このようなローマの統治の仕組みを念頭に、君主なき政治体制を意味するものである共和政の概念は、同時に民主政と貴族政の微妙なバランスによって成り立つ政治体制を含意するようになった。

このように貧富の差は古代の政治思想において大きな主題であり続けたが、同時に「多数の貧困者による支配」としての「民主政」には否定的なニュアンスが付着した。「共和政」においても、貧富の差よりはむしろ、貴族や平民の違いを越えた公共の利益(res publica)が強調されたことが重要である。そこに見られるのは、貧富の差が重要な政治的問題であることを認めつつも、「優れたもの」や「公共の利益」の概念をより前面に出すことで、貧富の格差の問題を後景に退かせるという発想であったといえよう。

近代の政治思想において、貧富の差が大きく注目を集めることになった事例として、一七世紀のイングランドの内乱と、一八世紀のフランス革命を指摘することができるだろう。両者はいずれも、革命の当初においては必ずしも貧富の差が問題の焦点でなかったにもかかわらず、革命の進行とともに革命的主体の社会的・経済的条件による差異化があらわになり、結果としてそのような条件の違いが同時に政治的言説の違いをもたらした。

君主と議会の対決に宗教的対立が連動して勃発したイングランド内乱では、やがて議会派内部における長老派・独立派・水平派（レヴェラーズ）の分裂が生じ、最終的には私有財産制の否定を主張したディガーズと呼ばれるグループまでを出現させた。フランス革命においても、初期においては君主政の穏健な立憲主義化を目指した自由主義貴族がイニシアティブをとったものの、やがてそれはブルジョワ主体で穏健な共和政を支持するジロンド派の支配へと移行し、さらに革命が急進化する中で、サンキュロットの支持を受けるジャコバン派の独裁へと至った。この間には、バブーフら初期社会主義にも通じる平等主張など、社会的・経済的条件に基づく党派化が加速化した。

王政復古と名誉革命による体制の安定化に行き着いたイングランド内乱と、テルミドールの反動からやがてナポレオンによる帝政へとめまぐるしい体制転換を経験したフランス革命の違いはあるが、両者はともに、革命党派の急進化の末に反動が生じた点では共通している。いずれも、貧富の差が革命の途中で問題として顕在化したが、最終的には政治体制の選択の問題に還元され、社会・経済的問題は排除され、後の時代の課題として取り残されることになった。[2]このように、貧富の差は政治思想史の大きな主題であったことは間違いないが、最終的には政治的問題としては十分に決着させられないまま、後景化していったといえるだろう。[3]

三　ドミニク・メーダ——経済学から政治哲学へ

それでは、いよいよ現代における労働と格差の問題に挑戦する三つの政治哲学の試みを見ていこう。

この三つがすべてというわけではない。また何らかの意味で、三つの選択肢が代表しているというわけでもない。とはいえ、三人の政治哲学者は、労働と格差の問題についてかなりの程度異質な思考を展開しており、この三者を比較することは、現代政治哲学の可能性の幅を理解するのに有益であると思われる。

このうち、最初に検討するのは、すでに言及したドミニク・メーダである。彼女を最初に取り上げるのは、労働に基盤を置く現代社会のあり方をもっとも根本的に批判するのが彼女であり、かつその理論的根拠になっているのが、現代政治哲学復興の中心人物の一人であるハンナ・アーレントだからである。

アーレントは『人間の条件』の中で「労働」、「仕事」、「活動」という、よく知られた人間の行為の類型論を提示している。このうち「労働」とは、生物としての再生産という人間にとっての必然に迫られての行為であり、その本質は繰り返しにあり、自由とは正反対のものとされた。このようなアーレントの「労働」論は古代ギリシアを受けてのものであるが、アーレントの場合、これに加え、マルクス主義批判の要素が融合している。すなわち、アーレントは、人間と人間の言語を介した相互行為としての「活動」に人間性の最大の発露を見出したが、そのような彼女にとって、生産手段を介した人間の自然への働きかけを中心に社会を理解し、またそれを通じて社会を変革しようとしたマルクスは、「労働」を中核とした思想家であった。この場合、マルクスが論じたのが「ホモ・ファベール」、すなわち物を作る人間であったのだとすれば、アーレントが再評価しようとしたのは、「ゾーン・ポリティコン」、すなわち相互のコミュニケーションを通じて公共性を実現する政治的な人間であった。このような人間観の違いに基づくマルクスへの批判を前提に、現代における政治の再評価を行ったアーレントは、結果として、経済的利害の調整の外部に公共性の実現を見出すことになった。彼女の政治論の一つの特徴は著しく非経済的、もしくは反経済的である点に見出せるだろう。労働を含めた経済活動はアーレントにとって仮想敵でこそあれ、積極的に議論する対象ではなかった。また、結果として彼女から刺激を受けた現代政治哲学の多くにおいても、労働というテーマに消極的な姿勢が見られることになった。

この意味でいえば、メーダの占める位置は独特である。一方でメーダはアーレントの影響を強く受けており、その政治思想史観はアーレントのそれを下敷きにしている。が、他方でメーダは、アーレントの回避した労働というテーマに果敢に挑戦している。結果としてメーダが選んだのは、労働によって社会的つながりを生み出し、労働を通じての自己実現をはかるという意味で、過度に労働に依拠した近代社会のあり方を批判的に再検討することであった。

そこで、次にメーダの政治思想史観を見て行きたい。彼女は一八世紀に、「労働社会の出現」、「経済学の優越」、そして「政治学の衰退」が軌を一にして発生したと述べている。ある意味で、この三つは同じ事態の異なった現れに過ぎなかった(Méda 1995：7)。このような変化を準備したのは、まずアダム・スミスであった。スミスは価値を創造する人間の力としての労働に着目し、それまで畑仕事や手仕事など、さまざまに区別されていた人間の諸活動を労働のカテゴリーにおいて一括した。この結果、労働はそこに投入された時間を尺度とすることで、抽象的な量として測ったり、比較したりすることが可能になった。この理論化があってはじめて、等量の労働の間での交換にも根拠が示されたのである。その意味で労働概念を「発明した」のは経済学者であるとメーダはいう(Méda 1995：59)。労働は抽象化され、同質化されたのである。

このような経済学の考え方は、ある意味で、独自の政治思想でもあった。社会秩序は、諸個人の欲求が労働によって生み出された価値の交換を通じて実現される。言い換えれば、労働によって共通の尺度を与えられた価値の交換こそが、社会的きずなに代わるのである。これを非人格的な市場が、「神の見えざる手」によって調整してくれる。人々はもはや、自分たちの共同生活のルールを決めるために、集まって議論をする必要はない。それどころか、他者について関心をもつ必要すらない。

このような考え方の背景にあったのは、ある意味で不信感に基づく社会哲学であった。人間の介入だけでは、社会秩序を保証するのに十分ではない。人間は自分たちの共同生活の条件を決定することができない。そうだとすれば、必要なのは共同生活の法則である。社会は人々の博愛心によって維持されているのではなく、個人的利害から生じている。この個人的利害への欲求は社会全体で共有されており、これこそが社会の仕組みを決定する。社会的きずなや社会関係といったものは、経済学が法則と呼ぶところの決定論の結果にほかならない。

この意味で、経済学はそれ自身のうちに、政治学の衰退をはらんでいた。政治学は社会生活の目的を探求するための術(アート)であり、われわれが社会的存在であることをたえず認識するための仕組みである。スミスが経済学を生み出した同じ一八世紀に、ジャン＝ジャック・ルソーは社会的きずなを契約によって、すなわち、人々の意志によって作り出そうとした。これに対し、経済学は社会的きずなを物理的な交換の流れに置き換えた。そのことによって、他者に関心をもたない諸個人が共存することを可能にしたのである。その意味で、「経済学の優越」は「政治学の衰退」をもたらすものであり、この「経済学の優越」を実現したのが「労働社会の出現」であった。

しかしながら、メーダはこのような経済学的思考に対する批判をあらためて展開する。まず、経済学は、諸個人を歴史や社会的文脈から切り離し、そのような諸関係が自然的であるかのように見なす。あたかもそれは、社会状態や社会関係が、歴史的に、紛争、力関係、そして妥協によって形成されてきたことを無視するものである。結果として経済学は、家族、教育、より一般的には社会的に伝えられてきた相続財産のすべてを、個人的功績の成果であり、それゆえに個人的に報いられるべきだと信じるふりをする。

ここで見落とされるのは、社会的な富である。すなわち環境や美観、高い教育水準、調和のとれた国土の発展、平和、社会的な凝集力といった社会関係の豊かさである。これらの豊かさが明確に富として位置づけられない限り、個人の「私的な」富が増加しているように見えても、実際には社会的な富が減少していることもありうる。そうだとしたら、われわれはけっして豊かになっているわけではない。

さらに経済学は配分の構造に無関心である。なぜなら、経済学は自らを交換の法則についての科学と見なしており、それゆえに公正な配分のあり方についてあらためて関心をはらう必要がないと考えているからである。経済学は、集団的効用を最大化し、生産への寄与に応じて各人に報酬を与えるような配分の条件を明らかにするだけでいいのである。この立場からすれば、法則を逸脱することは、むしろ不均衡の危険を冒すことに等しい。

これに対しメーダは、政治哲学の現在の課題は、社会的きずなをいかに確保するか、排除や不平等の問題にいかに取り組むか、にあるとする。しかしながら、自分たちのきずなや将来のあり方をどのように考えるかにあたって、人々の議論のための素材を提供することが政治哲学であるとすれば、現在の社会は政治哲学を欠いている。現代の福祉国家もまた、その概念的な根拠がないにもかかわらず、ただ実践を通じて発展してきた。現在の福祉国家に関する困難もまた、社会的な凝集力の強化を目的とする国家介入を理論的に根拠づけることができないことに起因する。

「富をどのような方法で配分すべきか、何を富と考えるか、健康保険制度はどのように構成されるべきか、誰がどんな原理に従って税を払うのか、教育はどのように組織されるべきか、国土はどのように整備されるべきか、汚染をどこまで抑止すべきか、企業はどんな原理で管理されるべきか」(Méda 1995: 269)は、人々が共同の議論によって決定すべきことであり、したがって政治哲学の課題である。

このような視点から労働についても、いま一度再評価が必要であるとメーダは主張する。現代において社会的凝集性に価値を置く社会ならば、労働や収入、地位やそれまで労働に結びついた付加給与を社会の構成員の間で配分されるべき財であると考え、その善き配分を考えなければならない。現代社会の問題は労働不足よりは、納得のいく配分様式の欠如にある。そうだとすれば、労働への平等なアクセスを保証すること、労働や収入や地位や社会保障の総体の納得のいく配分を志向すること、労働が唯一の手段でないような収入配分の別の手段を受け入れることからスタートしなければならない。

このようにメーダは、これまでの過度に労働に基盤を置いた近代社会のあり方を批判し、労働の位置づけを現代社会の中で相対化しつつ、これをあらためて公正に配分するための仕組みを考えようとしている。彼女のメッセージは、労働は重要であるが、労働だけが社会的きずなを生み出すのではない。社会的きずなは経済的交換や、生産や、労働にのみ起因するのではない。必要なのは善き社会のあり方を自ら選択できる政治社会の能力の回復であり、そのような政治社会における社会的凝集性を保持する視点から、むしろ労働や収入の配分のあり方が再検討されなければならない。

そうだとすれば、問題は、社会的きずなを、交換・生産・労働の外部でいかに確保するかであろう。メーダはナショナリズムに訴えかけることは否定している。そうだとすればなおさら、「社会的凝集力を価値とする社会」を維持するための社会的合意をいかに生み出すか、合意を生み出すための社会的連帯をいかに創出するのかが重要な課題になるだろう。メーダはこの点について明確な方向性を示しているわけではない。この点で、彼女は「労働社会のユートピア」を批判しつつも、ある意味で「政治社会のユートピア」に依存しているといえる。その意味でも、メーダはアーレントのよき弟子であるといわなければならないだろう。

四　ジョン・ロールズ——経済学的な政治哲学?

次に現代アメリカを代表する政治哲学者であるジョン・ロールズを取り上げてみたい。しかしながら、なぜロールズなのかということが、まず議論されてしかるべきである。すなわち、『正義論』で示された正義の第二原理が格差原理と呼ばれるように、ロールズはまさしく格差について論じた理論家である。反面、その著作において、直接労働について多くを語っているわけではない。それゆえ、彼が本章で対象とすべき政治哲学者であるかどうかは、問題となりうる。

しかしながら、すでに言及したメーダが政治哲学の課題を経済学的思考ときわめて対照的に捉え、労働についても政治哲学固有のアプローチを模索したとすれば、ロールズの場合、その政治哲学は経済学的思考と一定の親和性をもつものである。(4)その意味で、メーダの想定する「政治哲学の復権」とは明らかに異なる政治哲学の現代的可能性をロールズは示している。また、ロールズは許容される不平等を論じるなかで、まさに個人の労働に対する適切な報酬の基準と、その上での再分配のあり方について論じている。その意味でロールズの関心は、メーダの関心と完全に一致している。したがって、メーダの展開する労働と格差の政治哲学を理論的に位置づけるためにも、関心を同じくしつつ、まったく異質な思考を展開しているロールズを詳しく再検討する必要があるだろう。

まずはロールズの政治思想史について見ておきたい。ロールズがハーヴァード大学で行った政治哲学史の講義(Rawls 2008)や道徳哲学史の講義(Rawls 2000)が公刊されているが、そこで扱われている思想家を見ると、ホッブズ、ロック、ルソー、ミル、ヘーゲル、マルクスといったオーソドックスな選択に加え、やはりカントとヒュームの比重の大きさが印象的である。このような選択は、いうまでもなく、ロールズの理論構成を反映したものである。

ロールズの『正義論』はしばしば、現代において近代社会契約論を復活したものであるといわれる。自分たちの共同体の生活を律する原理を選ぶために集まった人々が、いかなる原理を選択するか、ロールズは思考実験を繰り広げる。この場合、人々は等しく理性をもっており、自分の納得できる諸原理を選択できるとされる。他方で、原初状態が想定されており、諸個人には自らの社会条件、利害や能力がわからないことがその前提になる。

なぜ、このような仮想的な設定がなされるのか。それは、ロールズが、善に対する正義の絶対的優位を説く、カントによる義務論的自由主義を継承するものだからである。社会は多様な人々から構成されおり、それぞれ固有の目的、利害や善悪観をもっている。そうである以上、これらの人々を組織化するためには、いかなる特定の善の概念も前提としない諸原理が必要である。この原理が正義であるが、正義が善に優位するのは、正義が善より大切だからではなく、正義が一切の善の概念と無関係に導き出されるからである。原初状態という設定も、このような正義の原理を導き出すためのものにほかならない。

周知のように、このようにロールズがカントの義務論を選ぶのは、アングロサクソン系の規範哲学において圧倒的な優位をしめる功利主義を批判するためである。正義にもとる行為は、仮にそれが全体の利益の増大に貢献するとしても、認めるわけにはいかない。そう考える義務論に対し、功利主義はまさしく「最大多数の最大幸福」という特定の善を前面に掲げる目的論に立つ。このような功利主義に対してはしばしば、それが人間の多様性を無視していること、および全体の善のためにはある人々の犠牲が当然視されていることが批判される。ロールズもまた、ある人々の自由の喪失が、それ以外の人々にさらなる善をもたらすとしても、正義の原理はそれを認めるわけにはいかないと考える。

ただし、カントの場合、道徳はいかなる経験的理由、すなわち人々の具体的な利害や欲求にも依拠してはならないという道徳的普遍主義の潔癖さに立っているのに対し、ロールズの場合、思考法はより現世的なかけひきと親近性をもっている。ロールズの想定する個人は、もし自分についての具体的な情報をもっていれば、それに有利なようにルールを選ぶことが許されている。しかしながら、原初状態の設定により人々はそのような情報をもっていないこととされる。それゆえに、自分がもっとも不利な条件にあることを念頭に、公正な立場をとらざるをえない。このような仮想上の条件における人々の思考法をシミュレートすることで、きわめて手続き的に正義にアプローチすることこそ、ロールズの特徴であるといえるだろう。

ここに、カント的な義務論と、特定の経験的環境においては、利害や善悪観を異にする人々が同意せざるをえなくなるというヒューム的な経験論が独特なかたちで結合している。カントとヒュームの独特な結びつきを理論上の中核にした上で、一方で社会契約理論の系譜を振り返るとともに、他方で功利主義の思想家に適宜言及するという構成をとるロールズの政治思想史は、まさにこのような彼の正義の理解と表裏一体である。

人々は熟慮された道徳的判断と、その判断を明確に体系づける正義の諸原理の間を、行きつ戻りつする。ロールズは、この運動の収束点として「反照的均衡(reflective equilibrium)」の概念を提示する。このプロセスこそが民主的社会にふさわしいものであり、かつこの反照的均衡は人類の歴史のある時期に出現した特定の社会に適合した合意として実在するとされる[5]。ここにハイエクの「自生的秩序論」と通じる思考法を見出せるが、そのことはともかくとして、孤立分散的な合理的諸個人の間に均衡を見出すことで秩序を形成しようとする点において、ロールズの思考法に経済学との親近性を見出せるだろう。たしかに、ロールズの場合、均衡を見出すのは「神の見えざる手」ではなく、社会契約である。その意味で、ロールズの思考は経済学的ではなく、あくまで政治哲学である。とはいえ、そこに用いられる概念、仮定、文脈を考えると、ロールズと経済学的思考とが相対立するものとは、けっしていえない。

このことを確認した上で、いよいよロールズの正義の二原理を見てみよう。よく知られているように、の二原理は、各人の平等な基本的自由をかかげる第一原理と、経済的・社会的観点から見て、もっとも恵まれない構成員の地位が最善になることを目指す格差原理と、公正な機会均等の原理から成る第二原理によって構成される。この場合、重要なのは、第一原理は第二原理に優先し、第二原理の中では公正な機会均等の原理が格差原理に優先することである。ここに彼の正義論の最大の特徴が見出せよう。すなわち、一方では、たとえもっとも不利な立場にある人のためとはいえ、少しでも自由を損なうことは許されないし、機会の不均等も許されない。自由を制限するのは他者の自由だけであり、いかなる経済上の配慮も、自由を制限する正当化理由にはなりえない。しかし他方において、ロールズは経済的・社会的不平等の是正を正義の原理に組み込み、社会のなかでもっとも恵まれない構成員の地位が改善さればされるほど、その社会は公正であることになるという。この微妙なバランスこそが、ロールズの議論のポイントであろう。

ロールズは正義にかなった社会においても不平等が存在することを認めており、これを何が何でも是正しようとはしない(すなわち、正義と格差は両立可能である)。諸個人間には生産性の格差があるからである。したがって、もっとも生産性の高い人々から他の人へと分け前を移転する政策が必要であるとしても、それが行き過ぎて、もっとも生産性のある人々の生産意欲を減退させれば、かえって移転させる分け前を減らし、恵まれない人にとっても不利益となる。その意味で、ロールズの格差原理とは、これ以上正義を追求すれば(格差を是正すれば)、かえって正義に反する(もっとも恵まれない人の不利益になる)均衡点を模索するものであるといえるだろう。ロールズの正義論は、あくまで全員一致を必要とする。ある社会状態を変化させたとき、ある人々がより有利になるが、そのことによって他の人々が不利になるわけではないとき、そのような変化は全員一致で認められる。このようなパレートの原理が、ロールズの正義論にも働いているのである(6)。

さて、労働とその報酬という点で、ロールズの議論が興味深いのは、諸個人がもつ天賦の才能もまた社会全体の資産であり、それゆえにその才能が生み出した利益もまた社会的に分かち合う必要があるという主張であろう。したがって、ある個人がその才能を活かして得た利益を、すべて自分の報酬として独占することは許されない。この点は、同じく義務論的な自由主義に立つ、リバタリアンのロバート・ノージックらを憤激させた論点である。とはいえ、ロールズは、個人の才能の違いを否定するのではない。あくまで個人の才能は、それを活かし発展させるべきであるとする。ただ、その結果得られた利益は、社会に還元すべきだというのである。というのも、個人の才能や、その生まれ育った環境の違いは、その個人によって選べない、あくまで偶然の結果だからである。正義の原理は、このような偶然による恣意性を取り除かなければならない。偶然の結果得られた不平等を、人々があきらめて甘受することは不正義であり、これを放置すれば、偶然の結果がますます決定的になってしまうのである。

このようなロールズの正義論は、一定程度、経済学的思考とも親和性をもちつつ、あくまで市場ではなく人々の合意によって、労働と格差をめぐる社会的原理を導き出そうとする独自の政治哲学であるといえるだろう。

五　アントニオ・ネグリ——労働社会のユートピアの再興

第三に検討するのは、マイケル・ハートとの共著『帝国』で一躍、全世界的な注目を集めたアントニオ・ネグリである。独自のスピノザ再解釈を通じて、現代におけるマルクス主義政治哲学の新たな展開を示したネグリであるが、『帝国』以後も『マルチチュード』、『コモンウェルス』など、刺激的な著作を次々発表している(7)。ところで、興味深いことに、彼の議論のうちのかなりの部分は、労働をめぐる考察に割かれている。ある意味でネグリは労働の政治哲学者であり、彼のキーワードである「マルチチュード」にしても、現代社会における労働のあり方をめぐる彼の考察との関連抜きに理解することは難しい。

第三節で検討したメーダは、すでに見たように、経済学的思考の優位に対抗しつつ、他方で「労働のユートピア」にも批判的な立場を示した。労働のあり方の変革を通じて、諸個人の自己実現と社会の共同性を回復しようとした社会主義的な潮流に対し、メーダははっきりと一線を画したのである。その意味からすれば、ロールズがメーダの批判する経済学的思考を一部取り入れることで自らの政治哲学を展開したとすれば、ネグリはまさしく「労働のユートピア」の理論的系譜を継承し、あらためて現代における労働を通じての政治変革の可能性を探る思想家であるといえる。

ネグリの労働の哲学を具体的に検討する前に、前の二人と同じように、その政治思想史観を見ておきたい。マルクス主義者であり、イタリア新左翼運動の理論的指導者として知られるネグリであるが、意外なことに、その政治思想史理解はきわめて伝統的なものであり、あえていえば、非マルクス主義的ですらある。このことは彼の『構成的権力』を見ればあきらかであろう。この著作で、ネグリは構成された権力に先立つ人民の根源的な権力を歴史的に遡りながら再検討していくのであるが、予想に反してその出発点はフィレンツェの思想家マキァヴェリである。ここでネグリは明らかに、『君主論』の政治的リアリスト・マキァヴェリではなく、『リウィウス論』の共和主義思想家・マキァヴェリを重視している。古代ローマの共和政の思想を継承したマキァヴェリが、近代ヨーロッパに共和主義の理論的水脈を開いたとして壮大な思想史地図を描いてみせたのはJ・G・A・ポーコックの『マキァヴェリアン・モーメント』であるが、ネグリの『構成的権力』の構成は、著しくこの共和主義の基本書に似る。すなわち、一六世紀のマキァヴェリから始まり、一七世紀イングランドの思想家ジェームズ・ハリントンにつながり、さらに一八世紀の米仏の革命へと至る。明らかにネグリは共和主義のナラティブを採用しているのである。

それだけではない。ネグリの『帝国』における現代権力の分析枠組みは、いみじくも「混合政体」であるが、これもまた古代以来の共和主義思想の大テーマである。さらに近著のタイトル『コモンウェルス』は文字通り「共和国」である。もちろん、ネグリの共和主義の理念は、ポーコックらの論じる共和主義とまったく同じというわけではない。彼の独特なスピノザ理解に由来するマルチチュードを理論的に表現するために借りた理論的容器に過ぎないという見方もありうるだろう。しかしながら、「わたしたちはヨーロッパをとりわけ何よりもまず共和政として定義することができる」(Negri 2006, 邦訳九〇頁)というネグリの言葉を重く受けとらなければならない。ネグリは、共和主義思想を本気で受け止めているのであり、これを彼のマルクス主義と独特なかたちで結びつけていることに注目しなければならない。

さて、このようなネグリの政治思想史を確認した上で、彼の労働論を検討していこう。ちなみにイタリア新左翼運動の理論的指導者としてのネグリは、「労働の拒否(rifiuto di lavoro)」というスローガンを掲げたことで知られている。資本主義生産関係に組み込まれ、資本家の指令の下にある労働のあり方を否定することなしに、労働者の解放は不可能である。もちろん、このことは労働者による創造力や生産力を否定するものではないが、工場労働に代表される現在の労働のあり方を否定することなしに解放の戦略は描けないというのが、この時期のネグリの立場であった。しかしながら、彼の近年の労働論、すなわち「非物質的労働(lavoro immateriale)」論は、この時期の議論とは異なる新たな展開を示しているように思われる。

それでは非物質的労働とは何か。ネグリは現代の労働と生産の場においては、情報、知識やアイディア、またイメージ、関係性や情動といった非物質的な生産を産み出す労働が、主導権を握っているという。より具体的にいうならば、非物質的労働は二つの形態において現れている。第一は「問題解決や象徴的・分析的な作業、そして言語的な表現といった、主として知的ないしは言語的な労働」であり、アイディア、シンボル、コード、テクスト、言語的形象、イメージなどを生産する。第二は「情動労働」と呼ばれるものであり、「安心感や幸福感、満足、興奮、情熱といった情動を生み出したり操作したりする労働」である(Hardt and Negri 2004: 108, 邦訳(上)一八四―一八五頁)。実際には、この二つは混合している場合が多く、コミュニケーションにかかわる仕事の場合、言語的で知的であると同時に、当事者間の関係における情動が重要になる。

もちろん、すべての労働が非物質的になったわけではない。とはいえ、現代における労働を代表するのは非物質的労働であって、工場労働ではない。例えば農業ですら、現在では、最新のバイオテクノロジーや世界的な経済の動向に通じることなしに行うことはできなくなっている。非物質的労働が主導権を握るとは、他の労働や社会のあり方一般に対し、一定の傾向を強いるということである。現代においては、あらゆる労働に対して、非物質的労働の側面が見られるようになっている。

ネグリは、このような非物質的労働の発展には固有の問題があるという。例えば、非物質的労働の場合、労働時間と非労働時間の区別は曖昧になり、労働日が生の全体にまで及びがちである。また、労働形態がフレキシブルになり、可動性が高くなるために、労働者は不安定な立場を受け入れざるをえなくなる。非物質的労働はけっして楽園を生み出すのではなく、後で述べるように、搾取から自由なわけでもない。ただ、搾取のあり方が、工場労働のときとは違うかたちになるのである。

とはいえ、非物質的労働が社会に与える影響にポジティブな部分がないわけではない。第一に、非物質的労働は狭い意味での経済領域にとどまらず、広く一般的に社会的な広がりを見せている。アイディアや知識、情動を生み出すことは、新たな社会的関係を直接作り出すことにつながる。非物質的労働は究極的には、新たな主体性と身体性を再生産するのである。第二に、非物質的労働は分散型のネットワークと結びつく。非物質的労働は共同作業を通じてのみ行うことができる。そこで重んじられるのは、規律よりも、創造性やコミュニケーション、自己組織的な協働である。ネットワークが組織の支配的形態になるとは、組み立てライン特有の直線的な関係性から、無数の不確定の関係性へと変化するということである。

このような非物質的労働のあり方は、あらためて世界の労働者を結びつけつつある。この場合、世界の労働者が同じような条件の下に、同質性を高めるということではない。むしろ、その条件は多様であり、各々の存在は単独的である。しかし、その単独的なあり方において、世界の労働者は不可分に結びついている。さらにいえば、労働者と失業者の区別もまた曖昧化し、その運命は相互に連関するようになる。伝統的に「女性の仕事」とされた家庭内における育児や家事も、ケア労働という情動労働として、非物質的労働の重要な位置を占めるようになる。

ネグリが指摘する「マルチチュード」も、このような非物質的労働の発展による、人々のネットワークと不可分なものである。ネグリはこれを、「人民」のような同質的な集団ではなく、各々の単独性がコミュニケーションによって結びつけられたものであり、「ザ・コモン（共）」によって行動をともにするという。人は他者から伝えられた共通の知識に依拠して、新たに共通の知識を生み出す。その意味でいえば、現代の搾取とは、このような本来コモンであるべき知識や情報を独占することで、富を獲得することにほかならない。

見方によれば、このようなネグリの「マルチチュード」や「ザ・コモン」とは、おとぎ話に似た、ユートピア的なものにも思えるだろう。実際、ネグリもまた、それがあくまで可能性であって、現実ではないと認めている。とはいえ、ここで「ザ・コモン」のイメージは、ネグリにおいては明らかに伝統的な「共和政」のイメージに支えられており、それゆえに一定のリアリティをもっていることを見落とすわけにはいかない。彼は伝統的な「共和政」のイメージを現代における非物質的な労働と結びつけ、その上で、不平等や現代的な搾取を克服するための、新たな政治的行動の可能性を探っている。このようなネグリの試みは、いわば、あくまで労働を通じての政治的・社会的変革を目指すという意味で、メーダとは異なる志向をもつ重要な政治哲学であると言えよう。

六　おわりに

以上論じてきたように、現代社会において、あらためて労働と格差について本格的に政治哲学を展開すべき時期が到来している。古代ギリシア以来の政治思想史の伝統をつぐ現代の政治哲学は、労働と格差の問題について、独特な消極性を示してきた。現代においても、アーレントに顕著に見られるように、政治の固有性を強調するあまり、労働や社会的・経済的問題に対し、一定の距離を置く傾向が見られる。しかしながら、メーダが雄弁に論じているように、労働と格差は社会全体のあり方に関わる問題であり、これを市場だけに委ねるわけにはいかない。労働を社会的にどのように位置づけ、いかなる格差を許すべきでないかということについて、公共的な討論に基づき、社会的な決定を下す必要がますます高まっている。

ただし、このような公共的決定を下すにあたって、経済学的思考をどの程度採用するかについては、なお選択の余地がある。メーダのように、政治哲学を経済学的思考と峻別する立場がありうる一方で、ロールズのように、ある程度、経済学的思考も取り入れつつ、独自の政治哲学を構想することも可能である。この場合、メーダ的な立場は現在の経済社会のあり方に対しより批判的になるのに対し、ロールズ的な立場は自由主義的な市場の現状を前提に、その中で最大限に社会正義を実現しようとする。このいずれが、よりよく公正な社会のあり方を可能にするかについては、現段階では確定できない。

また、現代社会の基盤が労働に依拠する程度についても、評価の違いが残る。生産力ばかりでなく、社会的なきずなや、自己実現までもが労働にかかっている現状に対し、あまりに労働に基盤を置きすぎというメーダのような批判もありうる。逆に、ネグリのように、現代における労働のあり方の変容に注目し、あくまで労働の場を通じて社会全体の変革を目指す可能性もあるだろう。このいずれがより妥当であるか、より実行可能であるかについては、社会ごとに異なった判断がありうるだろう。

いずれにせよ、もはや労働と格差の問題に対し、政治哲学が消極的であることは許されない。むしろ、これらの問題こそが、政治哲学の真価を問われる場になるであろう。本章はこのような課題のための、一つの見取り図を提供するはずである。

（1）しかしながら、両者の関係はしばしば見失われがちである。このことが双方にとってもつ損失は大きいが、ここでは論じることができない。

（2）後で言及するハンナ・アーレントは、『革命について』の中で、自由の創設を課題にしたアメリカ独立革命と、社会・経済的問題へと課題が移動していったフランス革命を対比的に捉えた上で、アメリカ独立革命をより高く評価した。ここには、政治的自由と社会・経済的自由を分けて考えた上で、前者を重視するアーレントの思考法が明確に現れている。

（3）この問題は、言うまでもなく、社会主義の主題となったわけだが、ここでは社会主義について、本格的な議論を展開する余裕がない。

（4）この点について、フランスの哲学者であり、経済学の認識論的基礎づけについて積極的に論じているジャン＝ピエール・デュピュイが興味深い指摘をしている。すなわち、彼によれば、フランスにおいて経済学者と哲学者の間に相互への無知と無理解が見られるのに対し、アメリカでは経済学と哲学は非常に折り合いがよく、ロールズはそのもっとも傑出した例であるという(Dupuy 1992: 9)。

（5） ロールズが『政治的リベラリズム』(Rawls 1993)で強調した「重なり合う合意」とはまさにそれであり、彼の政治思想史もこれを示すことを目的としている。

（6） 注4で言及したデュピュイは、ロールズのいう正義にかなった社会とは、あえて言えば自由民主主義と堅実な社会民主主義の中間であろうと述べている(Dupuy 1992: 212)。

（7） これらはいずれもハートとの共著であるが、ネグリが理論的に主導的な立場にあると考えられることから、ネグリの他の著作とあわせ、すべてネグリの政治哲学として以下論じていく。

第二章　中間集団と社会的なものの再編

一　はじめに

本章では、労働関係の変化を、政治哲学の視点から考察したい。それでは、政治哲学とは何だろうか。ここでは、人間が他の人間とともに生き、社会秩序を創造・維持していく営みを原理的に考察する学問のことである、と定義しておきたい。そうだとすれば、労働は人間にとってもっとも重要な社会参加の形態の一つである以上、労働問題は政治哲学の重要な考察対象となるはずである。しかしながら、実際には、政治哲学はこれまで労働問題をただ遠巻きに眺めるばかりであった。その一因は、政治哲学がもっぱら政治体制の問題にこだわり、そのための理念や制度構想に関心を傾斜させてきたことにある。後述するように、一九世紀以来、産業化にともなう貧困や不平等の問題は深刻であったが、多様な社会主義の諸思想は別にして、政治哲学はこの問題に本格的に向き合うことがなかった。基本的に社会経済問題は、政治体制の枠内で講じる政策によって対処すべきものであり、政治体制そのものの問題とは別と考えられたのである。

しかしながら、はたして労働問題を政治哲学の対象外としたままでよいのだろうか。そもそも、政治とは、労働問題をはじめとする社会経済問題と切り離して考えることができるものなのであろうか。とくに国家が諸個人の生活条件を改善するために、積極的に社会経済問題に介入する福祉国家の出現以後、福祉国家を擁護するのであれ、批判するのであれ、政治哲学を社会経済問題と切り離して論じるのは不毛なのではないかという問題意識が高まりつつある。

考えてみれば、一九世紀以降、人と人との結びつきを生み出してきたのは、狭義の政治の営みというよりむしろ、経済的・社会的な営みであった。たしかに戦争や革命といった政治問題は、国民の生活を激変させる大事件であった。にもかかわらず、日常生活のレベルで考えれば、選挙などよりはむしろ、福祉・年金・保険といった社会保障問題を通じて、人々は互いの共通利益を模索し、また他の人々と同じ社会の一員であることを実感してきた。福祉・年金・保険といった問題において、人々はその費用をともに負担することで、個々人が背負うべき怪我や病気、失業や高齢化といったリスクを軽減している。その意味では、福祉国家とはまず何より、人と人との社会的な紐帯の原理であったといえる。そうだとすれば、もし今日、福祉国家の危機が語られ、社会保障制度の根本的な改革が唱えられ、さらに社会権そのものの見直しが進められているとすれば、それらのことが意味するのは、人と人との結びつきを説明するための新たな社会原理が問題になっているということにほかならない。

それでは、一九世紀以降、政治的紐帯と社会的紐帯とがいかに密接に結びつき、そして今日、両者の関係がいかなる意味で問い直されているのか、歴史を遡って再検討していくことにしよう。その際のキーワードは、「中間集団」と「社会的なもの」である。両者はともに抽象的な表現であるが、ここではとりあえず、国家と個人の間にある集団一般を「中間集団」と呼び、諸個人を社会へと組織化する原理のことを「社会的なもの」と呼ぶことにしたい。したがって、本章の試みは、労働組合をはじめとする労働者の組織化の問題を、中間集団のあり方の一つとして捉えると同時に、労働関係や労働者の権利の問題を、社会権や福祉国家の再編と関連させて論じることにある。そのねらいは、労働関係の変化を、より広い政治的・社会的文脈において捉えることにある。

このような視点から考察する際に、二つの仮説を検討してみたい。まず、第一の仮説は、決定のレベルに関するもので、労使関係・労働関係において、分権的な交渉・コミュニケーションが重視されるようになってきているというものである。この点に関しては、なぜ従来、労使関係・労働関係が画一的に捉えられてきたのかを、労働者の権利というものがいかに政治体制の中で定着していったかをたどることで検討したい。第二の仮説は決定のプロセスに関するものであり、個別の交渉・コミュニケーションより集団的な交渉・コミュニケーションが重視されているというものである。この点に関しては、集団的プロセスというものが歴史的にもってきた意味、そして今日新たに持ちつつある意味について考えることで、検証してみたい。それでは、時計の針を一九世紀まで遡ることにしよう。

二　古典的な解決——貧困問題と社会の組織化

一九世紀とは、一七八九年に起きたフランス革命によって口火を切られた世紀である。革命は人々に、平等が実現する時代の到来を予告した。にもかかわらず、現実の一九世紀ヨーロッパ諸国では、次第に進む産業化のなか、資本をもつ産業ブルジョワジーと、自らの肉体しかもたない労働者との間に、むしろ新たな階級対立が明らかになっていった。また、それとともに、新たな貧困問題が生じつつあった。[1] 初期の工場制労働には多くの子供や女性が駆り立てられ、その労働条件が劣悪であったことも、問題に拍車をかけた。そのような状況は少なからぬ人にとって看過し難いものとみなされ、そこで生まれたのが、「社会問題」という新たな用語であった(森 二〇〇二b)。もちろん、それ以前から、キリスト教的な「慈善」や、それと密接に結びついた「救貧」という概念は存在していた。しかしながら、現実に存在するのは、そのような伝統的な捉え方では理解できない、まったく新しい状況ではないか。そのような人々の思いが、「社会問題」という新しい用語の登場につながったのである。

したがって、この「社会問題」とは、単に産業化による新しい貧困現象に対しどう取り組むか、という経済問題ではない。それは同時に、道徳問題でもあった。それも、ただ単に貧しい人間に対する同情や人道的な支援が問題とされるのではなく、そのような人々が伝統的社会から脱落し、しかしながら新しい産業社会のなかでもしかるべき位置を得ておらず、ただ放置されたままでいる、ということが問題とされたのである。社会から多くの人間がこぼれ落ちているにもかかわらず、それを放置したままでいる社会は社会でない。そもそも、そのような社会は長く存続しえない。このような思いが、多くの人々をして「社会問題」に注目させたのである。そのなかにはロバート・オーウェンのように自ら工場を経営する資本家もいれば、ピエール＝ジョゼフ・プルードンのように組合に基礎を置く運動家もいた。いずれにせよ、伝統的な社会において人々は社会のヒエラルキーの階層秩序のなかに埋め込まれ、ヒエラルキーが強力な凝集力をもっていたとすれば、新たな産業社会において伝統的社会の凝集性は失われ、分裂の危機が迫っているという思いが共有されていた。したがって、彼らにとって共通の課題は、単に貧困の解決というばかりでなく、新たな社会原理の模索であった。極端な貧困は、社会の周辺的問題であると同時に社会全体を問う契機になったのである。

ところで、ここまでの議論でも明らかなように、時代のキーワードは「社会」であった。一九世紀に生まれた新語としては、すでにあげた「社会問題」以外にも、「社会主義」、「社会学」、「社会科学」、「社会政策」などがある。なぜ、これほど「社会」という言葉に注目が集まったのだろうか。「社会」は、ラテン語の「ソキエタス」に由来する古い言葉であるが、一九世紀には、伝統的な用法とは異なる意味で用いられるようになった。それでは、いったいどのような状況が、「社会」という概念を必要としたのか。

すでに指摘したように、一九世紀とはフランス革命によって口火を切られた時代である。この時代、伝統的な人と人との関係はゆらぎはじめ、それに代わる新しい人と人との紐帯の原理が模索された。フランス革命が示したのは、伝統的な諸関係から解放された諸個人による新たな社会契約という理念であった。また、経済活動の活性化により、市場を通じて、需要と供給の関係によって調整される人間関係のモデルも生まれた。しかしながら、新しい人間関係のモデルは、契約と市場だけであったのだろうか。

ここで思い起こされるべきなのは、一九世紀に生まれた「社会学」がまず取りかかったテーマが、エミール・デュルケームに言及するまでもなく、家族と宗教であったことである。この二つの領域が、契約でも市場でもない、人間関係の原理として注目されたのである。「社会」もまた、この時代に、個人と個人との相互依存関係を説明するために要請された新たな原理であった(Manent 1987)。それは、国家と個人との間にあって、両者を架橋するものとされた。個人と個人の関係は、社会契約という法的・政治的言説によって説明されるような関係、あるいは市場における取引という経済的言説によって説明されるような関係に尽きるものではない。この二つの言説からこぼれ落ちるような諸関係を説明するための概念として、「社会」は一躍注目を集めるようになったのである。その背景に、社会の分裂や無秩序への危機感があったことは、すでに指摘したとおりである。一九世紀の理論家たちはいずれもこの「社会」に注目し、この「社会」がいかなる形で組織化されるかを研究しようとした(Donzelot 1994)。

このように、国家と個人の間にある「社会」の領域をいかに組織化するかという問題意識とともに新たな意味をもつようになったのが、中間集団である。すでに指摘したように、伝統的に中間集団といって想起されたのは、身分制組織、同業組合、教会など封建社会を構成していた諸団体であった。フランス革命においてこれら中間集団は、個人と国家の間にあって、両者の結びつきを阻害するものとして激しく敵視された。革命中の一七九一年に出されたル・シャプリエ法は、伝統的な中間集団を抑圧するだけでなく、その後の労働者の組織化に対しても長く否定的な効果をもったことで知られている。しかしながら、一九世紀の時代の転換のなかで、まさにこの中間集団こそ、「社会」を組織化するかにあたって、きわめて重要な意味をもつものとして、新たな脚光を浴びることになった(Rosanvallon 2004)。放置しておけば、個人と個人との関係は次第に無秩序に陥る。むしろ、個人と個人との紐帯を生みだし、社会の凝集力を生み出す鍵は、国家と個人との間にある多様な中間集団にあるのではないか。そのような視点から、伝統的なものとは区別される新たな中間集団として、「アソシアシオン」などの概念がさかんに論じられるようになったのである。

三　福祉国家の歴史的意味

このように歴史を捉えるならば、二〇世紀に発展した福祉国家の意味もまた、違って見えてくるはずである。通説的な説明によれば、一九世紀は自由放任を旨とし、国家の役割を治安や外交といった最低限のことがらに限定する、いわゆる「夜警国家」の時代であったとされる。これに対し、二〇世紀は、国民の生活条件を改善するため、国家が積極的に社会経済問題に介入する「福祉国家」の時代ということになる。このような説明は、二〇世紀の前半に、一九世紀的な自由放任経済が破綻し、世界恐慌など危機の時代を迎え、これを乗り越えるものとして福祉国家が登場したという意味では正しい。しかしながら、一九世紀と二〇世紀とをまったく断絶的に捉えるのは、一面的な理解であろう。なぜなら、一九世紀を通じて、いかに諸個人を再び社会に再組織化するかという問題意識がつねに存在したからである。その方法についてはもちろん、さまざまな試行錯誤があった。しかしながら、次第に労働者の組織化は進み、以下で説明するように、「保険」というテクノロジーによる新たな社会的連帯の原理も生み出されていった。また、一九世紀末から二〇世紀初頭にかけて、ドイツではオットー・ギールケの団体法論、イギリスではH・J・ラスキやG・D・H・コールによる多元的国家論が展開されたが、これらはいずれも、多様な団体の存在を過去の遺物と見なすのではなく、むしろ新しい時代の要請に応え、社会の有効な組織化に寄与するものとして、再度注目した議論であった。福祉国家もまた、そのような流れの中で、構想・実現されたものである。なぜなら、福祉国家化とは、ただ単に政府の介入する領域が拡大することを意味するのではなく、ばらばらになりかけた諸個人を、保険や社会保障の網の目を通じて再度組織化することを意味したからである。

ここで、現在、福祉国家の哲学的意味の再検討を精力的に進めているピエール・ロザンヴァロンの議論に触れておきたい。彼によれば、福祉国家とは「保険による社会」である(Rosanvallon 1995)。この場合の「保険」とは、個人が負う多様な社会的リスクを、人々が相互に負担しあうテクノロジーであり、このテクノロジーはそのようなリスクの共有化・相互化を通じて社会的連帯を生み出していくものである。伝統的な社会が解体し、諸個人が多様なリスクと不確実性にさらされるなか、保険は伝統的な相互扶助の仕組みに代わるメカニズムとして登場した。保険は、伝統的な相互扶助や慈善などと違い、特定の個人の善意に依存することがない。しかしながら、保険は一定の人々をその加入者とすることで、彼らの間に目に見えない形で相互依存の関係を生み出す。その加入者は、互いを知ることなく、しかし実質的には助け合っている。その意味で、保険は新たな社会的連帯の原理となりうるものであった。一九世紀の後半になって、国家と保険のテクノロジーが次第に接近していくようになるのも、そのためである。保険は、すでに指摘したような社会問題を解決するための手段として、公的にその存在を認められるようになったのである。そのためには、保険は義務化され一般化される必要があった。たしかに、ロザンヴァロンがフランスの事例に即していうように、このような構想が現実のものとなるには、長い時間を要した(フランスの場合、社会保険制度の確立は、一九四五年まで待たなければならなかった)。しかしながら、少なくとも構想としては一九世紀の終わりには出来上がっていたのであり、このような「保険による社会」という構想の上に、二〇世紀の福祉国家は成立したのである。

その際に、一つの鍵となったのが、諸個人が直面する多様なリスクを、ある程度カテゴリ化して同質化することであった。というのも、このような保険の仕組みが機能するためには、多くの人々に、自分もまたそのようなリスクにさらされているという認識をもたせる必要があるからである。具体的にいえば、失業、怪我や病気、高齢化といったカテゴリ化が実現してはじめて、人々はそのリスクを自分のものとして受け入れるのである。リスクは個人のものであるが、そのカテゴリ化によってはじめて集団のものとなる。したがって、社会保険の確立には、自分は他の人々と等しくリスクの前にあり、したがって他の人々とともに、このリスクの負担を共有していくのだという認識が普及する必要があった。社会保険の確立とは、まさに社会的連帯の原理の確立と不可分であった。

歴史的経緯を見るならば、福祉国家とは、国家が増大する社会問題や階級対立を克服するため、国家が保険や社会保障制度を徐々に整備していくことで成立したものである。また国家が、自らの憲法体制の枠組みのうちに社会権や社会的市民権を導入していったのも、そのような歴史的経緯の結果であった。ロザンヴァロンは、このような福祉国家の建設、社会権や国有化の導入による所有権の改革に、労働者の政治的組織化を加え、これらこそが歴史的プロジェクトとしての社会民主主義を形作ってきたという(3)。そうであるとすれば、現在、福祉国家が危機にあり、社会保障制度の見直しが進められ、さらに労働者の権利の組織化について新たな議論が展開されていることの意味も自ずと明らかになるだろう。それらは、単に「大きな政府」を非効率だと決めつけるような、非歴史的な議論によってのみ説明されるものではない。その背景には、そのような見直しを必然とするような、なんらかの社会的変化があったはずである。したがって、次に、そのような変化を見ていくことにしたい。

四　個人化する社会

福祉国家の危機が語られるようになったのは、一九七〇年代である。経済成長に陰りが見え始めるなか、各国でインフレと財政赤字が深刻化していった。これに対し、イギリスのサッチャー保守党政権やアメリカのレーガン共和党政権などは、問題の原因を肥大化した政府に見出し、あまりに多くの民間資本を非生産的な政府支出に投入してきた結果であると批判するとともに、公的部門と私的部門の関係の全面的な見直しを主張した。

しかしながら、福祉国家をただ単に「大きい政府」として捉えるのではなく、新たな社会原理をめぐる一九世紀以来の模索の産物として検討してきた本章の視座からいえば、問題の所在は別のところにある。すなわち、問われるべきは、福祉国家に集大成されたような社会原理そのものが無効になったのかどうか、ということなのである。この問いに答えるためには、一九七〇年代以降の社会の変質を見ていかなければならない。

ここで『社会問題の変質』の著者であるロベール・カステルの議論を参考にしたい（Csatel 1995）。彼によれば、一九世紀以来の社会問題がこの時期に根本的に変質することになった背景には、「労働文明」そのものが変化したということがある。すなわち、賃金労働者社会の完成である。元来、自らの資本をもたず俸給のみに自らの生活を依拠せざるをえない賃金労働者は、きわめて大きな不確実性にさらされていた。しかしながら、現代社会とは、まさにこの賃金労働者中心の社会である。そしてこの賃金労働者は、日々の稼ぎに頼らざるをえないという、元々持っていた脆弱性に加え、現在では新たな不確実性にさらされている。カステルはこれを「否定的な個人主義」と呼んでいる。一八世紀の終わり以来、個人主義は一方で個人の自律を擁護しつつ、他方でそのような個人を組織化し、個人のさらされているリスクに対する共通の社会的保護の実現を通じて、新たな社会的連帯へと結びつけられてきた。これに対し、現代の個人主義は、個人に個人で生きることの困難とリスクを押しつける一方、集団的保護を失った個人が社会的紐帯を喪失したままでいる状態を放置しているという意味で、「否定的な個人主義」である。もちろん、個人であることと社会的保護を受けることとは本来、微妙な関係にある。というのも、社会的保護を受けるためには、社会に参加していなければならないからである。現在、問題になっているのは、個人であることと社会への帰属との間の微妙な平衡が揺らぎ、個人と社会との結びつきが緩み始めていることなのである。

その一つの現れが、排除の顕在化である。現在多くの先進国で、都市の中心部や郊外などにおいて、荒廃が進んでいる。そこには貧困層が取り残され、治安を含め社会的環境の悪化にさらされている。また若者も、この排除の対象になりつつある。教育システムからドロップアウトする若者、失業し恒常的に雇用から排除されている労働者の増大は、現代社会における排除の進行を示している。彼らは、あらゆる社会的紐帯から切り離されたまま放置されている。このような排除が進むことは、諸個人を社会に取り込み、包摂する機能の低下を意味し、このような排除を放置したままにすれば、社会的連帯の原理や紐帯そのものへの信頼を崩壊させてしまう危険性を秘めている。

現代社会において、人々がさらされている新しいリスクについては、多くの論者が指摘しているところである。その代表的研究であるウルリッヒ・ベックの『危険社会』は、環境破壊、自然災害、原発などの巨大事故のように、現代社会において問題になっているのが、富の再配分ではなくリスクの分配にあることを論じるとともに、労働や家族における個人化の結果、一人ひとりの個人が、自分の人生を自分で選択し、そのリスクを個人で担わざるをえなくなっていると警告する(Beck 1986)。

ロザンヴァロンもまた、このような変化を踏まえた上で、「保険による社会」が解体しつつあると論じている(Rosanvallon 1995)。その原因の一つが、保険と連帯の分離である。既に指摘したように、保険の原理が機能するためには、諸個人が直面する多様なリスクを、ある程度カテゴリ化して同質化することが必要であったとすれば、現在、このカテゴリ化がその適切性を欠くようになっている。例えば失業は、今日において、リスクというより恒常的な状態になりつつある。というのも、現代の失業を特徴づけるのは長期失業であり、この長期失業の原因は、各個人ごとに多様化し、その背景を探るには、各々の個人の生活史にまで遡らなければならないからである。もはや失業者を一つの社会的カテゴリとしては扱えなくなってしまったのである。

またベックがいうような新しい巨大災害についても、もはや保険によるリスクの共有では対応しきれない問題である。このように、リスクと状況が個人化するなか、一定の人口を統計的に処理し、その各個人が負うリスクを確率計算で処理してきた保険というテクノロジーは機能不全に陥りつつある。リスクがあまりに個別化しているのである。結果として、保険もまた、各個人のリスクに対応するよう変化しつつあり、もはや社会的連帯の基盤には、なりにくくなっている。

以上の結果、「保険としての社会」にその基礎を置く福祉国家もまた、変化を迫られている。これまでの福祉国家は、個々人の集合に対して、その物質的必要をみたし、リスクを集合的に管理する保険のテクノロジーを導入することで、未来の不確実性を縮減する役割を果たしてきた。このことは、福祉国家が相対的に同質的な諸集団に適合的であることを意味している。しかしながら、今日、リスクは個人化し、かつてのように統計的な確率による集合的なリスク管理では対応できなくなっているのが現状である。そのような状況において、社会保険制度を支えていた国民の一体性の意識も衰え、リスクへの平等な負担を支える連帯も、もはや期待できなくなっている。結果として、組合や福祉国家を通じての集団的な労働者保護のあり方も変容を余儀なくされている。

五　新しい社会権のイメージ

このように、伝統的な社会的連帯の原理がその有効性を失いつつあるなか、現代社会は、新しいリスクの登場、社会的紐帯の希薄化、排除の顕在化に直面している。はたして、このような諸問題に立ち向かう新たな社会権の構想は可能なのか。

ここで、これまで政治哲学が、どのように社会権の問題に取り組んできたのか、振り返っておきたい。その代表的はやはり、ジョン・ロールズの『正義論』であろう。ロールズのいわゆる正義の二原理のうち、第二原理とは、社会のなかで最も不遇な生活を強いられている人びとの境遇を最大限改善することを目的に、機会の公正な平等を条件に、再配分政策を含む社会経済的不平等是正措置を認めるものである。以後、ロールズの議論をめぐってさまざまな論争が繰り広げられたが、問題は、議論の中心がもっぱら再配分政策に集中してしまったことである。しかしながら、このようなアプローチは、現代政治哲学における社会権への取り組みの幅を狭めてしまったように思われる。

というのも、ここまで見てきたように、現代の社会権において問題になっているのは、まさに、伝統的な福祉国家的な再配分政策の行き詰まりにほかならないからである。ベックが指摘するように、現代社会において問題になっているのは、富の再配分ではなくリスクの分配である。富を再配分しようにも、どのような集団に、どのような資源を再配分すれば諸個人のリスクへの対応能力の向上に役立つか、けっして自明ではなくなってきている。とくに、社会保険を支えていたような社会的連帯の原理がその有効性を失い、多くの人々がその社会から排除される傾向にある今日、どのような社会権が求められているのだろうか。

おそらく、一つの鍵はロザンヴァロンも指摘するように、現代における最大の権利としての社会的関係性である。現代社会においてもっとも欠けているのが社会的関係性であるということについては、すでに多くの論者が指摘しているところである。一例をあげれば、ロバート・パットナムが強調するような「社会関係資本(social capital)」や、フランシス・フクヤマの指摘する「信頼(trust)」の概念は、まさにこのような社会的関係性を再評価するものであろう。その意味でいえば、もし今日、国家が国民生活を改善するために積極的に介入する余地があるとすれば、個人と個人、集団と集団との間に関係を築き、社会関係を生産することにあるのではなかろうか。

ロザンヴァロンによれば、伝統的な福祉国家がその政策の対象となる特定の階級や集団を把握していたのに対し、現代においては、もはやそのような階級や集団は見出しにくい。失業者についてはすでに触れたが、現代を特徴づける長期失業者たちは、その個別の生活環境を探ればいくつかの共通性をもつものの、集団としてはいっさいのまとまりをもたない。したがって、そのような失業者を統計的に処理しようとしても、あまり有効性をもたない。現代における排除を論じる場合、排除された人々を一つのカテゴリとしては論じられず、ただ排除のプロセスの一定の共通性が認められるだけなのである。排除された人々の間に共通の利益はなく、その間に連帯の原理を打ち立てることも難しい。排除された人々と、他の社会集団との間の関係についても、同様である。現代における排除は、端的に社会的紐帯の欠如によってのみ定義される。したがって、現代の失業者が一つの集団であるという場合、それは代表なき、純粋に仮想集団である。

思えば、かつてミドル・クラス社会と呼ばれたものは、単に生活様式の同質化と社会的非階層化によってのみ実現したのではない。それはむしろ、絶え間ない差異化の様式の再組織化によって可能になったものである。現代において社会階層化はさらに流動化し、もはや安定的な差異を前提にしていた、かつての社会階層にまつわる知識は急速にその有効性を失っている。いま探るべきは、集団的アイデンティティではなく、個人の軌跡である。その意味で、階級に基礎を置いていた社会科学の認識論は、いまや危機にある。

現代を特徴づけるのは、個人と社会制度の関係の再編である。ロザンヴァロンは、このことを司法制度の役割の変質を例にとり、説明している。現代の刑事裁判において、裁判官は単に刑罰を科すだけではなく、ある意味で社会的紐帯のセラピスト的な役割を期待されている。すなわち、裁判官は一人ひとりの人間の自律性を管理し、その人と配偶者、あるいは子供との関係に介入することを余儀なくされているのである。このように、現代において、国家は、個人間の社会性の生産者である。もはや福祉国家は、さまざまな支給の配分者や画一的な法の執行者にとどまることはできない。福祉国家は、各個人がそれぞれの人生に修正を加え、断絶を乗り越え、障害を予防するために、適切な手段を提供するサービス国家になる必要がある。そこで必要なのが、社会権の再定義である。かつて、古典的な人権の概念が、何よりも個人の自律を重視し、他者や権力から侵害されない私的領域を確立することであったとすれば、現在において、権利とはむしろ人と人とを結びつけるものである。

六　中間集団論の今日

ここまで述べてきたような変化を前提にすれば、中間集団もまた、新しい意味づけを必要としていることは明らかであろう。中間集団に期待される役割が、個人と個人とを結びつけ、国家と個人を媒介することであるのに変化はない。しかしながら、国家の側から見ても、個人の側から見ても、中間集団の意味づけに変化が生じているのである。

国家の側から見ると、かつての福祉国家が、相対的に同質的な集団を相手に、画一的立法によってその福祉を実現してきたとすれば、今日求められているのは、より個別的な対応である。算術的平等よりも、より実質的な公平性が問題なのである。現在、地方分権が熱心に語られているのも、同じ文脈である。地域ごとの特性や状況に見合った施策を実現するため、国から地方自治体への権限委譲が進められている。同じように、社会のなかに存在する多様な集団やグループ、それもかつてのように、安定的な集団的アイデンティティをもち、一つの集団としての凝集力をもったものではなく、外から見て一定の共通性を見出せるに過ぎず、内部的には連帯の意識を持たない集団やグループの細かいニーズに対応するものとしては、国家による画一的立法は不適切になっている。

その意味で、国家の側からすれば、上からの一方的なイニシアティブよりはむしろ、社会のなかに多様な中間集団が形成される場を作り、その集団の発展を支援することを通じて、より個別的なニーズに対応することの方が、より現実に適応した方策といえるであろう。地方分権のみならず、労使交渉、NGOやNPO、さらに家族もふくめ、これら集団の活性化は、現代国家にとって不可欠なものとなっている。この場合、既存の中間集団を支援するだけでは十分ではない。むしろ新たな中間集団を生み出すべく、そのための場の確保や、経済的・制度的な支援が必要となっている。

個人の側から見ると、既に指摘したように、現代における権利とは何より、社会性と結びついている。いかなる家庭に生まれ、いかなる環境に育ち、そしてその結果として、いかなる社会資本に恵まれるかは、一人ひとりの人間がその可能性を十分に発展させることにとって、きわめて重要な意味をもっている。逆にいえば、現代における大きな不平等とは、このような社会性の有無と大きく結びついている。そうであるとすれば、不平等の是正として求められているのも、この社会性の補完ということになるであろう。現代における中間集団とは、個人にとって、まさにこのような社会性という資源を提供してくれるものなのである。現在、個人は他の個人と多様かつ錯綜した利害関係をもっている。そのような利害の調整は、単一のルートによって可能になるものではない。したがって、諸個人は、相互の利害調整の場を複層的にもち、かつそのような場を自発的な相互関係として築き上げていく必要がある。

中間集団の果たす役割について諸国において見たとき、表面的に捉えるならば、その動向は多様に見えるかもしれない。たしかに、一方の側で、伝統的に中央集権的色彩の強かったフランスにおいて、分権化の動きが見られ始めているとすれば、他方の側で、個人主義的かつ分権的傾向の強かったアメリカにおいて、集団的プロセスを活用する傾向が強まっている。しかしながら、両者はいずれも中間集団の強化に向かっているという点では共通している。それまでの伝統によって、一見したところ逆のベクトルに見えるとしても、中間集団に即して検討するならば、同一の現象が見られるのである。中間集団がより大きな役割を果たすようになってきているのは、多くの国々において共通の趨勢であろう。

したがって、この中間集団の強化を単純な分権化、あるいは集団化として捉えるのも、間違いということになる。なぜなら、国家から見て、中間集団に対し権限を委譲したとしても、そのことによって国家の機能が制限されるというよりもむしろ、個別的な個人の要求によりきめ細かく対応できるようになることを意味するからである。個人の側から見ても、個人と集団との新たな関係性によって、個人の自由や自律が脅かされるというより、個人の権利をよりよく実現するための社会性への回路をより多く確保することの意味の方が大きい。したがって、変化は単に国家と中間集団、あるいは個人と中間集団の関係においてのみ捉えられるべきではなく、個人―中間集団―国家の三者関係の全体的な見直しとして理解されるべきである。そして、その目的はより個人化が進む社会に対応した「社会的なもの」の再編、そしてそのための「中間集団」の再編なのである。

七　おわりに

以上のような政治哲学の視点からの考察によって何が明らかになったのであろうか。現在起きているのは、一九世紀以来の「社会的なもの」と「中間集団」の再編である。その見地からすれば、いわゆる福祉国家の危機も、単に「大きな政府」の効率性の問題に帰することはできず、より根源的な社会変容の結果ということになる。伝統的な福祉国家は、相対的に同質的な集団、すなわち保険のテクノロジーによって、リスクを共有し、そのことで連帯を可能にする集団に対応するものであった。これに対し、現代の福祉国家は、現在における個人のあり方の多様性に適合した、より個人に即したリスク管理の方法が求められている。そのため、現代国家における社会権も変質し、そのポイントは、個人を自律したものとして他の諸個人や社会から切り離すことよりも、個人の可能性を実現するために、より多くの社会的紐帯を個人に提供することにある。中間集団はそのための重要な手段であり、その役割は国家と個人の双方から期待されている。

最後に、このような本章における議論の結果を踏まえ、冒頭に提示した二つの仮説について一言しておきたい。

第一の仮説は、決定のレベルに関するものであった。ここまで論じてきたように、現在、単一の集団としての労働者という存在の自明性が希薄化し、個々の労働者や労働環境に即した、より個別的な対応が求められるようになっている。そのことを考えれば、画一的な立法による問題解決よりも、より分権的な権利実現のプロセスが必要になっていることは、当然であろう。

次に、第二の仮説は決定のプロセスに関するものであった。やはり、ここまで論じてきたように、現在の社会においてもっとも貴重な社会権とは、社会的紐帯への権利であり、労働者の権利実現についても、個別的な交渉だけでなく、その権利を実現するにふさわしい社会的関係性のなかで問題に取り組むことが重要になってきている。その場合も、社会的関係性とは、あくまでそこに属する個人の権利をよりよく実現するためのものである。したがって、そこでの決定において、単純に多数者の意見が優先されてはならず、むしろ多様な少数者の意見がより重視されてしかるべきである。

このように、二つの仮説は、その背景にある政治哲学的な展開を踏まえて見直されるとき、さらにその重要性を増すであろう。

（1）とくにこの問題を表現するために、フランス語では、"paupérisme" という言葉も生まれている。

（2）ちなみにフランス語で福祉国家をÉtat-providence という。これは文字通りに訳せば、(神の)摂理による国家ということになる。このような言い方が、国家を、個人を救済する神になぞらえる発想と無関係ではないとは言うまでもない。

（3）「社会民主主義のプロジェクトは決定的に終わった」と題された、ルモンド紙のインタビューより(*Le Monde, 26-27 mai 2002*)。

第三章　社会的紐帯の政治哲学――トクヴィルを中心に

一　はじめに

グローバリズムの進展によって、国境を越えた人間の移動がますますさかんになる今日、人と人との結びつき、社会的紐帯への新たな関心が高まっている。[1] ロバート・パットナムの「ソーシャル・キャピタル（社会関係資本）」はそのもっとも有名な一例であるが、彼の『デモクラシーを機能させる（邦訳『哲学する民主主義』）』(Putnam 1993)が刊行されたのが一九九三年、『孤独なボウリング』の原論文が発表されたのが一九九五年であるから、パットナムの「ソーシャル・キャピタル」論が脚光を浴びたのは冷戦終了直後のことであり、フランシス・フクヤマの『歴史の終焉と最後の人間』(Fukuyama 1992)や、サミュエル・ハンチントンの『文明の衝突と世界秩序の再編』(Huntington 1996)といった著作と同時期ということになる。

もちろん、イデオロギー色が濃く政策ペーパーとしての色彩も濃いフクヤマやハンチントンの著作を、パットナムの学術的な著作と同列に並べることには異議もありえよう。また、『デモクラシーを機能させる』については、一九七〇年代におけるイタリアの地方制度改革に由来する研究であり、冷戦終了後のこの時期に発表されたのは、多分に偶然の産物といえるかもしれない。しかしながら、社会的紐帯やネットワークという古くから関心をもたれ続けたテーマが、この時期にあらためて注目されたことには、単に偶然とはいえない背景がありそうである。

というのも、マーク・グラノベッターが主張した「弱い紐帯の強さ(strength of weak ties)」、すなわち転職などに際して役に立つのは、家族や親友といった強い結びつきよりも、むしろ接触頻度の弱い、より一般的な人間関係の方であるという理論も、最初に提唱されたのは三〇年前であり(Granovetter 1973)、その当時から研究者の間では話題になっていたが、近年になって広く関心を集めるようになっている。何よりも特徴的なのがフクヤマであり、『歴史の終焉と最後の人間』に続いて彼が発表したのが『信頼(邦訳『「信」無くば立たず』)』であり、そこで彼は、家族や血縁を越えた社会的関係、中間組織の豊かさこそが、その国の資本主義経済の成否を決定すると論じた(Fukuyama 1995)。

冷戦が終了し、新しい世界的なダイナミズムが生まれるなか、むしろミクロな社会的紐帯の重要性への注目が高まるということは、興味深いことである。しかしながら、両者の結びつき、あるいは因果関係はけっして自明ではない。なぜ、人的流動性が高まる時代に、人と人との結びつきがあらためて強調されることになるのか。その場合、いかなる社会的紐帯であれ等しく注目されるのか。そして、そのように社会的紐帯を論じることにはイデオロギー的含意はないのであろうか。本章では、以下、こういった諸問題を検討していきたい。

このことと関連して、パットナムの「社会関係資本」やフクヤマの「信頼」という概念が、グローバル化した世界を前提に、しかしながらそこでの一国単位のデモクラシーや経済のパフォーマンスを決定する要因として強調されている点についても検討してみたい。というのも、新しい世界的なダイナミズムが活性化するなか、むしろミクロな社会的紐帯に注目が集まっていると書いたが、これは一見したところ、主権国家の相対化という文脈において捉えられる現象にも見えるからである。主権国家の壁を越えた活動が活発になるからこそ、むしろサブナショナルな集団の活動の相対的な意味も増すとすれば、グローバル化が進む時代に、そのような集団を支える社会的紐帯への関心が高まるのは、ある意味で自然である。にもかかわらず、少なくとも現在の社会的紐帯への関心は、むしろ国家のパフォーマンスと密接に関連して高まっている。この点についてもあらためて検討する必要があろう。

その際、本章において主たる検討の素材となるのが、アレクシ・ド・トクヴィルである。というのも、トクヴィルはこのような、いわば社会的紐帯論のルネサンスとでも呼ぶべき状況において、最も注目が集まっている人物の一人にほかならないからである。冒頭で触れたパットナムが『孤独なボウリング』の中で繰り返し言及しているのが、まさにトクヴィル、とくにその主著『アメリカのデモクラシー』(以下、『デモクラシー』と略)である。このパットナムを代表に、チャールズ・テイラーやマイケル・ウォルツァーなど、トクヴィルの議論を援用することで、現代における市民社会やデモクラシーについての議論をリードする一連の論者は、しばしば「ネオ・トクヴィリアン」と呼ばれている(Whittington 2001 : 21)。

多面的な性格をもつトクヴィルの『デモクラシー』は時代ごとに多様な読まれ方をしてきたが、第二次大戦後の「全体主義の予言者」、「大衆社会論の先駆者」に引き続き、冷戦終了直後には「マルクスではなくトクヴィル」、そして今日「社会的紐帯論の元祖」として、トクヴィルにあらためて注目が集まっている(2)。パットナムが強調しているように、たしかにトクヴィルはアメリカにおける結社(association)

活動の活発さに強い印象を受け、それをアメリカにおけるデモクラシーの健全さの鍵であると考えた。また、トクヴィルは、結社活動への参加を通じ、市民は他の市民と共同して事業を行う経験を積み、そのノウハウを学習するばかりでなく、自らの利益を、社会の公共的視点から見直し「正しく理解された自己利益」として捉える能力をもつようになると説いた。何より重要なことに、トクヴィルは、人と人との伝統的な結びつきを解き放ち、個人の孤立を生み出しやすいデモクラシー社会において、個人と個人とを結びつける社会的紐帯を強化するにあたって結社が果たす役割の大きさを強調した。

しかしながら、トクヴィルのこのような側面のみを一面的に強調することには、独特な偏りをもつことも指摘しておかなければならない。森政稔は、このようなトクヴィル再評価が「市民社会論のリニューアル」と結びつき、社会的な連帯のためのコミュニケーション空間の創造へと向かう動きを「トクヴィル左派」と呼び評価する一方で、それが社会的紐帯の喪失感を補うものとして、「健全な」家族、近隣、そして宗教の役割を強調し、社会的コンセンサス形成をもっぱら重視する「トクヴィル右派」へと容易に転じうると指摘している(森 二〇〇二a：五九―六〇頁)。実際、トクヴィル研究者のジェームズ・シュライファーが、アメリカの文脈に即して述べているように(Schleifer 2005)、過去二〇年ほどの間のトクヴィル読解における保守的傾向の優勢は顕著である。すなわち、かつて六〇年代において公民権運動や女性解放運動と連動して「平等の理論家」として読まれたトクヴィルは、いまや「知的右派のお気に入り」となっており、リベラル派はむしろトクヴィルと距離をとるようになっている。トクヴィルは変革の思想家としてではなく、むしろ伝統や慣習を尊重する思想家として読まれているのである。また、いわゆる共同体主義者のトクヴィル好きも顕著であり、トクヴィルは政治・社会参加を重視することで、現代における個人のアパシーや疎外感に立ち向かった思想家として評価されている。さらには宗教の役割を重視することで、人々の自己中心的で物質主義的な関心を、むしろコミュニティに共有された価値観へと向かわせるための道筋を示したとして賞賛されることも多い。このような傾向に対し、パットナム自身、「共同体主義者の守護聖人トクヴィル」という表現をして、一定の距離をとろうとしているように見える。

そこで本章ではあらためてトクヴィルの結社論のもつ多様性や両義性を再検討し、そのことによって現代における社会的紐帯論の位相に一筋の光をあててみたい。そのねらいは、社会的紐帯論のもつイデオロギー性を伴った曖昧さを明らかにすることにあり、さらに、その作業を通じて、社会的紐帯への想像力をより広い文脈に解き放つことにある。

二　社会的紐帯論はなぜ再注目されたのか

トクヴィルについて検討する前にまず、現代において〈社会的紐帯論のルネサンス〉とでも呼ぶべき現象が生じていることの理論的背景を、ごく一般的かつ手短に確認しておきたい。

まず確認しておくべきなのは、人と人との結びつきに注目が集まるのは、現代が初めてではないということである。およそ、人と人との結びつきの自明性を疑い、あらためてその基礎を再確認しようという営みは、政治学の営みとともに古いということができる。近代だけをとってみても、社会契約論は、人と人との自然な結びつきが欠如した状態において、あらためて諸個人の意志とその合意に基づいて政治社会を構築しようとする試みであった。ホッブズやロックの理論的模索の背景に、一七世紀イングランドにおける宗教内乱の経験があったことはいうまでもないが、このような時代にあって、人と人との間の相互不信を乗り越え新たな社会的紐帯を確立することこそ、彼ら理論家が目指したものであった。

しかしながら、マルセル・ゴーシェが指摘するように、このような一七世紀における理論家の模索が、個人の自然権の理論に依拠するむしろ抽象的な性格の強いものであったとすれば、一九世紀以降に顕著なのは、革命と産業化が進むなかでのより具体的な社会変容に即した実践的な模索であった(Gauchet 2002: 341-342)。とくに、一九世紀における真に新しい人間関係のモデルが、「社会」概念と結びついて構想されたことに注目する必要がある。すなわち、一九世紀において、契約でも市場でもない、個人と個人との新たな相互依存関係を説明するための概念として、一躍注目を集めるようになったのが「社会」であった(Manent 1987)。一九世紀の理論家たちはいずれもこの「社会」に注目し、この「社会」がいかなる形で組織化されるかを研究しようとしたのである(Donzelot 1994)。具体的にいえば、労働組合など新しい多様な中間組織や、保険というテクノロジーに代表される新しい社会保障の枠組みがこの時代に構想され、これらを通じて新たな社会的連帯の構築が目指された(Rosanvallon 1995)。

このことをアンソニー・ギデンズの表現を借りて言い換えれば、近代化がまず伝統的社会から個人を引き離すこと、すなわち「脱埋め込み」によって始まったとすれば、次に求められたのは「再埋め込み」であった、ということになろう(Giddens 1991)。すなわち伝統的社会とは異なる近代社会の新しい時空間のなかに新しい社会関係を構築し、そこに個人を再定着させることが求められたのである。一九世紀における「社会」についての多様な構想は、このような「再埋め込み」を目指したものであった。その意味で、現在、あらためて社会的紐帯に注目が集まっているとすれば、それは、このような一九世紀における個人の「再埋め込み」の諸構想が、なんらかの理由で有効性を失い、個人が新たに社会的紐帯を再確立する必要に迫られていることを意味している。実際、これまで個人を守ってくれた中間組織や社会保障が機能不全に陥り、結果として、諸個人はより直接的に様々なリスクに直面せざるをえなくなっているという指摘が現在、相次いでいる。

その代表例は、言うまでもなく、ウルリッヒ・ベックによって主張されている「リスク社会」の問題であろう(Beck 1986)。ベックが主張しているのは、現代になって急に社会は危険に満ち溢れるようになったということではない。もちろん、環境問題や原子力発電所などの巨大事故は、現代に固有の新しいリスクということができる。これらはひとたび問題が発生するや、国境を越えて世界各地の諸個人の生活に致命的な影響を与えるにもかかわらず、テクノロジーの自己発展はもはやコントロールがきかなくなっているからである。しかしながら、ギデンズが指摘するように、「リスク社会に生きる」ということが、「行為の開かれた可能性に計算的な態度」を意味するのであれば、それはけっして近年に始まった現象ではない。むしろ、近代が、伝統的社会において諸個人を伝統にしばりつけていた諸拘束の力が衰え、個人が自らの自由と責任において様々な事柄を決定することができるようになる時代であるとすれば、個人が自らのリスクを計算した上で行動するのは、近代社会に一般的な傾向であるといえるだろう。

したがって、現代においてあらためてリスク社会化がいわれるとすれば、それは近代社会におけるリスクの処理の仕方それ自体の変化が生じていることを意味するはずである。すなわち、これまでリスクを処理するための仕方として採用されていた諸形式の有効性が失われ、まったく新しいリスク処理の局面が生じているということである。その結果、もはや社会とすれば、様々な不確定要因の負担をどのように諸個人の間に配分すればよいのかわからず、また各個人とすれば、明確に自分のリスクをどのように計算すればよいのかわからなくなっている。にもかかわらず、この計算不能なリスクは諸個人が自らの個人的責任として負担するしかない。リスク社会化とは、まさにこのような状況を意味するものであろう。

このようなリスク社会において、社会的紐帯はいかなる意味をもつのだろうか。ベックによれば、現在起きているのは既存の制度の政治的空洞化であり、その結果、ある意味で社会関係は「再封建化」しているといえる(Beck, Giddens, and Lash 1994)。そうであるとすれば、各個人は自らの責任において、既存の行動パターンを越えて社会関係を生み出す努力をしていかなければならない。各個人は自らの力で社会的結合を新たに作り出し、自らを取り巻く諸関係を制御していかなければならないのである。ベックや、その理論的同盟者であるギデンズは、自らの人生を意味あるものにしようとするなら、各個人は、自らの利用するネットワーク、社会的紐帯を再創造していかなければならないと主張する。ギデンズによれば、信頼すべき人間は、もはやその人の社会的所属や地位といった客観的な属性だけでは判別できない。信頼に外部基準は存在しないのである。したがって、各個人は純粋な関係性を、長期にわたって再帰的に制御していかなければならない。

このように、グローバリズムが進展するなか、一九世紀以来の多様な社会的枠組みが機能不全に陥り、諸個人は自らの責任においてその社会的紐帯を作り出すことを求められている。そのような社会的紐帯はもはや、伝統的な社会関係のそのままの継続でないことはいうまでもないだろう。個人がきわめて自覚的に、自らの責任において構築するもの、それが現在において新たに意味づけられつつある社会的紐帯であるということができる。ある意味でいえば、現代は一七世紀、一九世紀に続く、個人化とその再結合についての歴史における、新たな段階を画する時代なのかもしれない。しかしながら、そうだとすれば、そのような、いわば社会的紐帯論の第三段階にあたる現代において、トクヴィルという、どれだけ洞察力に恵まれていたとしても、あくまで一九世紀という歴史的空間において活躍した理論家の議論が参照されているのは、いったいどういうことなのだろうか。それは巨大なアナクロニズムではなかろうか。そこで、次に、トクヴィルの議論をあくまでその時代の文脈において再検討してみることにしたい。

三　トクヴィルの「結社《アソシアシオン》」と「中間集団《コール・アンテルメディエール》」

トクヴィルの結社評価の微妙さ

現在、トクヴィルといえば、自由な結社の営みを高く評価し、多元的な結社の活動がデモクラシーにとって不可欠であることを論じた思想家として参照されることが多い。しかしながら、実際にトクヴィルのテキストに即して考えた場合、とくに、『デモクラシー』だけでなく、彼のもう一つの主著である『旧体制と革命』(以下、『旧体制』と略)、あるいはその死後公刊された『回想録』なども考慮に入れた場合、そのように言い切るには、より慎重になる必要があることがわかる。というのも、トクヴィルは結社一般を評価したわけでもなければ、結社の活動がデモクラシーにとって必ず肯定的な意味をもつと考えていたわけでもないからである。

結社活動に関して手放しで高い評価をしているように思われる『デモクラシー』ですら、それを書いたトクヴィルの同時代的背景を踏まえて読み直してみる必要がある。というのも、よく知られているように、フランス革命中の一七九一年に成立したル・シャプリエ法の結果、フランスにおいては以後一世紀にわたり、結社の自由が厳しく抑制されたからである。(3) この規制は、旧体制において特権化されていたギルドやコルポラシオンなどの同業者組合を個人の自由な職業活動を妨げるものとして禁止するのみならず、労働者の団結権を否定し、さらには一九世紀において多様な展開を見せるアソシアシオンの活動一般を抑圧するものであった。いわば、この法律は、国家と個人の中間にある集団一般を敵視するものであり、その背景に、すべての社会関係を国家と個人の両極に還元した上で両者を統合することを目指したジャン＝ジャック・ルソーの思想的影響を見出すことができる。

この法律、あるいはその背景にあるルソーの理解によれば、社会契約の主体はあくまで個人であって集団ではない。個人と、個人が他の個人と等しい資格で構成する主権者との間に、障害物があってはならない。特定の諸個人が個別の利益を目指して集合すれば、それは特殊利益にほかならず、社会の一般利益と反することになるからである。したがって、旧体制を否定して成立した新しい国家にとってまず着手する必要があるのは、伝統的な中間集団を解散させ、個人をそこから解放することであった。ある意味で、集団による社会的紐帯はデモクラシーにとって有益であるどころか、むしろその正反対に、伝統的な社会的紐帯を切断することこそがデモクラシーの第一歩であると考えられたのである。さらに、伝当時の民衆協会やクラブに代表される市民間の自由な政治的討議の場は、代議制の外部において党派対立を激化させるものとして禁圧の対象となった。

このことを考えれば、アメリカにおける結社活動に対するトクヴィルの評価がけっしてナイーブなものでなかったことは明らかであろう。トクヴィルは、『デモクラシー』を執筆する際に、つねに眼前のアメリカだけでなく、遠い祖国フランスを念頭に置いていた。そうであればこそ、アメリカにおける結社活動に対する彼の評価は、第一義的にはフランス人読者を念頭に置いたものであり、フランスにおける反結社的傾向に対して、これを緩和、もしくは相対化することを意図したものであるといえる。結社は、必ずしもデモクラシーにとって否定的ではない、むしろ場合によっては、きわめて有効な補完物となる。このことをあえて論争的に示すことが、『デモクラシー』の結社論の一つのねらいであったはずである。

逆にいえば、トクヴィルは結社の活動一般を必ずしも全面的かつ無条件に評価していないことは明らかである。例えば、トクヴィルはその晩年に二月革命を経験することになるが、その際にトクヴィルがとった態度を見てみたい。一八四八年の二月革命によって七月王政が倒されることになったが、その後も秩序は回復されることがなく、むしろ六月蜂起をピークにパリの市民や労働者の運動は激しさを増すばかりであった。このような状況に対し、トクヴィルは最終的に秩序維持の側にまわり、「自由を救い出す残された唯一の手段は、自由を制限すること」であるとして、クラブを禁止し、新聞の自由を制限し、さらには戒厳状態を正規化するための法案提出者の一人となる。ここでトクヴィルが敵視したような運動に関して、シェルドン・ウォーリンは、共和国を擁護し、普通選挙権を維持し、労働権ならびに出版や結社の自由を確保しようという、これら一般市民による自発的結社の活動は、まさにトクヴィルがアメリカで見つけた結社モデルそのものではなかったかと、問い糾している(Wolin 2001: 445)。

これを単にトクヴィル個人の矛盾として考えるならば、問題は簡単である。青年期にアメリカを訪問したトクヴィルは、その結社活動に高い評価を与えたが、その晩年、保守化して「秩序派」の一員となったトクヴィルは、眼前に燃え広がるかのような「社会主義」[4]の運動の激化に恐怖し、結社の禁止を支持する側にまわったというわけである。このような側面があることは否定しがたいが、それでも、このような理解は問題をやや矮小化している嫌いがある。というのも、トクヴィルは『デモクラシー』においても、アメリカにおける結社の活動とヨーロッパの活動とを対比し、あくまで平和裡に、法的手段を通じて自らの主張を行うアメリカの結社を評価しているからである。これに対し、ヨーロッパの結社は人々から「武器」とみなされており、他を「説得するよりも、打ち倒そうとする」(Tocqueville 1951: 199)傾向をもつと指摘されている。トクヴィルは最初から、結社活動を無差別に評価しているわけではなく、秩序と両立するような結社だけを、一定の条件においてのみ評価していたのである。

アメリカ——結社のユートピア?

それでは、トクヴィルはアメリカにおける結社の活動をどのように観察しているのだろうか。ル・シャプリエ法の存在するフランスからやってきたトクヴィルにとって、アメリカにおける結社活動の活発さはきわめて印象的であった。それも、政治的結社ばかりでなく、数からいえばそれをはるかに上回る民事的な目的の結社活動がさかんであることが、トクヴィルの注目をひいた。「アメリカ合衆国において、政治的結社は全結社の巨大の一覧表の中でほんの一部しかしめていない」(Tocqueville 1961: 113)。祭り、学校、旅館、教会、病院、刑務所、書籍普及、伝道師派遣、さらには禁酒運動に至るまで、アメリカ人は生活のありとあらゆる側面において、結社を利用している。アメリカ人は結社によって「文明の供しうるすべての財を獲得できるようになった世界で唯一の国民」(Tocqueville 1961: 122)なのである。このような民事的な結社活動の上に政治的な結社の自由も花開いているというのが、トクヴィルの観察であった。

しかしながら、それではなぜ、アメリカ人はかくも結社を活用しているのだろうか。トクヴィルの観察では、イギリス人さえも、これほどまでに結社活動が活発であるとは思われなかった。そうだとすれば、アメリカにおける結社文化をイギリスに由来する伝統によって説明することはできず、むしろアメリカに固有の事情を見出さなければならない。その一因としてトクヴィルが指摘しているのが、アメリカ社会における政府権力の弱さである。アメリカはその独特の政治制度と建国の経緯により、連邦政府はもちろん州政府もまた、社会の公共財の提供者たるには、あまりに無力であった。また、そのような公共財を個人の資格で提供するような、強力で豊かな個人も存在しなかった。したがって、道路を建設するにも、橋を架けるにも、有志で計画を立てて他の協力を呼びかけ、それによって資金を調達するしか手段がなかったのである。これこそ、アメリカにおいて結社の活動が重視された理由であったとトクヴィルはいう。

このようなトクヴィルの説明を読んでいて印象的なのが、彼のアメリカ社会の描き方である。彼の描くアメリカ社会はきわめて分権的であり、ほとんど政府権力による統治が不在であるかのようにさえ見える。もちろん当時のアメリカ社会は、集権的なフランスからやってきたトクヴィルにとってのみならず、現代の目から見ても分権的なものであることは間違いない。しかしながら、トクヴィルによる次のような描写を目にするとき、そこには何かしら過剰なまでのトクヴィルの思い入れをかいま見ることができないだろうか。「そこ〔アメリカ社会：引用者註〕において、社会は自らの力で、自らを決定している。権力は社会の中にしかない。（中略）アメリカにおいて人民は、あたかも神が宇宙を支配するがごとく、政治社会を支配している。すべては人民に発し、そこに帰着する」（Tocqueville 1951: 55）。しかも、このような分権にもかかわらず、アメリカ社会は平穏であり、秩序が維持されている。いわば、アメリカ社会においては、国家や政府とは無関係に、人民が下から秩序を自ずと形成しているのであり、その最大の手段となっているのが叢生する自由な結社であるとトクヴィルはいうのである。

このようなトクヴィルの結社をめぐる観察が、彼がアメリカを訪問した当時においてすら、はたして妥当なものであったのかは、なお検討されるべき問題であろう。しかしながら、それに劣らず重要なのは、きわめて分権的でありながら平和な、ある意味でアナーキーなユートピアにすら見えるアメリカ社会像をトクヴィルがあえて描き出し、そのようなアメリカ社会という文脈において、結社の活動を位置づけたということである。その結果、『デモクラシー』において結社は、国家や政府とほとんど無関係なものとして描かれている。もちろんトクヴィルは、アメリカ社会がほんとうにアナーキーであるとは考えておらず、あえて政治的集権と行政的な集権とを区別した上で、アメリカは行政的には分権的でありながら、政治的には高度に集権を達成しているとしている（Tocqueville 1951: 88）。本当に政府が不在なら、アメリカ社会はつねに分裂の危険にさらされているはずであるが、実際には、アメリカはその地理的条件にも恵まれ、高度な統一を享受しているというのである。(5) しかしながら、そのような指摘をした上でなお、トクヴィルは、きわめてアナーキーな社会において、ほとんど政府と無縁なまま、秩序を下から形成するものかのごとく結社を描いている。

また、トクヴィルが結社という場合、封建的な同業組合や身分制組織とはまったく異質な、あくまで個人の自発的意志によって設立された団体のみを想定していることにも注目する必要がある。このことは、封建制社会を経験しなかったアメリカ社会を考えれば当然とも思えるが、そのような想定はあくまでアメリカ社会においてのみ妥当するものである。結果として、トクヴィルが『デモクラシー』で取り上げる結社は、きわめて排他性の低いものとして描かれている。しかしながら、実際には、アメリカ社会においても強い排他性をもつ結社は少なくなく、中には人間の基本的平等を否定する、反民主的な結社さえも存在した。このことを考えるならば、トクヴィルが描き出した結社は、あくまでトクヴィル特定の視点から選ばれた、特定の結社に限定されていることを無視するわけにはいかない。いわばトクヴィルの結社像には強いバイアスがかかっているのであり、このことは次に検討する主にヨーロッパを主眼に置いた中間団体論との関係においてとくに重要になってくる。

「結社」と「中間集団」

そこで、トクヴィルのもう一つの主著である『旧体制』を見ていくことにしたい。本章の関心から注目すべきは、何よりもまず「中間集団(corps intermédiaires)」である。トクヴィルは、フランス革命へと至る、フランスにおける旧体制の変容において鍵となる役割を果たしたのが、王権と諸個人の間に存在する「中間集団」であったとしている。トクヴィルによれば、王権による中央集権化政策の結果、フランスの貴族身分は、早くからその政治的権力を失い、地域の政治・行政とは無縁の寄生的存在に堕してしまった。にもかかわらず、彼らは、身分的特権は保持し続け、自分たちの狭い集団に閉じこもり、社会の他の集団と疎遠になってしまった。この結果、フランスにおいては実質的には封建制の解体が進んでいたにもかかわらず、むしろ閉鎖身分としての貴族、すなわち言葉の真の意味でのアリストクラシーではなく、カーストとしての身分組織が小集団に分かれて存続することになった。トクヴィルにいわせれば、このように分裂した小集団は、互いに無関心な「集団的個人主義」(Tocqueville 1952: 158)であるかのごとくであり、これへの反発こそが、革命後のフランス社会におけるル・シャプリエ法に代表されるような反結社的傾向を生み出したのである。言い換えれば、フランスにおける伝統的な中間集団が、王権の下の中央集権によって空洞化させられていたことこそ、フランス革命という激しい衝突を生み出した遠因となったというわけである。

トクヴィルがフランスと対置するのがイギリスである。トクヴィルは『旧体制』において、イギリス・フランス・ドイツの比較を試みるが、その比較の一つの中心となるのが王権と中間集団との関係であった。トクヴィルによれば、王権と中間集団が緊張関係に立つのはすべての国々に共通する現象であるのに対し、両者に民衆を加えた三者間のダイナミズムこそが、各国史のその後の展開の違いを生み出すことになった。すなわち、そもそも政治的な集権化に失敗したドイツに対し、フランスは中間集団を骨抜きにすることで、王権は自らの強化をはかった。これに対しイギリスでは、伝統的な貴族が通婚によりブルジョワ身分と接近し、伝統的な中間集団のなかにメリトクラシー原理が導入された結果、中間集団はカーストをいち早く脱し、近代的組織に変化することに成功した。結果として、イギリスにおいては貴族と中産階級とが連合して議会を舞台に王権と対抗することになり、これが王権の専制化を妨げ自由を保持する原動力となり、革命という急激な変化なしに、社会の変革を成し遂げたというのである。

このようなトクヴィルの中間集団論は、封建制を脱した社会の政治的近代化を説明するにあたって、一定の意義をもつものであろう。しかしながら、ここで問題にしたいのはむしろ、ここでいう「中間集団」が、『デモクラシー』における「結社」と、はたして同じものなのかということである。すなわち、トクヴィルを論じるにあたっては、しばしば、「結社」と「中間集団」とが一括して議論されることが多いが、はたして両者は本当に同一のカテゴリーとして扱うことができるのであろうか。ちなみに、トクヴィルに即して見れば、両者の異質性よりも親近性の方が目についたはずである。両者はともに中央集権化に対する最大の抵抗の拠点であり、デモクラシーの時代において希薄になる傾向のある個人と個人とを結びつける機能を果たす。そもそも、トクヴィルには、中世のフランスの農村にあった村落の自治と、アメリカのタウンシップとをきわめて連続的に捉えるように(Tocqueville 1952: 119)、中央集権化される以前のフランスと、新大陸のアメリカとの間に共通性を見出そうという志向が元々強い。この点に関して、先にあげたウォーリンも「トクヴィルの封建的な感受性が、アメリカにおける最大の理論的発見をもたらした」(Wolin 2001: 238, 強調は引用者)と述べている。

しかしながら、このような見方は、ある意味でいえば、あまりに〝トクヴィル的〟なのかもしれない。そもそも同じく中央集権化に抵抗するといっても、革命前のフランスにおいて、伝統的な諸身分がその特権をたてに王権に抵抗するのと、新大陸アメリカにおいて、平等な諸個人が互いに協力して政府に依存することとなく社会的活動を行っていくのでは、そもそもまったく文脈も意味も異なる。ある意味で、トクヴィルによる最大の理論的達成は、元来異質な結社と中間集団とを、同一のカテゴリーの下に論じたことにあるのかもしれない。このことはたしかに大きな理論的達成であり、それによって見えてくるものも多いはずであるが、同時に、それによって覆い隠されてしまったこともあったはずである。

その一つは両者のもつ歴史的含意の違いである。中間集団は、近世の西欧諸国家が近代化し、やがて国民国家へと向かっていく際に大きな意味をもった。王権がその領域内の住民を人的資源として掌握することを目指す過程で、王権と中間集団との関係はその一つの焦点であった。やがて王権の下に統合された主権国家が国民国家へと変質していく過程においても、中間集団の意味は小さくなかった。あれほど中間集団を敵視したフランスにおいてすら、実際に国民国家が実現していくにあたっては、多様な中間集団のもつ社会統合の機能に次第に注目が集まっていった(Rosanvallon 2004)。このように、中間集団は、国民国家以前にも、そして以後においてもきわめて重要な意味をもったが、その意味はつねに微妙に変化している。その原因は中間集団のもつ二面性であり、中間集団は個人と国家の間にあって両者の媒介・統合機能をもつと同時に、社会の多元化や場合によっては遠心化、さらには分裂の原因となったのである。中間集団はつねに国家の統合と分裂のダイナミズムとの関わりにおいて意味をもってきたによ

これに対し、結社は、必然的に国家と結びつくものではない。結社は本来、諸個人の意志の結合によって生み出されるものである。もちろん、伝統的な中間集団が結社へと変質していくこともありえないわけではないが、封建的伝統が存在しないアメリカにおいて結社の文化が花開いたように、両者の組織原理は矛盾とまではいわないとしても、少なくとも異質のものであることは間違いない。また、アメリ

カが西欧諸国と比べ、国民国家的性格が薄い国家であることにも注目する必要があるだろう。

このような結社と中間集団の違いは、アメリカとフランスにおける議論における焦点の違いの原因ともなっている。アメリカにおいて論じられるのはもっぱら結社であり、国民国家における統合という側面よりも、政府から自立した諸個人の自由な活動の側面が強調される。これに対し、フランスにおいてはむしろ中間集団に関心が寄せられ、社会の統合が失われるなか、いかに新たな統合の契機を生み出していくかが重視される。両者の文脈はかなり異質であるが、〝トクヴィル的〟なものの見方に慣れた眼には、両者は曖昧なまま一体視されがちである。とはいえ、厳密にいえば、やはり両者ははっきりと区別して捉えられてしかるべきであろう。

トクヴィル結社論のバイアス

以上を総括すれば、現代においてトクヴィルの結社論、とくにもっぱら『デモクラシー』における結社論に依拠して社会的紐帯を論じるにあたって注意しなければならないことがある。これらは、いわばトクヴィル結社論に内在するバイアスであると同時に、トクヴィル結社論を無自覚に現代的議論に利用する場合にとくに顕在化するバイアスでもある。

第一は、多様な結社のクリーニングとでも呼ぶべきバイアスである。既に指摘したように、トクヴィルは実に多様な社会組織を、結社の名の下に一般化して呼んでいる。ときに地域共同体までを結社に加える場合があるが、これはいささか極端にしても、およそ共通の目標の下、人々が自発的に参加した集団のことをトクヴィルは結社と呼ぶ。その際には、その集団が歴史的に古い起源をもつものかそうでないかは厳密には区別されない。封建的起源をもつ組織もそうでない組織も、等しく結社と呼ばれるのである。トクヴィルが結社を論じる場合、多様な結社のもつ特殊な性格がすべて消し去られ、等しく一般的な結社像の下に包括されてしまう。しかもその際、結社には実は排他性をもっていたり、人間の基本的平等を否定したりする反民主的な結社も存在するにもかかわらず、トクヴィルが一般的に想定する結社からは、そのような結社は暗黙の内に排除されてしまっている。もちろん、きわめて反結社的雰囲気の強かったフランスからアメリカを訪れ、アメリカにおける結社の活動の活発さに強い印象を受けたトクヴィルが、その強烈さゆえに、フランス人読者に対して戦略的に結社の効用を説くことになったのは、トクヴィルに即してみれば不自然ではない。しかしながら、このことに無自覚なままにトクヴィルの結社論を利用し、その結社像をきわめて一般化した形で論じる場合、このようなクリーニング効果のひずみが大きくなるのは当然であろう。

第二のバイアスは、国家との結びつきにかかわるバイアスである。実際には、同じような結社も、その置かれた政治的状況や、制度的枠組み次第で、まったく異なる機能を果たすことがありうる。とくに、結社と国家との関係はきわめて重要な意味をもつはずである。ところが、トクヴィルの結社論として援用される議論はしばしば、そのような政治的背景と無関係であり、国家との結びつきも希薄なままである。トクヴィル自身についていえば、このことは必ずしも当てはまらない。というのも、『旧体制』の中間集団論の場合には、国家との関連性がつねに念頭に置かれているし、『デモクラシー』の結社論においても、アメリカとヨーロッパとで、その政治的背景の違いの結果として結社が果たす役割に違いが生じることに意識的である。しかしながら、『デモクラシー』の結社論に関して言えば、やはり、トクヴィル独自のアメリカ社会観とも関係して、結社活動の国家や政府からの独立性が強調されていることは否めない。したがって、もしトクヴィル的な結社論におけるこのような側面を、ナイーブに、かつアメリカという文脈を越えて過度に一般化するとき、バイアスは深刻なものになる可能性がある。

第三のバイアスは、歴史的文脈にかかわるバイアスである。今の時点から振り返ったとき、トクヴィルの結社論はきわめて微妙な時期に展開されたことがわかる。すなわち、トクヴィルはフランスの絶対王政が完全に崩壊した後に活躍したが、しかしながら、その当時、フランスの国民国家化はいまだその途上にあった。その意味でいうならば、トクヴィルは、絶対王政と国民国家の狭間の時期において、結社や中間集団を考えた思想家であった。既に指摘したように、一九世紀後半から二〇世紀初頭にかけて、国民国家の発展の過程において中間集団の統合機能に新たな注目が集まったが、トクヴィルに関していえば、中間集団を再組織化して社会統合を促進するという視点は希薄である。トクヴィルが関心をもったのは、一方で、絶対王政における中間集団による抵抗と、その結果可能になる漸進的な社会改革であり(『旧体制』)、他方で、平等化社会の中で孤立化する個人を再び結びつける社会的紐帯であった(『デモクラシー』)。トクヴィルの結社論には、国民国家との結びつきが相対的に希薄なのである。このことは、トクヴィルの著作が書かれた時期の歴史的特徴に由来するのだが、このことに無自覚な場合、トクヴィルの結社論は奇妙に非歴史的な性格を示すようになるのである。

このように、トクヴィル結社論は、使い方によっては様々なバイアスを持ってくる。しかしながら、このことは、トクヴィルの結社論の意義を減じるものではないし、現代における社会的紐帯論にトクヴィルの結社論を活用することを全否定するのでもない。むしろ、トクヴィルの議論を適切に活用するためにも、その特徴やバイアスをよく理解した上で、あくまで現代との歴史的位相のズレを自覚化することが必要なことを指摘したにすぎない。それでは、以上のことを踏まえた上で、本章の冒頭で掲げた諸問題について、もう一度検討してみることにしよう。

四　おわりに

本章では、現代における社会的紐帯論への関心の高まりについての考察から、さらにそこで注目されているトクヴィルの結社論へと議論を展開してきた。そこで最後に、順番を逆に、トクヴィルの結社論がなぜ現代において再び注目を集めているのかという視点から、現代における〈社会的紐帯論のルネサンス〉の意味を再考察してみたい。

既に指摘したように、トクヴィルの結社論は、個人と個人とをつなぐ社会的紐帯が希薄化しがちなデモクラシーの社会において、このような傾向に抗し、新たに紐帯を生み出すものとしての結社の役割に注目したものである。その場合、結社とは、家族や狭い血縁共同体を越えて人々を結合させる組織を広く包括する、きわめて一般的な概念である。この一般性と無規定性こそトクヴィルの結社概念の魅力であるとともに危うさでもあった。逆にいえば、現在、このような家族を越え、国家や企業などの組織とは区別される組織一般の原理についての関心が高まっていることを意味している。

第二節でも考察したように、近代社会は、一方において個人を伝統的な社会的結びつきから解放すると同時に、他方で解放された個人を新たな社会原理の中に「再埋め込み」することをはかってきた。とところが現在、これまで個人を守ってくれた中間集団や国家による社会保障が機能不全に陥り、個人はグローバル化する社会における新たなリスクに直面している。現代とは、「脱埋め込み」がますます進むなか、一九世紀以来の「再埋め込み」は脅かされ、新たなる「再埋め込み」の原理は見えないという意味で、きわめて不安定な、宙ぶらりんな時代であるということができよう。国境を越えて個人が移動する時代とは、人々が国境を越えた世界の動向の直接的な影響を受け、その不安定性やリスクを直接負担しなければならない時代でもある。そのような状況において、国家や企業とは区別され、しかしながら家族を越えた人々の結びつきに対し、期待や欲求が高まるのは、きわめて自然なことかもしれない。しかしながら、人々がそのような結びつきに求めるのは、社会保障であったり、安全や安心であったり、あるいは心理的な帰属意識であるように、そのような欲求はきわめて多様な内容を含む漠然としたものである。その意味で、このような状況は、逆説的にトクヴィル結社論のもつ一般性や無規定性と親和的であるともいえる。現在におけるトクヴィル結社論への注目の一因は、このようなアモルフな結社願望、もしくは結社幻想にあるのかもしれない。

また、トクヴィルの著作のうち、主に『デモクラシー』に注目した結社像、すなわち、きわめて分権的で政府の存在がほとんど感じられないような環境で活動する結社の像もまた、トクヴィル結社論の著しい特徴であった。これはトクヴィルの観察した一九世紀前半のアメリカという特別な環境にも由来するし、トクヴィル自身の問題関心にも影響されている。これに加え、彼の結社論には、トクヴィルが活躍した時期に由来する、国民国家との結びつきの薄さという特徴もある。このような、政府や国家、とくに国民国家の存在感が薄い点もまた、現在におけるトクヴィル結社論の〝流行〟に一役買っているはずである。冷戦の終焉からグローバル化へと進むなか、国民国家の終焉がしばしば語られるが、トクヴィル結社論がこのような時代的文脈において再浮上してきたのは偶然ではないであろう。このことは、過去一世紀の間の結社論の多くが、国家、とくに国民国家論との関わりで論じられてきたことを思い起こせば明らかであろう。

今後、一方においては、非国民国家化する世界秩序のなかでの結社活動がますます論じられるようになるであろう。実際、現代世界においては、人と人とを結びつけるネットワークが、様々な形で国境やネイションの壁を越えて展開している。あるいは、アントニオ・ネグリの言葉を借りれば、「帝国」的な世界秩序における結社論も可能かもしれない。(6) しかしながら、他方では、一国単位での福祉国家の立て直しとの関連で、あくまで国家との関連において、結社論の立て直しがはかられることも十分に考えられる。本章の冒頭でも触れたように、現在における社会的紐帯論は、一方で国境を越えた展開が予想されつつも、他方であくまで一国単位での政治や経済のパフォーマンスとのかかわりで論じられることが少なくないが、このようなブレは、今後の結社の展開の可能性がいまだ複数の可能性を秘めている以上、必然的なものであろう。本来、結社の意味とは、それが活躍する舞台となる政治状況や制度的背景抜きには、論じることが困難である。にもかかわらず、国民国家からなる秩序にせよ、あるいは新たな「帝国」的秩序にせよ、世界を構成する一元的な秩序原理が消滅した現代という時代において、新たな秩序を生み出す媒体として結社論に過重な理論的負荷がかかっている。このことは、逆にいえば、新しい世界秩序についての解答を保留したまま、暫定的に結社を論じることも可能であることを意味し、それが結社論流行の一因ともなっている。結社が一つのマジックワードたる所以である。

それでは、このような状況のなかで、トクヴィルの議論は、今後の社会的紐帯のあり方に関して、何か新たな示唆を与える可能性はないのだろうか。既に指摘したように、トクヴィルに対する関心も時代とともに変化してきた。結社論に関してはつねに一定の関心が集まってきたとはいえ、連邦制をはじめとする分権論、タウンシップにおける地方自治論、あるいは陪審制に注目した司法制度論など、あくまで法的・政治的制度に裏付けられた議論が主であり、これらを前提に補完的な存在として結社や習俗に関心が寄せられてきたにすぎない。ところが今日、結社論は単に補完的な存在としてではなく、それ自体が重要なメカニズムとして注目を集めるようになっている。これは制度改革的な議論に行き詰まりが見え始めていることとも無縁ではなかろう。

ちなみにトクヴィルは、制度以上に習俗を重視している。ある制度がその機能を十分に果たすには、それを支える習俗がなければならない。自由な習俗が自由な制度を支え、そのような自由な制度の運用によってさらに自由な習俗が生み出されてくることこそ、トクヴィルが期待したものであった。現代はある意味で、既存の制度的枠組みが機能不全を起こしている時代である。そのような状況において、制度以上に習俗を重視したトクヴィルの視点がもつ意味は小さくないであろう。しかもトクヴィルは習俗を、既存の慣習一般を指すものではなく、諸個人が他の諸個人と共同してものごとをなす経験を積み、習熟することを通じて蓄積された技術(アート)として論じた。すなわちトクヴィルのいう習俗とは、無時間的で静的なものではなく、あくまで個々人によって自覚的に選び取られ、動的に学習される技術という意味で、「心の習慣」なのである。結社はまさにそのような技術を養い、そこから人々の間の新たな社会的結合が形成されていくための媒体として期待された。一元的な秩序原理が見えず、新たな政治制度の枠組みが予測できない現代という時代において、トクヴィル結社論のもつ自由な政治的想像力を活用すべき時期にきているのではなかろうか。彼の結社論のもつ特徴をそのバイアスを含めて考慮に入れることで、現在広く見られる結社への関心の高まりを単なる結社願望や結社幻想に陥らせることなく、新たな秩序原理構築のための一つの指針としていくべきであろう。

(1) 社会関係資本という概念自体は、一九八〇年代から、ピエール・ブルデューらによって提唱されてきたが、この概念が今日のような人気を獲得したのは、九〇年代以降のことであると言える。

(2) トクヴィル解釈の変遷については、宇野(一九九八)八―一一頁を参照。

(3) 正確にいえば、ル・シャプリエ法とは一七九一年六月にル・シャプリエの提案により成立した労働者の団結の禁止を指すが、同年には、同業組合の廃止、民衆協会の活動制限などが次々に法令化された。

(4) トクヴィルは政府だけでなく、社会そのものを根本的に覆そうとする運動を「社会主義」と呼んだ。彼にとって、二月革命後の市民や労働者の運動は、「社会主義」にほかならなかった。

(5) ただし、トクヴィルは人種問題が、アメリカ社会を分断する大問題であるとし、この問題をきっかけに大きな内部対立が生じる可能性を指摘している。ある意味で、南北戦争の勃発を予言したともいえる。

(6) ちなみに、ネグリは西洋政治思想史における「混合政体論」を利用して、独特な現代世界の把握を示している。すなわち、彼の考える「帝国」は、まずその第一の層として、アメリカをはじめ、G7、WTO、IMF、世界銀行、国連安保理があり、第二の層に多国籍企業と中小国民国家、第三の層にメディアや宗教団体、市民社会組織、NGOがある。三つの層はそれぞれ君主政、貴族政、民主政的性格をもち、三者のバランスによって帝国の秩序が成り立つという(Negri and Hardt 2000)。

第四章　政治が社会的紐帯を語るとき

一　はじめに

現代社会においては、新たな個人化とでも呼ぶべき現象が進んでいる。[1]その意味で、バラバラになった諸個人の間に〈つながり〉を回復することは、政治にとっても重要な課題であろう。政治の課題がまず何よりも社会の統合と秩序の確立にある以上、政治が諸個人間の〈つながり〉の回復という課題と無縁であることは難しい。

実際、元々はむしろ社会学において活発に論じられてきた「社会関係資本」(social capital)や「信頼」(trust)について、政治学者や政治思想家が論じることも珍しくなっている。ロバート・パットナムの『孤独なボウリング』(Putnam 2000)や、フランシス・フクヤマの『信頼』(Fukuyama 1995)については、前の章でも論じてきたところである。

このような動向については、さまざまな評価が可能であろう。一方において、政治学者や政治思想家による社会的紐帯への注目は、いわゆる「新しい市民社会論」の潮流の一環としても理解できよう。政党、官僚制、利益集団などから成る狭い意味での「政治」の領域を越えて、ＮＰＯなどの自発的組織によって織り成される市民社会の領域において政治やデモクラシーを論じることの意義は間違いなく高まっている。現在、従来の代議制デモクラシーに加え、市民社会における新たな熟議の場について注目する、「ツー・トラック(二回路)制」のデモクラシー(篠原 二〇〇四)が論じられている。政治的議論は何も、狭い意味での政治の世界において自己完結するものではない。むしろ、その外部にある市民社会における議論の厚みと、それを支える人々の熟議のネットワークの存在こそが、デモクラシーをより豊かにする。このような信念が、熟議デモクラシー論の背景にあることは間違いない。その意味からいえば、従来の政治論があまりに狭い範囲で〈つながり〉を考えてきたのであり、これからはむしろ、より広い領域において人と人との結びつきを考えることが不可欠になるはずである。

しかしながら、政治が社会的紐帯について語り始めている近年の動向について、むしろ批判的に見る向きがないわけではない。実際、新自由主義的な民営化論議のうちには、公的サービスの提供を民間における人々の〈つながり〉の力を借りることで実現しようという発想が少なくない。このような発想に対し、政府が従来自らの任務として請け負ってきた公的サービスを「民間に委ねる」という名の下に、実際には責任放棄をしているのではないかという批判も可能である。地方自治体レベルでも、介護保険の実施にあたって、さかんに「地域社会における互助」が言われているが、これも批判的に見るならば、すべてを自力で処理することのできなくなった地方政府が、自らの任務を人々の〈つながり〉に放り投げていることになる。「ご近所のチカラ」といった言葉が行政サイドから出てくるとき、そのような疑念をもつ人もいるかもしれない。

同じく行政主導で男女の出会いの場を作ろうとする動きもあるという。少子化に悩む日本社会の実情の現れではあるが、ある意味で、これまで「民事」として、政治や行政の外部に置かれていた人々の〈つながり〉が、急激に「政治化」しているともいえる。古典的な自由主義の視点に立てば、このような「社会的紐帯の政治化」について、批判的な評価が出てくるのもやむをえない。

このような肯定的・否定的評価は、ある意味で同じコインの表裏の関係にあり、そのいずれかが全面的に正しいとは断じがたい。しかしながら、このような「社会的紐帯の政治化」について、これを歴史的な位置づけを行いつつ、より全体的に評価することは重要な課題であろう。というのも、以下で検討するように、このような「社会的紐帯の政治化」は、ある意味で近代政治の根本的な原理の一つに修正を加えることにつながりうるからである。

以下で検討するように、近代政治の主眼はまさに「政治的紐帯」と「社会的紐帯」を区別し、いわば、「市民」としての人々の〈つながり〉と、「人間」としての人々の〈つながり〉を峻別することにあった。その意味でいえば、「社会的紐帯の政治化」とはまさに、このような区別を曖昧化させる危険性をもっている。人間は市民としての存在に尽きるものではない。言い換えれば、市民としての顔、すなわち一つの政治的共同体の構成員としての顔は、その人間の全人格のうちのごく一部に過ぎない。このような基本的認識に基づいて、近代政治は国家と市民社会、あるいは国家と社会を区別し、公法と私法を区別してきた。そうだとすれば、現在進んでいる、「社会的紐帯の政治化」をいかに評価すべきなのか。以下、政治思想史の視点を踏まえて考えていきたい。

二　近代政治と社会的紐帯

近代社会において、人々の〈つながり〉とは、けっして単純な事柄ではなかった。このことを考えてみるために、二つの事例を参照してみよう。

第一は、同僚の法社会学者と話していて興味深く思ったことである。その法社会学者はいわゆるＡＤＲ（Alternative Dispute Resolution）、すなわち裁判によらない紛争解決についての研究を進めている。行政機関や民間機関による和解、斡旋、仲裁及び民事調停・家事調停、訴訟上の和解などを広く含む概念であるが、仲介者や調停者の力を借りつつ、当事者間での話し合いによって紛争を解決しようとする試みであるといえるだろう。何もすべてを裁判によって処理することはない。場合によっては、当事者間での話し合いを通じて〈つながり〉を作り出し、その〈つながり〉の力で紛争を解決することもできるはずである。まさに人々の〈つながり〉こそが、紛争を解決するというわけである。

しかしながら、その法社会学者はこうもいう。「しかしながら、法的紛争の場合、必ずしも〈つながり〉だけが、その人にとって望ましい解決手段になるとは限らないのです。むしろ、人と人との関係を〈切断〉することが、当事者にとっては希望になる場合もありうるのです」。例えば家庭内暴力に悩む被害者にとって、暴力をふるう人間との関係を断ち切ってしまう方が問題解決に近づくかもしれない。利害があまりに複雑に錯綜し合ってしまった関係者の間では、裁判所の判決の力によって、一度権利－義務関係をすっきりさせてしまう方が状況を改善するかもしれない。たしかに客観的に権利－義務関係をはっきりさせることは、人々の実体的な〈つながり〉を断ち切ることにもつながりうる。とはいえ、〈つながり〉ではなく関係の〈切断〉こそが、人々の願うものである場合があるということも間違いないだろう。

第二に、若き日のカール・マルクスに登場してもらおう。ジャーナリストとして活躍していた頃のマルクスの著作に『ユダヤ人問題によせて』という作品がある。この著作のなかで、マルクスはブルーノ・バウアーの著作をとりあげて批判しているのだが、その内容は、とりあえずここでは問わない。問題は、マルクスがフランス『人権宣言』の正式名称である『人間(homme)および市民(citoyen)の権利の宣言』に、独特のこだわりを示していることである。いったい「市民の権利」と区別されるべき「人間の宣言」、すなわち「人権」とは何なのか、というわけである。彼の答えは、こうである。「いわゆる人権、つまり市民の権利から区別された人間の権利は、市民社会の成員の権利、つまり利己的人間の権利、人間および共同体から切り離された人間の権利にほかならない」(Marx 1961: 364, 邦訳四二頁、強調は原文、ただし訳を一部変更)。

この発言はもちろん、市民社会をブルジョワ社会、すなわち経済的な欲求に駆り立てられた人々による「欲望の体系」として理解するヘーゲルの影響を受けてのものである。しかしながら、人権を「人間および共同体から切り離された人間の権利」というのは穏やかではない。しかもマルクスは続いて「自由という権利は、人間と人間との結合にもとづくものではなく、むしろ人間と人間との分離にもとづいている。それは、このような分離の権利であり、局限された個人の権利、自己に局限された個人の権利である」(Marx 1961: 364, 邦訳四三—四四頁、強調は原文)とも言っている。自由という権利は「分離の権利」であるというのである。人権のなかに人と人とを分離する契機を見出そうとしたマルクスを、私たちはどのように理解すべきなのだろうか。

この二つの事例を理解するためには、近代国家の形成を、いささか図式的ではあるが、おさらいしておく必要があるだろう。まず近代国家は、政治的共同体内部における多様な中間団体の割拠状態を克服して中央権力を確立すると同時に、中間集団から諸個人を解放することで確立した。例を西欧社会にとれば、中世封建社会において、人々は封建領主や所属する身分組織の支配に組み込まれていた。新たに主権を確立した国家は、これらの勢力による支配を打破するとともに、拘束を脱した諸個人を再組織化することで新たな政治秩序を生み出したのである。この場合、主権を確立した国家と、それまで所属していた集団から解放された諸個人を、再びつなぎ合わせるための論理として生まれたのが社会契約論である。社会契約においては「自然状態」が想定されるように、人々の〈つながり〉はいったんなかったものとされ、あらためて個人の意志に基づく同意によって政治社会が再構築される。したがって、近代国家の出発点にまず、人々の伝統的な〈つながり〉を切断するという前提があったことに注目する必要がある。

しかしながら、近代社会における〈つながり〉を考える上では、出発時における切断を確認するだけでは十分ではない。次なるステップとして、国家と市民社会、あるいは国家と社会の分離というフィクション[2]が導入されたことが重要である。近代の初期においては、市民社会(civil society)という概念はしばしば自然状態と対比され、政治的秩序を確立した社会を意味した[3]。この場合、国家と市民社会とはほとんど同義語であり、けっして対比されるものではなかった。この概念が明示的に国家と対比されるようになったのは、スコットランド啓蒙の思想家たちによってである。一八世紀における市場社会の成立とともに、国家による政治的な統合と対比されるかたちで、市場を媒介とする人々の新たな結びつきが強調されるようになったのである。すでに言及したように、スコットランド啓蒙の思想家たちから影響を受けたヘーゲルは、市民社会を「欲望の体系」と見なし、その分裂を乗り越える役割を国家に期待したが、その前提には市民社会を国家とはっきり区別される領域として捉えようとする認識があった。新たな市民社会を肯定的に捉えるか、否定的に捉えるかはともかく、ここには国家と市民社会を二項対立的に捉える図式がはっきりと見てとれる。

フランスの政治哲学者ピエール・マナンは、この国家と市民社会の分離に典型的に示されているように、近代デモクラシーとは、多様な分離とその再組織化によって構成されているという。彼は少なくとも、「分業(専門分化)」「権力分立」「政教分離」「国家と市民社会の分離」「代表するものと代表されるものの分離」「事実と価値の分離」の六つを指摘できるとする(Manent 2001: 27)。近代社会とは、それまで渾然一体としていたものをあえて分離した上で、それを再度組織化することで高度に発展してきた。分離されたものの間には当然緊張関係が生じるが、このような緊張関係をあえて作り出すことで、権力の専制を防いで自由を守り、専門性を育て役割分担を高めることも可能になったのである。その意味でいえば、さらなる分離を生み出すことで、より高度な秩序を実現してきたといえるだろう。

国家と市民社会の分離は、そのなかでも最たるものである。現実問題として、国家と市民社会の間に明確な一線を引くことは難しい。ときとして、両者の境界線は曖昧であり、歴史的に線の引き直しが求められることも珍しくない。とはいえ、国家の管轄すべき領域を確定することではじめて、その干渉の及ばない領域を確保することも可能になる。国家と市民社会の間の分離があればこそ、個人や集団による自由なイニシアティブが働く余地も生み出されたのである。

こうしてみると、近代国家と〈つながり〉をめぐる関係は、次のようにまとめられるであろう。近代国家はまず、伝統的な身分制の〈つながり〉から人々を解放し、自由な諸個人による合意の産物として自らを正当化した。この論理が社会契約であるが、社会契約による再組織化によっても、人々は再び〈つながり〉のなかにびっしりと組み込まれたわけではない。社会契約による関係は、人々の公民としての側面にとどまる。が、人々は公民として国家や他の公民と向き合うばかりではなく、一人の人間として市場を通じて経済活動を行う。この市民社会における活動を通じて形成される諸関係について、国家は干渉する権利をもたない。さらに一九世紀になると、社会契約による関係でもなければ、市場による関係でもない人々の関係への注目が集まり、このような諸関係によって形成される領域をとくに「社会」と呼ぶようになった。ここに、人々の政治的紐帯と経済的、さらには社会的な紐帯とが明確に区分されるようになったのである。

たしかに近代国家によって、社会契約による公民としての関係は再構築された。しかしながら、経済的領域、あるいは社会的領域において、人々の関係はつねに個人の自由に委ねられ、その流動化が担保されている(もちろん政治的領域における関係にも、つねに再定義の可能性がある)。この意味で、若きマルクスが、公民としての権利と区別される人間の権利、市民社会における個人の自由の権利を、あえて「分離の権利」と呼んだことには、それなりの理由があったといえるだろう。

歴史的な比較を試みるならば、中世ヨーロッパ社会においては、政治的紐帯と社会的紐帯とはほとんど区別されていなかった。人々は自らの所属する身分によって、支配－服従の関係が定まるとともに、日々相互に接触する人々との関係も決定されたのである。国王や封建領主間の婚姻によって国境線が移動したように、政治的統治権ですら、家産の一部として相続や贈与の対象になった。このことが示すように、中世社会において、政治的権利と経済的・社会的権利の区別はまったく曖昧であった。近代国家は、ここに明確な区別を導入することで成立したといえる。

古代ギリシアのポリス社会においては、広場《アゴラ》における人々の市民としての公的活動と、家《オイコス》における私人としての経済的・社会的営みとがはっきり区別されていた。しかしながら、この場合、重要とみなされたのはもっぱら公的活動の方であり、広場と家とは価値的にはっきりとした上下関係にあった。しかも、経済的・社会的営みはあくまで私的なものとして家に局限された結果、領域的な広がりをもちえなかった。これに対し、経済的・社会的営みがはるかに大規模に行われ、そこでの人々の〈つながり〉が、国家における公的〈つながり〉すらも凌駕するに至ったのが近代社会なのである。

そうだとすれば、近代において、政治はきわめて限定された一領域を意味するものとなったといえるだろう。かつて政治がその包括性(生活のすべての側面をそのうちに包み込む)において強調されたとすれば、近代以降、政治は経済や社会と区別された、全体における一領域に過ぎなくなった[4]。政治的諸関係も、経済的諸関係や社会的諸関係と区別され、しかも必ずしもより重要な諸関係ではなくなっている。むしろ経済や社会における〈つながり〉の方が、一人の人間にとってより本質的な意味をもつようになったという評価も可能である。その結果、国家は、経済や社会の領域に干渉せず、わずかに代議制による媒介を通じて両者と関係をもつに過ぎなくなる。あるいはむしろ、代議制を通じて、経済や社会からの声をくみ取り、その意志を反映することが国家の課題となった。その意味でいえば、政治はもはや社会的紐帯を語る必要はないのであり、このことを前提に、政治学の専門分野化も進んだのである。

三　政治と社会的紐帯の再接近

このような展開を経て、政治固有の領域において〈つながり〉を語る言葉は、ある意味で貧困化したともいえる。貧困化というのが極端であれば、抽象化といってもいい。というのも、近代国家においては、伝統社会において人々をつないでいた紐帯は、個人を束縛するものとして克服の対象となり、個人のイニシアティブに基づいて新たに作り出される関係性についても、もっぱら政治の外部にある私的な事柄とされたからである。政治の領域において語られる個人像といえば、もっぱら社会契約の当事者となるべき、自然権の担い手としての抽象的な個人であった。人種、宗教、階級といった、その個人の具体的な社会的属性は政治を語る上では捨象されたのである。

もちろん、それらの社会的属性が政治的に無意味になったというわけではない。とはいえ、それらの要因はあくまで個人の私的な事柄であり、それらの私的な事柄にもとづく諸関係が政治的に意味をもつためには、少なくとも代議制を通じて「濾過」される必要があった。これらの要因が政治の領域においてあまりにストレートに自らを表現すれば、それはしばしば「人種対立」「宗教的分断」「階級政治」として忌避された。もっとも妥協が容易なはずの社会における経済的利害関係ですら、政治の場に持ち込まれたときには、「利益政治」「圧力集団」「ロビー活動」として警戒のまなざしで見られたのである。

ただし、これらの忌避や警戒の目にも理由がないわけではない。社会における具体的な関係性を私的事柄として、自らの領域の外にくくり出してしまった政治としては、自らの管轄の及ばない領域で生まれた〈つながり〉によって自らが振り回されたり、まして分断されたりすることは、何としても避けねばならなかったからである。実際、多くの社会で、人種・宗教・階級をめぐる対立が激化した結果、内乱状態に陥り、国の分裂へと事態が進んだ。その意味でいえば、政治にとってやはり社会的紐帯は重要であったが、それが自らの直接関与すべき対象ではなかっただけに、余計に忌避や警戒の対象として捉えられがちであったといえるだろう。

このような視角からすれば、ナショナリズムのもつ意味についても、新たな光を投げかけることができるかもしれない。すなわち「国民国家(nation-state)」という発想については、「国民(nation)」のフィクション性が強調されがちである。あるいは、「国民」と「国家(state)」とが必ずしも一対一対応ではないことが論じられる。しかしながら、それをいうならば、そもそもの「国民国家」という発想自体のフィクション性が、まず論じられてしかるべきであろう。抽象的な機構としての「国家」と、具体的な言語・文化・宗教などによって構成される「国民」とを区別して捉えるという発想自体が、近代政治に特有のものだからである。ある意味で、あらゆる社会的属性を捨象した、自然権の担い手としての抽象的な個人が社会契約を通じて設立した国家という前提それ自体が、国家の外部に存在する、具体的で実体的な諸関係の総体の存在を要請するともいえるのである。

とくに、すでに指摘したマルクスのように、「市民社会」における人間の権利とは「分離の権利」であり、切断の権利であるとすれば、市民社会がつねに安定した関係性の供給源であるとは限らない。あるいはむしろ、絶えざる分裂の供給源であるかもしれない。そうだとすれば、それに代わるべき実体的な関係性の源が不可欠である。このような要請に応えたのがナショナリズムにほかならない。人種・言語・宗教といった「非政治的」で「自然な」要因に基づく一体性という「国民(nation)」の理念は、近代国家の原理にとっては、たしかに自らに固有なロジックの外部から「密輸入」したものであるが、その「密輸入」はある程度必然的なものでもあった。社会における具体的な〈つながり〉を語ることを自らに禁じた近代国家は、これらの個別の〈つながり〉を超越する必要からも、「国民」という仮構的な〈つながり〉に依存せざるをえなかったのである。

ちなみに、現代フランスの政治哲学者のマルセル・ゴーシェは、「世俗化」とは区別された意味で「脱宗教化(la sortie de la religion)」という概念を提唱している(Gauchet 1985)。すなわち彼によれば、近代の歴史を通じて、宗教の果たす社会的役割こそ変化しているものの、宗教がなくなったわけでも、無力になったわけでもない。たしかに宗教が、社会における人々の関係性や統治のあり方を直接的に規定する時代は終わりを告げた。とはいえ、一人ひとりの「心の問題」とされ、私的な事柄とされた宗教は、個人のあり方を通じて、間接的には政治や社会に対して大きな影響を及ぼしている。さらにいえば、宗教によって直接的に意味づけられることがなくなった社会は、宗教に代わる、しかしながら機能的にはそれまで宗教が果たしていたものを代替する、いくつかの新たな社会的装置をもつようになった。それがイデオロギーであり、ナショナリズムである。その意味で、「脱宗教化」の進んだ一九世紀以降の西欧社会において、イデオロギーとナショナリズムが全盛期を迎えたのは偶然ではなかったとゴーシェはいう。

ゴーシェの見取り図において、近代政治とは、第一段階におけるマキァヴェリらによる宗教や道徳からの政治の純化（「政治的なもの（le politique）」の確立）、第二段階における社会契約論者による抽象的な個人の権利に基づく社会の正当化（「法＝権利（le droit）」の確立）、そして第三段階における歴史のなかで自らを創造していく社会というイメージの誕生（「社会－歴史的なもの（le social-historique）」の確立）の三つから構成される（Gauchet 2002；2005）。

その意味からすれば、現代社会における危機の一つの原因は、この三つの要素の均衡の上に成り立っていた近代政治が大きな転換点にさしかかっていることにある。とくに一八世紀半ば以降、大きな影響力をもった「歴史のなかで自ら創造していく社会」というイメージの衰退は著しい。このようなイメージに強固なリアリティがあった時代には、社会の「進歩」や「発展」が当たり前のように語られ、そのための「革命」にも独特な期待が寄せられた。これに対し、今日、未来を語る言葉は見失われ、端的に不確実性として理解されることになる。「革命」という概念も、かつての輝かしさを失い、むしろ懐疑の目にさらされている。

三つの要素のうち、「社会－歴史的なもの」が衰退し、「政治」の概念も魅力を回復できないとすれば、現在、公的に信用を失っていないのが個人の「法＝権利」だけだとしても無理はない。しかしながら、はたして個人の「法＝権利」という理念だけで社会は成り立つのかと、ゴーシェは問いかける（Gauchet 2002）。

いささか、話が先に進み過ぎてしまったが、ここで問題なのは、抽象的な近代国家の論理そのものが要請した、自らの外部にある実体的な〈つながり〉と意味の供給源が今日失われつつあるということである。ゴーシェの言葉を借りるならば「脱宗教化」以後において、社会において人々をつなぎとめてきた「社会 - 歴史的なもの」が衰退し、もっぱら個人の権利ばかりが強調されるなか、はたして社会の統合はどうなるのであろうか。

「リスク社会」論で知られるウルリッヒ・ベックが、「個人化」という問題を通じて問い直そうとしている事柄も、これと通じるものがある。

工業社会文化に見いだす、集合的な、集団に固有な意味の供給源(たとえば階級意識や進歩に対する信仰)は枯渇し、解体し、魔力を失いはじめている。これらの意味供給源は、二〇世紀に至るまで西側の民主制と経済社会を支えてきたが、そうした意味供給源の喪失は、結果的にすべての意思決定作業を個人に委ねるようになる。このことがまた、「個人化過程」という概念の意味している問題である(Beck, Giddens, and Lash 1994: 7, 邦訳二〇頁)。

このようなゴーシェやベックらの議論に従うならば、現代においてますます個人に焦点が当てられる理由は、従来、人と人とを結びつけてきた関係性や意味のあり方に決定的な変化が見られることにある。共有された意味がなくなったことから、すべては個人の選択に委ねられる。個人の自己決定や自己責任が強調される時代の風潮も、このことと無縁でない。

現代社会を表現するにあたって、ベックやアンソニー・ギデンズらは「再帰的近代化」という概念を提唱する(Beck, Giddens, and Lash 1994)。彼らによれば、再帰的近代という時代に突入したことで、伝統を含む、あらゆる価値はその自明性を失い、新たな問い直しを免れなくなっている。個人もまた自己反省的な生き方を求められ、人と人との関係も、個人の選択に基づいて自覚的・意志的に作り直さなければならない。関係性はもはや自明でも所与のものでもなくなり、個人が日々、自らの責任において維持・創造していくものとされる。

本章の冒頭で指摘したような、政治が社会的紐帯を語り始めているという現象も、以上のような文脈において理解できるだろう。近代における政治は、社会的紐帯を自らの管轄範囲の外にあるものとしつつも、実は大きくそれに依存していた。しかしながら、社会的紐帯の存在の自明性が失われ、ある意味で〈つながり〉の希少性に直面している今日、政治はあらためて人と人とをいかに結びつけるかという課題に答えざるをえなくなっているのである。

とはいえ、このことは近代政治の原則が完全に過去のものになったことを意味しないはずである。マナンがいうような「分離の組織化」としての近代デモクラシーは、分離を複雑化させることはあっても、分離を曖昧化したり、なかったものにしたりはできないからである。分離の密度が高まることによって社会は発展するのであり、国家と市民社会の境界線を曖昧にすることは、近代デモクラシーにとって後退ではあっても前進ではない。そうだとすれば、このような分離を前提に、言い換えれば、政治は市民社会に対する一定の留保と自己制限を維持した上で、それでもなお社会的紐帯の維持・発展にいかに関与すべきか、根本的に再検討する必要があるだろう。

社会的紐帯はもはや所与のものではなく、〈つながり〉はあくまで個人が維持・創造していくものである。このような再帰的近代の大原則を前提に、いかに社会の〈つながり〉を回復し、政治的統合を実現できるか。この課題に対し、現代デモクラシーは取り組んでいかねばならないのである。

四　「政治的なもの」の再定義

「政治」はもはや社会的紐帯に無関心ではいられない。社会的紐帯の存続に、自らの命運がかかっているからである。しかしながら、「政治」は近代デモクラシーの発展の方向性を逆戻りさせることなしに、社会的紐帯に直接的に関わることもできない。このような隘路を乗り越えるために、いまや新たなる理論的・実践的見通しが求められている。

このような歴史的文脈において求められているのは「政治」の再定義かもしれない。いや、ここでは通常「政治」とされているものと区別するために、「政治的なもの」という表現を用いた方がいいだろう。この「政治的なもの」とは、言うまでもなくカール・シュミットに起源をもつ概念であるが、今日ではハンナ・アーレントをはじめとする多くの論者によって多様な展開を見せている。その間に必ずしも理論的な一致があるわけではないが、少なくとも「政治」とあえて区別して「政治的なもの」を論じる必要があるという認識は共有されているはずである。ここではとくにフランスの政治学者ピエール・ロザンヴァロンの議論を検討してみよう。ロザンヴァロンの「政治的なもの」の議論は、現代フランスにおける「政治的なもの」の議論の一つの集約点にも見えるからである(5)。

ロザンヴァロンはコレージュ・ド・フランスの教授に就任するにあたって、あらためて「政治的なもの」の意味を問い直す。そもそもフランスの知的権威であるコレージュ・ド・フランスの講座において、

「政治」という語が登場すること自体が珍しい。だが、ロザンヴァロンは「政治」もさることながら、「政治的なもの」に焦点をあてた講座が生まれたことの意義を強調する。

ロザンヴァロンの理解では、「政治」ではなく「政治的なもの」を語るということは、何を意味するのだろうか。それは「政治社会(cité)を構成するすべてのことがら」、すなわち、「権力と法、国家と国民、平等と正義、同一性と差異、市民権と市民に課せられる規則」について語ることである。ただし、それは、「権力の行使をめざす党派間の競争や政府の日毎の活動、また制度の日常生活などの直接的の領域を超えたところで」(Rosanvallon 2003: 14, 邦訳(上)四頁)論じられなければならない。すなわち、「政治的なもの」を論じるということは、党派の行動や、政府や制度の通常の働きを観察することとははっきり区別されるのである。

普通「政治」の領域とは見なされない場所でも、人々の集団行動は存在する。「社会」が存在するということは、そこでの人々のさまざまな言説や活動を意味づける全体的な枠組みが存在することである。このような枠組みがなければ、単に人間の集団がいるだけであり、それは「人口(population)」ではあっても真の共同体ではないからである。人々の集団は明示的なものであれ暗黙のものであれ、そこに参加し、それを共有することが可能となる規則をもつことで初めて「社会」となる。その構成員にとって意味をなす全体をもつことで初めて「社会」となる。したがって、「政治的なもの」とは、人々の言説や活動が束ねられ意味を付与される「場所(champ)」であり、そのような規則を作り出す「働き(travail)」でもある(Rosanvallon 2003: 12, 邦訳(上)三頁)。

すでに指摘したように、近代デモクラシーは「分離の組織化」(ピエール・マナン)によって発展するものであり、社会は発展するにつれ複雑化し、多くのサブシステムに分化していく。しかしながら、これらのサブシステムは、それだけを観察していたのでは、なかなかその意味を理解できない。なぜなら、これらのサブシステムは、より広範な解釈の枠組み、すなわち「政治的なもの」の総合的な次元との関連抜きには、その意味を十分に理解することができないからである。

しかしながら、このような「社会」全体の意味は、けっして自明ではない。とくに民主的な社会、すなわち、「人間の共生する条件がアプリオリに規定されず、伝統によって定められず、また権威によって課せられもしない社会」において、全体の意味はつねに論争に開かれている。このことは、民主的社会に特有な「緊張と不確実性」が存在することを意味する(Rosanvallon 2003: 15, 邦訳(上)四頁)。(6)

逆にいえば、サブシステムの一つであるいわゆる「政治」と区別して、「社会」全体の意味と規則が論争を通じてたえず作り直される「働き」とその「場所」をあえて「政治的なもの」と呼ぶロザンヴァロンの意図も明らかであろう。このような「働き」はけっして一部のエリートや専門家が「科学的」に観察して明らかにすべきものではない。このような「働き」には誰もが参加でき、異議申し立てをすることができる。また、このような「働き」は、狭義の「政治」の場においてのみなされるわけではない。すなわち「政治的なもの」という「場」は、それがどこにあるのか、当然には想定できないのである。至るところでこのような論争や異議申し立てがなされる可能性があり、「場」自体が論争のテーマになりうる。つねに「緊張」と「不確実性」に開かれた、およそ静的とはいいがたいこの「働き」と「場所」をロザンヴァロンは「政治的なもの」と呼ぶのである。

さて、このような「政治」と区別される「政治的なもの」は、本章で論じてきた社会的紐帯といかなる関係があるのだろうか。ここまで検討してきたように、近代デモクラシーによる「分離の組織化」が不可逆な動きであるとすれば、いったん分化した狭義の「政治」が再び社会的紐帯のあり方に直接的に関与することは、望ましくもなければ、可能でもないはずである。とはいえ、従来「国民国家」というフィクション、すなわち社会契約による抽象的な個人によって構成される「国家」と、その背後にあってこれを支える、言語・文化・宗教などによる具体的な〈つながり〉としての「国民」という想定が、その有効性を失いつつある今日、「政治」はもはや社会的紐帯について無関心ではいられない。ここに現在における、ある種の行き詰まりの原因がある。

そうだとすれば、「政治」ではなく「政治的なもの」が社会的紐帯に積極的にかかわるべきではないのか。これこそが本章の主張である。これはあるいは、言葉遊びと受けとられるかもしれない。しかしながら、「政治的なもの」とはまさに、人々が共生するための条件を論争と対立を通じて作り出し、再定義し続けることである。そうである以上、「政治的なもの」が狭義の「政治」の領域を越えて、人々の〈つながり〉を創造することに寄与すべきことは自明ではなかろうか。

実をいえば、今日、まさに危機にあるのはこの「政治的なもの」にほかならない。ハンナ・アーレントやクロード・ルフォールなど、「政治的なもの」の現代的再生に寄与した理論家たちが、いずれも全体主義との対決から出発したことは偶然ではない。これらの理論家たちにとって、ナチズムやスターリニズムと対決することは、「社会」全体を代表すると自称する「党」によって、権力と社会を完全に一体化させようとする試みを理論的に批判することに等しかった。このような全体主義の試みは、しばしば「政治の過剰」として語られた。しかしながら、アーレントらにとって、このことはむしろ「政治的なものの衰退」として理解すべきことがらであった。社会全体の意味を、言論を介した人々の相互行為によって確認し、問い直す「政治的なもの」の機能が衰退したからこそ、社会全体を吸収する権力という幻想を通じて、社会の一体性を保持しようとする全体主義への誘因が生まれたのである。したがって、二〇世紀における全体主義の教訓は、「政治」を否定することではない。むしろ「政治的なもの」を再び活性化させることこそが、全体主義の復活を防止する。これこそがアーレントやルフォールらの示唆したものである。

しかしながら、現実にはその後の歴史はむしろ、「政治的なもの」のさらなる衰退の過程であったといえるだろう。ロザンヴァロン自身、現状を「われわれは明白な解体そして消滅の試練を経験しつつある。つまり、主権の没落を感じとり、また意志が消えうせるのと並行して法と市場の勢力が権力をもつにいたるのを感知しつつある。統治と行政、管理と政治とのあいだの境界線はともにますます曖昧なものとなっている」(Rosanvallon 2003: 39, 邦訳(下)一七頁)と指摘している。このような認識は、すでに触れたゴーシェらの認識と通じるものがあるだろう。現代を端的に特徴づけるのは、人々の間に共有される「意味」の不在であり、残されるのはもっぱら個人の選択を強調する「法＝権利」と「市場」の言説ばかりである。だからこそ、「政治的なもの」の再生が求められるのであり、人々の言説を介した相互行為を通じて社会の〈つながり〉を回復する必要性があるのである。

このことは再帰的近代の原則である、あくまで個人が自らの「ライフスタイル」を選択し、個人のイニシアティブで人々の〈つながり〉を維持・再生していくということと、けっして矛盾しない。ただ、「政治的なもの」の視点に立つことは、このような個人の選択や営みも、社会の共同行動や共有される意味が存在することで初めて可能になり、またより意義あるものになるということを意味するに過ぎない。

逆にいえば、現代における「政治的なもの」の強調は、個人の選択やアイデンティティを否定して、「国民国家」的な共同体へのノスタルジーに執着することとはまったく別のことであるはずである。「国民国家」に象徴される「社会‐歴史的なもの」の全盛期はすでに過去のものとなっている。今後求められているのは、「政治的なもの」の活性化を通じて、「社会‐歴史的なもの」の感覚を取り戻すことであろう。言い換えれば、現代における(正負の意味における)「個人化」を前提に「社会‐歴史的なもの」を回復するためには、「政治的なもの」の回路が不可欠なのである。個人の思いを越えたところにある超越的な意味の回復ではなく、まさに一人ひとりから出発した共通の意味の創出を可能にするのは、「政治的なもの」の役割にほかならないからである。

五　おわりに

ここでいま一度ゴーシェの概念を借りて、議論を整理しておこう。「脱宗教化」が進むなか、もはや宗教や道徳に依拠して秩序を維持することができなくなった近代政治は、一方で「法＝権利」に基礎を置く社会契約論の論理で自らを正当化しつつ、他方で「社会‐歴史的なもの」の発展に支えられて政治社会全体の統合を実現してきた。その意味でいえば、現代における危機は、ナショナリズムやイデオロギーといった、一九世紀に全盛期を迎えた「社会‐歴史的なもの」の影響力の最終的な衰退に起因するといえるだろう。「社会‐歴史的なもの」の影響力は完全に消滅したわけではないが、少なくとも、その権威は自明性を失い、厳しくその正当性を問い直されている。このような危機の端的な現れが、人と人との間の〈つながり〉や共有される意味の希薄化にほかならない。本章で論じた「社会的紐帯の政治化」、すなわち近代政治の原則である「分離の組織化」にあたかも逆行するかのように、政治が再び人々の社会的な〈つながり〉に関与しようとしているのも、このことと密接に結びついている。このまま社会的紐帯が衰退していけば、政治的統合にとっても死活的な影響を及ぼすことが必至だからである。

しかしながら、本章で言及したロザンヴァロンの「政治」と「政治的なもの」の区別を援用するならば、近代社会における「分離の組織化」の結果、一つの分化したサブシステムとして成立した「政治」が直接的に社会的紐帯の形成に乗り出すことは、望ましくもなければ、可能でもない。国家権力や政党の力によって、国民生活を直接的に組織化することは、再帰的近代である今日、アナクロニズム以外の何ものでもないからである。

これに対し、人々の言説や活動が束ねられ意味を付与される「場所」であり、そのような規則を作り出す「働き」でもある「政治的なもの」については、ますますその強化がはかられてしかるべきである。人と人とはなぜともに生きるのか、何に共同して参加し、そしていかなる価値を共有するか。社会全体として共有されるべき意味が希薄化し空洞化するままに、狭義の「政治」が人々の〈つながり〉を無理やり作り出そうとしても、その効果は期待できない。とくにこのことが現代において進行する「個人化」の趨勢を無視し、〈つながり〉がもはや個人の選択とイニシアティブに委ねられていることを否定するものであれば、政治的な悪夢にさえつながりかねない。

とはいえ、だからといって、「政治」が社会的紐帯に対して、一切関与してはならないというわけではない。「政治的なもの」を再度活性化するにあたって、狭義の「政治」が重要な役割を果たすべきであることはいうまでもない。「政治的なもの」が「政治」を越えて展開されるべきであるとしても、このことは「政治」がそれと無縁であっていいということを意味しないからである。

そうだとすれば、今後、狭義の「政治」の役割はいかなるものであるべきか。今後、伝統的な社会的紐帯はますます衰退する一方であろう。仮に表面的には伝統的な〈つながり〉が残っているように見えるところでも、その中身はそこに残ることを決意した人々と、そこに新たに加わることを望んだ人々の新たなる選択によって、まったく意味を読み替えられたものになるはずである。〈つながり〉は日々、創造され、更新されなければならない。そうだとすれば、そのような新たな社会的紐帯が生み出される場や機会を維持・創造していくことは重要な課題であり続けるだろう。この課題を果たすためには、経済的な支援を含め、国家や地方政府による役割が重要である。あらゆる〈つながり〉を失って孤立した人々に、支援の手を差し伸べるのも、依然として公的な社会保障の役割である。狭義の「政治」は直接的に人々の〈つながり〉を作り出さないとしても、そのような場と機会を提供することには寄与できるはずである。

再帰的近代において、もっとも重要なのが個人の選択とイニシアティブだとしても、すべての負担を個人にのみ委ねるべきではないだろう。個人の選択がより豊かなものになり、その自発性がよりよく発揮されるためにも、「政治」はなお役割を失っていない。このような「政治」の支えにより、新たな社会の〈つながり〉が発展することで、国家と市民社会の間の生産的な緊張関係が生み出され、ひいては「政治的なもの」をめぐる対話と実践も活発化するであろう。

「政治」と「社会的紐帯」の間には明確な一線がしかれてしかるべきである。しかしながら、

「政治」ではなく「政治的なもの」の発展のためにも、「政治」は「社会的紐帯」の維持・形成のために重要な条件整備の役割を果たすべきである。これが本章の結論となる。

(1)　宇野(二〇一〇)の第二章も参照。
(2)　ここで「フィクション」とは、現実に実体として存在するものではないが、「嘘」や「虚構」ではなく、一定の社会的役割を果たしている一定の想定を意味している。
(3)　言うまでもなく「市民社会(civil society)」はラテン語の「ソキエタス・キウィリス」に起源をもつ言葉である。「ソキエタス・キウィリス(キヴィタス的共同体)」もまた、国家とほぼ同義であって、国家と対比的に用いられる言葉ではない(Riedel 1975–82)。
(4)　政治学、経済学、社会学という社会科学の専門分化も、このような領域の区分に基づく(Wallerstein 1991)。
(5)　現代フランス政治哲学における「政治的なもの」の概念については、宇野(二〇〇四)第三章も参照。
(6)　このように、民主社会の本質を、伝統の権威の不在による不確実性や緊張において捉える視点は、ロザンヴァロンら現代フランス政治哲学を主導する研究者の共通の先駆者であるクロード・ルフォールに由来するものである。ルフォールについては宇野(二〇〇四)、宇野(二〇一〇)も参照されたい。

初出一覧

第Ⅰ部　トクヴィルと現代政治哲学

第一章　「リベラリズムと共和主義的自由の再統合――トクヴィルの遺産」『思想』九六五号、二〇〇四年九月、八四―一〇一頁

第二章　「トクヴィル復興の意味」『フランス哲学・思想研究』第一一号、日仏哲学会、二〇〇六年八月、四〇―四八頁

第三章　「トクヴィルと政治哲学の再生――大西洋両岸におけるトクヴィル」松本礼二・三浦信孝・宇野重規編『トクヴィルとデモクラシーの現在』東京大学出版会、二〇〇九年六月、三七〇―三八五頁

第四章　「トクヴィルとネオ・トクヴィリアン」三浦信孝編『自由論の討議空間――フランス・リベラリズムの系譜』勁草書房、二〇一〇年五月、二〇五―二三五頁

第五章　「代表制の政治思想史――三つの危機を中心に」『社会科学研究』第五二巻第三号、二〇〇一年三月、五―三六頁

第Ⅱ部　フランス政治哲学の可能性

第一章　「メルロ＝ポンティ／ルフォール――身体論から政治哲学へ」『現代思想』第三六巻第一六号、二〇

○八年一二月、二六四―二七五頁

第二章　「平等と自由の相克／相乗」齋藤純一編『自由への問い1　社会統合――自由の相互承認に向けて』岩波書店、二〇〇九年一一月、五一―七四頁

第三章　「保守主義と人権」市野川容孝編『講座　人権論の再定位1　人権の再問』法律文化社、二〇一〇年一一月、一五八―一七六頁

第四章　「政治哲学問題としての欧州統合」中村民雄編『EU研究の新地平――前例なき政体への接近』ミネルヴァ書房、二〇〇五年二月、二四七―二七九頁

第五章　本書初出

第Ⅲ部　政治哲学から社会へ

第一章　「労働と格差の政治哲学」『社会科学研究』第六二巻第三・四号、二〇一一年三月、一五三―一七二頁

第二章　「政治哲学からの考察――中間集団と社会的なものの再編」水町勇一郎編『個人か集団か？――変わる労働と法』勁草書房、二〇〇六年一〇月、三九―五九頁

第三章　「社会的紐帯の政治哲学――トクヴィルを中心に」遠藤誠治・小川有美編『グローバル対話社会――力の秩序を超えて』明石書店、二〇〇七年九月、一八九―二一七頁

第四章　「政治が社会的紐帯を語るとき」宇野重規編『政治の発見4　つながる――社会的紐帯と政治学』風行社、二〇一〇年一〇月、二六九―二九六頁

人 名 索 引

ア 行

アウグスティヌス(Aurelius Augustinus) 18
アリストテレス(Aristotelēs) 95, 214, 250, 271
アルチュセール，ルイ(Louis Althusser) 33, 35, 244
アルトジウス，ヨハネス(Johannes Althusius) 205
アーレント，ハンナ(Hannah Arendt) 25, 30, 33, 35, 93, 123–128, 151, 184, 258, 259, 274, 275, 279, 290, 291, 354, 357, 358
アロン，レイモン(Raymond Aron) 33, 35, 37, 39, 40, 70, 71
ウェーバー，マックス(Max Weber) 33, 40
ウォーリン，シェルドン(Sheldon Wolin) 57, 323, 329
ウォルツァー，マイケル(Michael Walzer) 315
ヴォルテール(Voltaire) 10
オーウェン，ロバート(Robert Owen) 296
オーディエ，セルジュ(Serge Audier) 36

カ 行

カーク，ラッセル(Russell Kirk) 193
カステル，ロベール(Robert Castel) 264, 302, 303
カストリアディス，コルネリュウス(Cornelius Castoriadis) 135–138, 154, 166–171, 174, 194
カント，イマヌエル(Immanuel Kant) 280–282
カントーロヴィッチ，エルンスト(Ernst Kantorowicz) 143, 145
キケロ，マルクス・トゥッリウス(Marcus Tullius Cicero) 140
ギゾー，フランソワ(François Pierre Guillaume Guizot) 42, 67, 70, 108, 111, 115, 121, 130, 226
ギデンズ，アンソニー(Anthony Giddens) 33, 181, 318–320, 352
ギールケ，オットー(Otto von Gierke) 299
クラストル，ピエール(Pierre Clastres) 145
グラノベッター，マーク(Mark Granovetter) 314
ゴーシェ，マルセル(Marcel Gauchet) 33, 45, 70, 80, 81, 136, 143, 144, 155, 196–199, 201, 318, 350–352, 358, 359
コール，G. D. H. (G. D. H. Cole) 299
コンスタン，バンジャマン(Henri-Benjamin Constant de Rebecque) 13, 42, 44, 67, 68, 70, 83–85, 165, 216
コンドルセ(Marie Jean Antoine Nicolas de Caritat, Condorcet) 10

サ　行

サルトル，ジャン＝ポール(Jean-Paul Sartre)　33, 37, 71, 193

サンデル，マイケル(Michael Sandel)　ix, 4, 5, 8

シーエス，エマニュエル＝ジョゼフ(Emmanuel-Joseph Sieyès)　82

ジャルダン，アンドレ(André Jardin)　67

シュトラウス，レオ(Leo Strauss)　33, 35

シュナペール，ドミニク(Dominique Schnapper)　245, 260

シュペングラー，オスヴァルト(Oswald Spengler)　228

シュミット，カール(Carl Schmitt)　89, 93, 96, 119–123, 130, 136, 354

シュライファー，ジェームズ(James Schleifer)　316

ジョン(ソールズベリの)(John of Salisbury)　140–142, 155

ジラール，ルイ(Louis Girard)　67

スキナー，クエンティン(Quentin Skinner)　7, 8

スミス，アダム(Adam Smith)　270, 275

ソクラテス(Sōkratēs)　250

タ　行

テイラー，チャールズ(Charles Taylor)　8, 187, 315

デカルト，ルネ(René Descartes)　10

デュピュイ，ジャン＝ピエール(Jean-Pierre Dupuy)　291, 292

デュモン，ルイ(Louis Dumont)　78, 79

デュルケーム，エミール(Émile Durkheim)　40, 82, 297

デリダ，ジャック(Jacques Derrida)　248

トインビー，アーノルド(Arnold Toynbee)　228

ドゥオーキン，ロナルド(Ronald Dworkin)　158

トクヴィル，アレクシ・ド(Alexis de Tocqueville)　v–ix, 3–6, 12–31, 36–46, 49–64, 67, 68, 70, 73–88, 92, 109–116, 145, 152, 153, 158–160, 162–165, 209, 265, 315–317, 321–338

トドロフ，ツヴェタン(Tzvetan Todorov)　22

ナ　行

ナンシー，ジャン＝リュック(Jean-Luc Nancy)　247–249, 251

ニコレ，クロード(Claude Nicolet)　9

ネグリ，アントニオ(Antonio Negri)　205, 218, 220, 284–289, 291, 292, 336, 338

ノージック，ロバート(Robert Nozick)　158, 284

ハ　行

ハイエク，フリードリヒ(Friedrich August von Hayek)　282

バウアー，ブルーノ(Bruno Bauer)　188, 343

バウマン，ジークムント(Zygmunt Bauman)　155

バーク，エドマンド(Edmund Burke)　90, 92, 97–107, 121, 130, 179, 180,

182–184, 193
バジョット，ウォルター(Walter Bagehot)　108
パスカル，ブレーズ(Blaise Pascal)　85
バタイユ，ジョルジュ(Georges Bataille)　248, 249
ハーツ，ルイス(Louis Hartz)　50
パットナム，ロバート(Robert Putnam)　306, 313–315, 317, 339
ハート，マイケル(Michael Hardt)　205, 218, 284
ハーバーマス，ユルゲン(Jürgen Habermas)　33, 97, 130, 212, 241
バリバール，エティエンヌ(Étienne Balibar)　30, 33, 159–162, 171–175, 191, 210, 211, 221, 243, 244, 246, 247, 251–259
バーリン，アイザイア(Isaiah Berlin)　13
ハリントン，ジェームズ(James Har[r]ington)　286
バロン，ハンス(Hans Baron)　7
ハンチントン，サミュエル(Samuel Huntington)　313
ヒューム，デヴィッド(David Hume)　260, 280, 282
ピレンヌ，アンリ(Henri Pirenne)　224
フィンリー，モーゼス(Moses I. Finley)　95
フェリー，リュック(Luc Ferry)　34, 136, 154
フクヤマ，フランシス(Francis Fukuyama)　230, 306, 313, 314, 339
フーコー，ミシェル(Michel Foucault)　33
フュレ，フランソワ(François Furet)　33, 39, 40, 51
プラトン(Platōn)　140, 250, 271
ブルデュー，ピエール(Pierre Bourdieu)　338
プルードン，ピエール＝ジョゼフ(Pierre-Joseph Proudhon)　296
ヘーゲル, G. W. F. (Georg Wilhelm Friedrich Hegel)　11, 69, 114, 225, 248, 269, 270, 343, 345
ベック，ウルリッヒ(Ulrich Beck)　304, 306, 319, 320, 352
ペティット，フィリップ(Philip Pettit)　7
ベンサム，ジェレミー(Jeremy Bentham)　121
ポーコック，J. G. A. (John Greville Agard Pocock)　7, 8, 100, 130, 286
ボッシェ，ロジャー(Roger Boesche)　73, 88
ホッブズ，トマス(Thomas Hobbes)　140, 142, 318
ポミアン，クシシトフ(Krzysztof Pomian)　227

マ　行

マキァヴェリ，ニッコロ(Niccolò Machiavelli)　4, 5, 30, 100, 285, 286, 351
マナン，ピエール(Pierre Manent)　67, 82, 136, 186, 213, 214, 345, 353, 355
マルクス，カール(Karl Marx)　vi, vii, 11, 40, 69, 80, 89, 92, 114–118, 139, 188–191, 194, 195, 244, 250, 255, 270, 274, 343, 344, 346, 349

マンハイム，カール(Karl Mannheim) 180

ミル，ジョン・スチュアート(John Stuart Mill) 13, 31, 108, 121

ムフ，シャンタル(Chantal Mouffe) 80, 136

メーストル，ジョセフ・ド(Joseph de Maistre) 73, 179, 200

メーダ，ドミニク(Dominique Méda) 264, 274–280, 285, 290

メルロ＝ポンティ，モーリス(Maurice Merleau-Ponty) 135–139, 150–154, 193

モース，マルセル(Marcel Mauss) 145

モンテスキュー(Charles-Louis de Secondat, Montesquieu) 8, 30, 46, 85, 86, 209

ラ 行

ライプニッツ，ゴットフリート(Gottfried Wilhelm Leibniz) 225

ラクラウ，エルネスト(Ernesto Laclau) 136

ラスキ，ハロルド(Harold Joseph Laski) 67, 299

ラッシュ，クリストファー(Christopher Lasch) 79

ランシエール，ジャック(Jacques Rancière) 247, 249–251, 260

リウィウス，ティトゥス(Titus Livius) 250

リクール，ポール(Paul Ricoeur) 33

リポヴェツキ，ジル(Gilles Lipovetsky) 78, 79

ルジェロ，ギド(Guido Ruggiero) 67

ルソー，ジャン＝ジャック(Jean-Jacques Rousseau) 11, 22, 43, 85, 86, 90, 92, 104–107, 112, 122, 166, 167, 172, 209, 248, 276, 322

ルノー，アラン(Alain Renaut) 4, 5, 12, 28, 30, 79, 136, 154

ルフォール，クロード(Claude Lefort) 33, 39, 40, 44, 51, 80–83, 135–139, 144–155, 167, 191, 193–196, 201, 357, 358, 362

ロザンヴァロン，ピエール(Pierre Rosanvallon) 45, 70, 71, 79, 136, 300, 301, 304, 306, 307, 354–356, 358, 360

ロック，ジョン(John Locke) 13, 269, 270, 318

ロールズ，ジョン(John Rawls) ix, 3, 4, 19, 30, 33, 36, 159, 279–285, 290, 292, 305

参考文献

外国語文献

Althusser, Louis 1959, *Montesuquieu. La Politique et l'histoire*, Paris, Presses Universitaires de France.（西川長夫・阪上孝訳『政治と歴史――モンテスキュー・ルソー・ヘーゲルとマルクス』紀伊國屋書店，1974年）

Althusser, Louis et al. 1965, *Lire le capital*, Paris, Édition François Maspelo.（今村仁司訳『資本論を読む』（上・中・下）ちくま学芸文庫，1996-97年）

Arendt, Hannah 1955, *Elemente und ursprünge totaler Herrschaft*, Frankfurt am Main, Europäische Verlagsanstalt.（大久保和郎訳『全体主義の起原1　反ユダヤ主義』1972年，大島通義・大島かおり訳『全体主義の起原2　帝国主義』1972年，大久保和郎・大島かおり訳『全体主義の起原3　全体主義』1974年，みすず書房）

Arendt, Hannah 1958, *The Human Condition*, Chicago, University of Chicago Press.（志水速雄訳『人間の条件』ちくま学芸文庫，1994年）

Arendt, Hannah 1963, *On Revolution*, New York, Viking Penguin.（志水速雄訳『革命について』ちくま学芸文庫，1995年）

Aristotle, 1932, *Politics*, trans. by H. Rackham, Loeb Classical Library, Cambridge, Massachusetts, Harvard University Press.（山本光雄訳『政治学』岩波文庫，1961年）

Aron, Raymond 1967, *Les étapes de la pensée sociologique*, Paris, Gallimard.（北川隆吉訳『社会学的思考の流れ』法政大学出版局，1974-84年）

Aron, Raymond 1979, "Tocqueville retrouvé", *La Revue Tocqueville*, Vol. I, n° 1-automne, 1979, pp. 8-23.

Audier, Serge 2004a, *Tocqueville retrouvé. Genèse et enjeu du renouveau tocquevillien français*, Paris, Vrin/EHESS.

Audier, Serge 2004b, *Les théories de la république*, Paris, La Découverte.

Bagehot, Walter 2009, *The English Constitution*, New York, Oxford University Press.

Balibar, Étienne 1989, "Citoyen sujet――Réponse à la question de Jean-Luc Nancy: Qui vient après le sujet?" *Cahiers Confrontation*, n° 20.（松葉祥一訳「市民主体」『主体の後に誰が来るのか？』現代企画室，1996年，36-74頁）

Balibar, Étienne 1992, "«Droit de l' homme» et «droit du citoyen»: la dialectique

moderne de l'égalité et de la liberté", *Les frontières de la démocratie*, La Découverte.（大森秀臣訳「「人権」と「市民権」——現代における平等と自由の弁証法」『現代思想』27巻5号，1999年5月）

Balibar, Étienne 1997, *La crainte des masses: politique et philosophie avant et après Marx*, Paris, Galilée.（部分訳，水嶋一憲・安川慶治訳「政治の三概念——解放，変革，市民性」（上・下），『思想』904号，1999年10月，73-94頁，905号，1999年11月，144-164頁）

Balibar, Étienne 1998, *Droit de cité: culture et politique en démocratie*, Paris, Editions de l'Aube.（松葉祥一訳『市民権の哲学——民主主義における文化と政治』青土社，2000年）

Balibar, Étienne 2001, *Nous, citoyen d'Europe?: les frontières, l'État, le peuple*, Paris, La Découverte.（松葉祥一・亀井大輔訳『ヨーロッパ市民とは誰か——境界・国家・民衆』平凡社，2007年）

Baron, Hans 1966, *The Crisis of the Early Italian Renaissance*, Princeton, Princeton University Press.

Beck, Ulrich 1986, *Risikogesellschaft auf dem Weg in eine anderne Moderne*, Frankfurt am Main, Suhrkamp.（東廉・伊藤美登里訳『危険社会——新しい近代への道』法政大学出版局，1998年）

Beck, Ulrich, Anthony Giddens, and Scott Lash 1994, *Reflexive Modernization: Politics, Tradition and Aesthetics in the Modern Social Order*, London, Polity Press.（松尾精文他訳『再帰的近代化——近現代の社会秩序における政治，伝統，美的原理』而立書房，1997年）

Bellah, Robert N. et al. 1985, *Habits of the Heart: Individualism and Community in American Life*, Berkeley, University of California Press.（島薗進・中村圭志訳『心の習慣——アメリカ個人主義のゆくえ』みすず書房，1991年）

Berlin, Isaiah 1969, *Four Essays on Liberty*, Oxford, Oxford University Press.（小川晃一他訳『自由論』みすず書房，1971年）

Boesche, Roger 1987, *Strange Liberalism of Alexis de Tocqueville*, Ithaca, Cornell University Press.

Brunner, Otto 1968, *Neue Wege der Verfassungs-und Sozialgeschichte*, Göttingen, Vandenhoeck.（石井紫郎他訳『ヨーロッパ——その歴史と精神』岩波書店，1974年）

Burke, Edmund 1907, *The Works of The Right Honourable Edmund Burke*, London, Oxford University Press.（中野好之訳『エドマンド・バーク著作集』1・2，みすず書房，1973年）

Burke, Edmund 1993, *Reflections on the Revolution in France*, Oxford Universi-

ty Press.（半澤孝麿訳『フランス革命の省察』みすず書房，1978 年）

Castel, Robert 1995, *Les métamorphoses de la question sociale: une chronique du salariat*, Paris, Fayard.（前川真行訳『社会問題の変容——賃金労働の年代記』ナカニシヤ出版，2012 年）

Castoriadis, Cornelius 1975, *L'institution imaginaire de la société*, Paris, Seuil.（江口幹訳『想念が社会を創る——社会的想念と制度』法政大学出版局，1994 年）

Castoriadis, Cornelius 1978, *Les carrefours du labyrinthe*, Paris, Seuil.（宇京頼三訳『迷宮の岐路〈迷宮の岐路 I〉』法政大学出版局，1994 年）

Castoriadis, Cornelius 1986, *Domaines de l' homme : Les carrefours du labyrinthe II*, Paris, Seuil.（米山親能・関谷一彦・林秀治・中所聖一訳『人間の領域〈迷宮の岐路 II〉』法政大学出版局，1998 年）

Constant, Benjamin 1997, "De la liberté des anciens comparée à celle des modernes" in Marcel Gauchet ed., *Écrits politiques*, Paris, Gallimard.

Dahl, Robert A. 1971, *Polyarchy*, New Haven, Yale University Press.（高畠通敏・前田脩訳『ポリアーキー』岩波文庫，2014 年）

Donzelot, Jacques 1994, *L'invention du social. Essai sur le déclin des passions politiques*, Paris, Seuil.

Dumont, Louis 1983, *Essais sur l'individualisme: une perspective anthropologique sur l'idéologie moderne*, Paris, Seuil.（渡辺公三・浅野房一訳『個人主義論考——近代イデオロギーについての人類学的展望』言叢社，1993 年）

Dupuy, Jean-Pierre 1992, *Le sacrifice et l'envie: le libéralisme aux prises avec la justice sociale*, Paris, Calmann-Lévy.（米山親能・泉谷安規訳『犠牲と羨望——自由主義社会における正義の問題』法政大学出版局，2003 年）

Ferry, Luc et Alain Renaut 1987, *68-86 Itinéraires de l'individu*, Paris, Gallimard.（小野潮訳『68 年-86 年　個人の道程』法政大学出版局，2000 年）

Finley, M. I. 1985, *Democracy Ancient and Modern*, London, The Hogarth Press Press.（柴田平三郎訳『民主主義——古代と現代』刀水書房，1991 年）

Fukuyama, Francis 1992, *The End of History and the Last Man*, New York, Free Press.（渡辺昇一訳『歴史の終わり』（上・中・下），三笠書房，1992 年）

Fukuyama, Francis 1995, *Trust: The Social Virtues and the Creation of Prosperity*, New York, Free Press.（加藤寛訳『「信」無くば立たず』三笠書房，1996 年）

Furet, François 1978, *Penser la Révolution française*, Paris, Gallimard.（大津真作訳『フランス革命を考える』岩波書店，1989 年）

Gauchet, Marcel 1985, *Le Désenchantement du monde. Une histoire politique*

de la religion, Paris, Gallimard.

Gauchet, Marcel 1994, "L' Etat au miroir de la raison d' Etat: La France et la chrétienté", Yves Charles Zarka, *Raison et déraison d'Etat: Théoriciens et théories de la raison d'Etat aux XVIe et XVIIe siècles*, Paris, Presses Universitaires de France, pp. 193-244.

Gauchet, Marcel 1995, *La révolution des pouvoirs: la souveraineté, le peuple et la représentation: 1789-1799*, Paris, Gallimard.（富永茂樹他訳『代表制の政治哲学』みすず書房，2000 年）

Gauchet, Marcel 2002, *La démocratie contre elle-même*, Paris, Gallimard.

Gauchet, Marcel 2005, *La Condition politique*, Paris, Gallimard.

Giddens, Anthony 1991, *Modernity and Self-Identity: Self and Society in the Late Modern Age*, London, Polity Press.（秋吉美都他訳『モダニティと自己アイデンティティ――後期近代における自己と社会』ハーベスト社，2005 年）

Girard, Louis 1985, *Les libéraux français: 1814-1875*, Paris, Aubier.

Granovetter, Mark 1973, "The Strength of Weak Ties", *American Journal of Sociology*, Vol. 78, No. 6, May 1973, pp. 1360-1380.

Guizot, François 1828, *Histoire de la civilisation en Europe depuis la chute de l'Émpire romain jusqu'à la Révolutin française*.（安士正夫訳『ヨーロッパ文明史』みすず書房，1987 年）

Guizot, François 1852, *History of the Origin of Representative Government in Europe*, trans. by Andrew R. Scoble, London, Bohn.

Habermas, Jürgen 1962, *Strukturwandel der Öffentlichkeit: Untersuchungen-zueiner Kategorie der burgerlichen Gesellschaft*, Berlin, Neuwied.（細谷貞雄訳『公共性の構造転換』未来社，1973 年）

Hale, D. G. 1971, *The Body Politik: A Political Metaphor in Renaissance English Litterature*, The Hague, Mouton.

Hardt, Michael and Antonio Negri 2004, *Multitude: War and Democracy in the Age of Empire*, New York, Penguin Press.（幾島幸子訳『マルチチュード――〈帝国〉時代の戦争と民主主義』(上・下)，NHK ブックス，2005 年）

Hartz, Louis 1955, *The Liberal Tradition in America: An Interpretation of American Political Thought Since the Revolution*, New York, Harcourt, Brace & World.（有賀貞訳『アメリカ自由主義の伝統』講談社学術文庫，1994 年）

Huntington, Samuel 1996, *The Clash of Civilizations and the Remaking of World Order*, New York, Simon & Schuster.（鈴木主税訳『文明の衝突』集英社，1998 年）

Jardin, André 1985, *Histoire du libéralisme politique: de la crise de l'absolutisme à la Constitution de 1875*, Paris, Hachette.

John of Salisbury 1909, *Policraticus*, ed. by C. C. J. Webb, Oxford, Clarendon Press.

Joxe, Alain 2002, *L'Empire du chaos. Les Républiques face à la domination américaine dans l'après-guerre froide*, Paris, La Découverte.（逸見龍生訳『〈帝国〉と〈共和国〉』青土社，2003 年）

Kantorowicz, Ernst 1957, *The King's Two Bodies: A Study in Mediaeval Political Theology,* Princeton, New Jersey, Princeton University Press.（小林公訳『王の二つの身体――中世政治神学研究』平凡社，1992 年）

Kirk, Russell 1953, *The Conservative Mind, from Burke to Eliot*, Washington D. C., Regnery Publishing.

Laclau, Ernesto and Chantal Mouffe 1985, *Hegemony and Socialist Strategy: Towards a Radical Democratic Politics*, London, Verso.（山崎カヲル・石澤武訳『ポスト・マルクス主義と政治』大村書店，1992 年）

Laski, Harold 1936, *The rise of European liberalism: an essay in interpretation*, London, G. Allen & Unwin.

Lefort, Claude 1981, *L'invention démocratique: Les limites de la domination totalitaire*, Paris, Fayard.

Lefort, Claude 1986, *Essais sur le politique. XIXe-XXe siècle*, Paris, Seuil.（部分訳，本郷均訳「民主主義という問題」『現代思想』23 巻 12 号，1995 年 11 月，40-51 頁）

Lilla, Mark ed. 1994, *New French Thought; Political Philosophy*, Princeton, New Jersey, Princeton University Press.

Lipovetsky, Gilles 1983, *L'ère du vide: essais sur l'individualisme contemporain*, Paris, Gallimard.（大谷尚文・佐藤竜二訳『空虚の時代――現代個人主義論考』法政大学出版局，2003 年）

Logue, William 1983, *From Philosophy to Sociology*, Dekalb, Northern Illinois University Press.（南充彦他訳『フランス自由主義の展開 1870-1914――哲学から社会学へ』ミネルヴァ書房，1998 年）

Maistre, Joseph de 1989, *Considération sur la France*, Paris, Presses Universitaires de France.

Manent, Pierre 1987, *Histoire intellectuelle du liberalisme: dix lecons*, Paris, Calmann-Levy.（高橋誠・藤田勝次郎訳『自由主義の政治思想』新評論，1995 年）

Manent, Pierre 2001, *Cours familier de philosophie politique*, Paris, Fayard.

Mannheim, Karl 1927, *Das konservative Denken : soziologische Beiträgezum Werden des politsch-historischen Denkens in Deutschland*, Archiv für Sozialwessenschaft und Sozialpolitik, Bd. 57, 1927, I, pp. 68-142, II, pp. 470-495.（森博訳『保守主義的思考』ちくま学芸文庫，1997年）

Marx, Karl and Friedrich Engels 1960, *Werke*, Band 8, Berlin, Diez Verlag.（村田陽一訳『ルイ・ボナパルトのブリュメール18日』大月書店，1971年）

Marx, Karl and Friedrich Engels 1961, *Werke*, Band 1, Berlin, Diez Verlag.（城塚登訳『ユダヤ人問題によせて』岩波文庫，1974年）

Marx, Karl and Friedrich Engels 1962, *Werke*, Band 23, Berlin, Diez Verlag.（今村仁司・三島憲一・鈴木直訳『資本論』第一巻上，筑摩書房，2005年）

Méda, Dominique 1995, *Le Travail: une valeuren voie de disparition*, Paris, Aubier.（若森章孝・若森文子訳『労働社会の終焉——経済学に挑む政治哲学』法政大学出版局，2000年）

Mélonio, Françoise 1993, *Tocqueville et les Françaises*, Paris, Aubler Montaigne.

Mélonio, Françoise 2005, "Tocqueville ou la conscience malheureuse de l' Europe".（三浦信孝訳「トクヴィルあるいはヨーロッパの不幸な意識」『思想』979号，2005年，36-50頁）

Mill, John Stuart 1972, *Considerations on Representative Government*, London, J. M. Dent & Sons, Everymans' Library.（水田洋訳『代議制統治論』岩波文庫，1997年）

Mouffe, Chantal 1993, *The Return of the Political*, London, Verso.（千葉眞他訳『政治的なるものの再興』日本経済評論社，1998年）

Nancy, Jean-Luc 1996, *Étre singulier pluriel*, Paris, Galilée.（加藤恵介訳『複数にして単数の存在』松籟社，2005年）

Nancy, Jean-Luc 1999, *La communauté désoeuvrée*, Paris, Christian Bourgois Editeur.（西谷修・安原伸一朗訳『無為の共同体——哲学を問い直す分有の思考』以文社，2001年）

Negri, Antonio 1997, *Le Pouvoir constituant: essai sur les alternatives de la modernité*, Paris, Presses Universitaires de France.（斉藤悦則・杉村昌昭訳『構成的権力——近代のオルタナティブ』松籟社，1999年）

Negri, Antonio 2006, *Movimenti Nell'Impero*, Milano, Raffaello Cortina Editore.（上村忠男監訳・堤康徳・中村勝己訳『〈帝国〉的ポスト近代の政治哲学』ちくま学芸文庫，2007年）

Negri, Antonio and Michael Hardt 2000, *Empire*, Cambridge, Mass., Harvard University Press.（水嶋一憲他訳『〈帝国〉——グローバル化の世界秩序とマル

チチュードの可能性』以文社，2003年）

Negri, Antonio and Michael Hardt 2009, *Commonwealth*, Cambridge, Mass., Belknap Press of Harvard University Press.

Nicolet, Claude 1982, *L'idée républicaine en France (1789-1924)*, Paris, Gallimard.

Pettit, Philip 1997, *Republicanism: a theory of freedom and government*, Oxford, Clarendon Press.

Pirenne, Henri 1937, *Mahomet et Charlemagne*, Paris, Les Presses universitaires de France.（増田四郎監修，中村宏・佐々木克巳訳『ヨーロッパ世界の誕生――マホメットとシャルルマーニュ』創文社，1960年）

Pocock, J. G. A. 1975, *The Machiavellian Moment : Florentine Political Thought and the Atlantic Republican Tradition*, Princeton, Princeton University Press.（田中秀夫・奥田敬・盛岡邦泰訳『マキァヴェリアン・モーメント――フィレンツェの政治思想と大西洋圏の共和主義の伝統』名古屋大学出版会，2008年）

Pocock, J. G. A. 1985, "The political economy of Burke's analysis of the French Revolution", *Virtue, Commerce, and History*, New York, Cambridge University Press.

Pocock, J. G. A. 1989, "Burke and the Ancient Constitution: A problem in the history of ideas", *Politics, Language and Time*, Chicago, The University of Chicago Press.

Pomian, Krzysztof 1990, *L'Europe et ses nations*, Paris, Gallimard.（松村剛訳『ヨーロッパとは何か――分裂と統合の1500年』平凡社，1993年）

Putnam, Robert, With Robert Leonardi and Raffaella Y. Nanetti 1993, *Making democracy work: civic traditions in modern Italy*, Princeton, N. J., Princeton University Press.（河田潤一訳『哲学する民主主義――伝統と改革の市民的構造』NTT出版，2001年）

Putnam, Robert 2000, *Bowling Alone: The Collapse and Renewal of American Community*, New York, Simon & Schuster.（柴内康文訳『孤独なボウリング――米国コミュニティの崩壊と再生』柏書房，2006年）

Rancière, Jacques 1995a, *La mésentente*, Paris, Galilée.（松葉祥一・大森秀臣・藤江成夫訳『不和あるいは了解なき了解』インスクリプト，2005年）

Rancière, Jacques 1995b, *La haine de la démocratie*, Paris, Galilée.（松葉祥一訳『民主主義への憎悪』インスクリプト，2008年）

Rawls, John 1971, *A Theory of Justice*, Cambridge, Mass., Belknap Press of Harvard University Press.（矢島鈞次監訳『正義論』紀伊國屋書店，1979年）

Rawls, John 1993, *Political Liberalism*, New York, Columbia University Press.

Rawls, John 2000, *Lectures on the History of Moral Philosophy,* Cambridge, Mass., Harvard University Press.（坂部恵監訳，久保田顕二・下野正俊・山根雄一郎訳『ロールズ哲学史講義』(上・下)，みすず書房，2005年）

Rawls, John 2008, *Lectures on the History of Political Philosophy,* Cambridge, Mass., Belknap Press of Harvard University Press.（齋藤純一他訳『ロールズ政治哲学史講義』(Ⅰ・Ⅱ)，岩波書店，2011年）

Renaut, Alain 2000, "Républicanisme et modernité" in *Libéralisme et républicanisme. Cahiers de Philosophie de l'Université de Caen 34,* Caen, Presse Universitaires de Caen.

Riedel, Manfred 1975-82, "Bürgerliche Gesellschaft", "Bürger, Staatsbürger, Bürgertum", "Gesellschaft, Gemeinschaft", "System und Struktur", Geschichtliche Grundbegriffe, hrsg. von Brunner, Conze, Kosellech, Bde. I V, Stuttgart, Klett-Cotta.（河上倫逸・常俊宗三郎編訳『市民社会の概念史』以文社，1990年）

Rosanvallon, Pierre 1985, *Le moment Guizot*, Paris, Gallimard.

Rosanvallon, Pierre 1995, *La nouvelle question sociale: repenser l'État-providence*, Berlin, Suhrkamp.（北垣徹訳『連帯の新たなる哲学――福祉国家再考』勁草書房，2006年）

Rosanvallon, Pierre 2003, *Pour une histoire conceptuelle du politique*, Paris, Seuil.（富永茂樹訳「政治的なものの近代・現代史」(上・下)，『みすず』44巻10号，2002年10月，2-14頁，44巻11号，2002年11月，13-22頁）

Rosanvallon, Pierre 2004, *Le modèle politique français: La société civile contre le jacobinisme de 1789 à nos jours,* Paris, Seuil.

Rousseau, Jean-Jacques 1964, *Du contrat social ou, principes du droit politique, Œuvres complètes de Jean-Jacques Rousseau, tome 3,* Paris, Gallimard, Bibliothèque de la Pléiade.（桑原武夫・前川貞次郎訳『社会契約論』岩波文庫，1954年）

Ruggiero, Guido 1927, *The History of European Liberalism*, London, Oxford University Press.

Sandel, Michael 1996, *Democracy's Discontent: America in Search of a Public Philosophy*, Cambridge, Mass., Belknap Press of Harvard University Press.（金原恭子・小林正弥監訳『民主政の不満――公共哲学を求めるアメリカ』(上・下)，勁草書房，2010-11年）

Schleifer, James T. 2005, "The American Readings of Tocqueville's Democracy in America".（宇野重規訳「トクヴィル『アメリカのデモクラシー』――アメ

リカ人の読み方」『思想』979 号，4-22 頁）

Schmitt, Carl 1923, *Die geistesgeschichtliche Lage des heutigen Parlamentarismus*, München, Duncker & Humblot.（稲葉素之訳『現代議会主義の精神史的地位』みすず書房，1972 年）

Schmitt, Carl 1928, *Verfassungslehre*, Berlin, Duncker & Humblot.（尾吹善人訳『憲法理論』創文社，1972 年）

Schnapper, Dominique 1991, *La France de l'integration: sociologie de la nation en 1990*, Paris, Gallimard.

Schnapper, Dominique 1994, *La comunauté des citoyens: sur l'idee moderne de nation*, Paris, Gallimard.

Siedentop, Larry 2001, *Democracy in Europe*, New York, Columbia University Press.

Skinner, Quentin 1978, *The Foundations of Modern Political Thought*（*v.1 The Renaissance, v.2 The Age of Reformation*）, Cambridge, Cambridge University Press.（門間都喜郎訳『近代政治思想の基礎――ルネッサンス，宗教改革の時代』春風社，2009 年）

Taylor, Charles 1995, *Philosophical Arguments*, Cambridge, Mass., Harvard University Press.

Taylor, Charles 1999, *A Catholic Modernity?: Chareles Taylor's Marianist Award Lecture*, ed. by James L. Gift, New York, Oxford University Press.

Taylor, Charles 2002, *Varieties of Religion Today: William James Revisited*, Cambridge, Mass., Harvard University Press.（伊藤邦武・佐々木崇・三宅岳史訳『今日の宗教の諸相』岩波書店，2009 年）

Taylor, Charles 2007, *A Secular Age*, Cambridge, Mass., Belknap Press of Harvard University Press.

Tocqueville, Alexis de 1951, *De la démocratie en Amérique, tome I*, *Œuvres comlètes* I-1, Paris, Gallimard.（松本礼二訳『アメリカのデモクラシー』岩波文庫，第一巻（上・下），2005 年）

Tocqueville, Alexis de 1952, *L'Ancien régime et la Révolution*, *Œuvres comlètes* II-1, Paris, Gallimard.（小山勉訳『旧体制と大革命』ちくま学芸文庫，1998 年）

Tocqueville, Alexis de 1959, *Correspondance d'Alexis de Tocqueville et d'Arthur de Gobineau*, *Œuvres complètes* IX, Paris, Gallimard.

Tocqueville, Alexis de 1961, *De la démocratie en Amérique, tome II*, *Œuvres comlètes* I-2, Paris, Gallimard.（松本礼二訳『アメリカのデモクラシー』岩波文庫，第二巻（上・下），2008 年）

Tocqueville, Alexis de 1964, *Souvenirs*, *Œuvres complètes* 12, Paris, Gallimard.（喜安朗訳『フランス二月革命の日々——トクヴィル回想録』岩波文庫，1988年）

Tocqueville, Alexis de 1977, *Correspondance d'Alexis de Tocqueville et de Louis de Kergorlay*, *Œuvres complètes* XIII-2, Paris, Gallimard.

Todd, Emmanuel 2002, *Après l'empire. Essai sur la décomposition du sytème américain*, Paris, Gallimard.（石崎晴己訳『帝国以後——アメリカ・システムの崩壊』藤原書店，2003年）

Todorov, Tzvetan 1998, *Le jardin imparfait: La pensée humaniste en France*, Paris, Grasset & Fasquelle.（内藤雅文訳『未完の菜園——フランスにおける人間主義の思想』法政大学出版局，2002年）

Wallerstein, Immanuel 1991, *Unthinking Social Science: The Limits of Nineteenth-Century Paradigms*, Cambridge, U. K., Polity Press.（本多健吉・高橋章監訳『脱＝社会科学——一九世紀パラダイムの限界』藤原書店，1993年）

Whittington, Keith 2001, "Revisiting Tocqueville's America: Society, Politics, and Association in the Nineteenth Century", Bob Edwards, Michael W. Foley, and Mario Diani ed., *Beyond Tocqueville: Civil Society and the Social Capital Debate in Comparative Perspective*, Hanover, NH, University Press of New England.

Wolin, Sheldon 2001, *Tocqueville Between Two Worlds, The Making of a Political and Theoretical Life*, Princeton, Princeton University Press.

日本語文献

阿部斉他編 1982,『アメリカ独立革命——伝統の形成』東京大学出版会

犬塚元 1997,「エドマンド・バーク——習俗（マナーズ）と政治権力」『国家学会雑誌』110巻7・8号，607-664頁

井上達夫 1999,『他者への自由』創文社

宇野重規 1994,「フランス自由主義の諸相とアレクシス・ド・トクヴィル——個・政治・習俗」『国家学会雑誌』107巻5・6号，571-620頁

宇野重規 1998,『デモクラシーを生きる——トクヴィルにおける政治の再発見』創文社

宇野重規 2002,「保守主義」，福田有広・谷口将紀編『デモクラシーの政治学』東京大学出版会

宇野重規 2004,『政治哲学へ——現代フランスとの対話』東京大学出版会

宇野重規 2007,『トクヴィル　平等と不平等の理論家』講談社選書メチエ

宇野重規 2010,『〈私〉時代のデモクラシー』岩波新書

遠藤乾 2005, 「主権, 帝国(主義), 民主主義――『〈帝国〉』の射程」, 西谷修他『非対称化する世界――『〈帝国〉』の射程』以文社
大澤真幸 1991, 『資本主義のパラドックス』新曜社
小野紀明 1994, 『現象学と政治――二十世紀ドイツ精神史研究』行人社
金田耕一 1996, 『メルロ＝ポンティの政治哲学』早稲田大学出版部
柄谷行人 1990, 『マルクス　その可能性の中心』講談社学術文庫
川崎修 1998, 『アレント　公共性の復権』講談社
岸本広司 1989, 『バーク政治思想の形成』御茶の水書房
岸本広司 2000, 『バーク政治思想の展開』御茶の水書房
北川忠明 2001, 『現代フランス「国家」の変容と共和主義・市民社会論争』平成11-12年度科学研究費補助金研究成果報告書
佐々木武 1982, 「「英国革命」一七七六年――思想史的独立革命論のために」, 阿部斉他編『アメリカ独立革命――伝統の形成』東京大学出版会
佐々木允臣 1990, 『人権の創出――ルソー, マルクスと現代人権論』文理閣
佐々木允臣 1998, 『自律的社会と人権――人権か野蛮か』文理閣
佐々木允臣 2001, 『もう一つの人権論(増補新版)――「人間」から「社会」への視座の転換』文理閣
篠原一 2004, 『市民の政治学――討議デモクラシーとは何か』岩波新書
柴田平三郎 2002, 『中世の春――ソールズベリのジョンの思想世界』慶応義塾大学出版会
将基面貴巳 2006, 『政治診断学への招待』講談社選書メチエ
白波瀬佐和子編 2006, 『変化する社会の不平等――少子高齢化にひそむ不平等』東京大学出版会
甚野尚志 1992, 『隠喩のなかの中世』弘文堂
田中治男 1970, 『フランス自由主義の生成と展開』東京大学出版会
堤林剣 2009, 『コンスタンの思想世界――アンビヴァレンスのなかの自由・政治・完成可能性』創文社
富永茂樹 1979, 「トクヴィルにおけるアソシアシオンの概念」『ソシオロジ』23巻3号, 1-17頁
中野好之 1977, 『評伝バーク――アメリカ独立戦争の時代』みすず書房
半澤孝麿 2003, 『ヨーロッパ思想史における〈政治〉の位相』岩波書店
平島健司 2004, 『EUは国家を超えられるか――政治的統合のゆくえ』岩波書店
福田有広 2002, 「共和主義」, 福田有広・谷口将紀編『デモクラシーの政治学』東京大学出版会
増田四郎 1967, 『ヨーロッパとは何か』岩波新書
松葉祥一 2008, 「〈肉の共同体〉の可能性」『思想』1015号, 85-101頁

松本礼二 1991,『トクヴィル研究——家族・宗教・国家とデモクラシー』東京大学出版会
丸山真男 1995,「近代日本思想史における国家理性の問題」,『丸山真男集 第四巻』岩波書店
村上泰亮 1992,『反古典の政治経済学(上)——進歩史観の黄昏』中央公論社
森政稔 2002a,「ニーチェと政治的徳の終焉」, 東京大学大学院総合文化研究科国際社会科学専攻『国際社会科学』第 52 輯, 41-60 頁
森政稔 2002b,「社会主義」, 福田有広・谷口将紀編『デモクラシーの政治学』東京大学出版会
森政稔 2002c,「現代アメリカと「政治的なもの」の危機」『現代思想』30 巻 12 号, 214-236 頁
森政稔 2004,「〈帝国〉と政治空間の変容」, 山脇直司・丸山真人・柴田寿人編『グローバル化の行方(ライブラリ相関社会科学)』新世社
和仁陽 1990,『教会・公法学・国家　初期カール＝シュミットの公法学』東京大学出版会

宇野重規

1967年東京都生まれ
1996年東京大学大学院法学政治学研究科博士課程修了．
博士(法学)
現在ー東京大学社会科学研究所教授
専門ー政治思想史，政治哲学
著書ー『デモクラシーを生きる――トクヴィルにおける
政治の再発見』(創文社，1998年)
『政治哲学へ――現代フランスとの対話』(東京大
学出版会，2004年)
『トクヴィル　平等と不平等の理論家』(講談社
選書メチエ，2007年)
『〈私〉時代のデモクラシー』(岩波新書，2010年)
『民主主義のつくり方』(筑摩選書，2013年)
『西洋政治思想史』(有斐閣，2013年)ほか

政治哲学的考察――リベラルとソーシャルの間

2016年5月18日　第1刷発行

著　者　宇野重規《うのしげき》

発行者　岡本　厚

発行所　株式会社　岩波書店
〒101-8002 東京都千代田区一ツ橋2-5-5
電話案内 03-5210-4000
http://www.iwanami.co.jp/

印刷・法令印刷　カバー・半七印刷　製本・牧製本

ISBN 978-4-00-061128-2　Printed in Japan